NAL
宁波学术文库
JD48.201112

杨凤琴 著

戴表元研究

浙江大学出版社
ZHEJIANG UNIVERSITY PRESS

前　　言

　　宋末元初著名文学家戴表元是浙江奉化人,被誉为"东南文章大家"。戴表元的文学成就不仅受到古人重视,现当代研究者也对其进行了多角度、多方面的研究。学术界关于戴表元的研究,主要从以下几方面展开。

一、戴表元生平与交游研究

　　由于戴表元生活在宋末元初这一特殊的历史时期,并且有着非常广泛的交游,有许多研究者从其生平和交游这一角度着手展开研究,如黄天美《戴表元与赵孟頫交往考辨》(《浙江社会科学》2009 年第 2 期)、黄天美《戴表元与杭州》(《浙江学刊》2009 年第 9 期)、管正平《戴表元出仕信州路儒学教授主客观原因》(《上饶师范学院学报》2013 年第 8 期)、管正平《戴表元任信州路儒学教授时间考证》(《陕西师范大学学报》2014 年第 5 期)及 2013 年华中师大陈璐硕士学位论文《戴表元之生平与交游网络》等论文对戴表元生平中的主要阶段、重要事件及交游状况进行了探究。杨亮《宋元易代之际南方文士心态蠡测——以舒岳祥、戴表元为例》(《元史及民族与边疆研究集刊》2013 年第 6 期)则从舒岳祥和戴表元的诗文出发,分析了宋元易代之际南方文士对元代统治者由拒绝到认同、再到主动合作的变化过程。孙弼侯的著作《宋元戴剡源先生表元年谱》(台湾"商务印书馆"1978 年版)对戴表元的家世、生平、交游做了广泛的考证与梳理,是戴表元研究中一部比较权威的著作。戴表元生平经历及交游状况方面的考察是研究戴表元文学成就的基础和前提,有了这方面的充分资料和理性思考,才能对戴表元的诗文作品有更加全面和深入的理解。

二、戴表元诗歌研究

近年对戴表元诗歌的研究也取得了较大的进展,一些研究者从戴表元诗歌创作的时代背景、思想内涵及艺术特色等方面进行了探究。如罗永忠《元初诗人戴表元的诗歌创作》(《西华师范大学学报》2007 年第 1 期)认为戴表元诗歌反映了宋末元初残酷的社会现实和作者的生存状态,他的山水田园诗表现了作者对农耕生活、乡村景物的热爱,富有生活气息。艺术上采用了寓言和象征的手法。杨凤琴《试论戴表元诗歌的清雅旨趣》(《宁波大学学报》2012 年第 5 期)认为戴表元许多诗歌表现出了文人士大夫的清雅之趣,如亲近自然、寄情山水等,同时又能甘于清苦寂寞,以诗书自娱。刘飞《世人羡桃源,桃源复何有——戴表元诗歌隐逸主题剖析》(《阜阳师范学院学报》2005 年第 3 期)分析了戴表元诗歌中表现出的隐逸思想,认为他的隐逸与交游紧密结合,把隐逸看成是一种文人的风雅之举。刘飞《戴表元诗歌丛考》考证了历代研究者对戴表元诗歌作品的搜集整理过程。2007 年河南大学杨亮博士学位论文《宋末元初四明文士与诗文研究——以舒岳祥、戴表元、袁桷为中心》认为戴表元的诗歌创作是寻求人生内在自由和体验的一种方式,因而逐渐摆脱了功利性目的。一些文学史家对戴表元诗歌也提出了自己的见解,如钱基博认为戴表元诗风:"清深雅遒,其中七言古,五七言律,律切而能健爽,跌宕以为沉郁,尤是杜陵矩矱,不为江西之生拗,亦异东坡之容易,已为返宋入唐。而五言则以高朗为古淡,体物入微,寓兴于旷,由陈子昂、李白以出入阮籍、陶潜,抑更以晋参唐。"[1]钱基博从戴表元诗歌的承袭及风格多样化方面进行了评价。袁行霈在分析戴表元诗歌风格特色的同时也注意到了社会现实的影响:"由宋入元的方回、戴表元,在元代诗坛上的影响比较深远。……戴表元则深谙宋代诗风的弊端所在,而力求革除其弊,希望创造出较为高朗健拔的诗风。他在创作中不回避社会矛盾,以犀利的笔锋揭露了当时的黑暗现实。……他的近体诗清新明秀,句律流畅,但仍残留着南宋江湖诗风的影响。"[2]认为戴表元诗歌对矫正宋季诗坛气骨萎弱之弊起了重要作用,但也有宋末江湖诗派影响的痕迹。现当代研究者对戴表元的诗歌成就从思想和艺术方面都进行了探究,但总体说来,对主题思想的关注较多,在艺术上的探究则还有很大的拓展空间。

---

[1] 钱基博:《中国文学史》,中华书局 1993 年版,第 782 页。

[2] 袁行霈:《中国文学史》第三卷,高等教育出版社 1999 年版,第 371 页。

三、戴表元散文研究

戴表元创作的散文数量较多,题材也很丰富,近年来研究者对此也有较多关注。如李建军《戴表元散文成就与宋元之际斯文传承》(《兰州学刊》2014 年第 3 期)认为戴表元继承唐宋古文特别是以欧苏为代表的宋文优秀传统,祛除宋季辞章陋习,以清深雅洁的散文写作,实现了振起斯文的历史重任,为宋元之际的散文传承做出了重要贡献。2013 年河北师范大学邵丽光的博士学位论文《元代散文研究》在分析元初散文时重点研究了戴表元的作品,认为其散文多表现出以故国之思、亡国之痛为核心的遗民情结,思想上极具广度和深度,风格也较多样化。杨亮《戴表元辞赋创作论——以哲理世界的深化与拓展为中心》(《江西师范大学学报》2009 年第 2 期)探究了戴表元辞赋构思上和境界拓展上较为精深的功力,具有从人生的领悟而上升到哲理思辨层次的特点。一些文学史家也对戴表元散文成就有所关注,如钱基博认为戴表元散文取得了很高的成就:"理趣洋溢,出入庄周;辞笔爽朗,依稀苏轼;意存牢落而抒以放旷,语涉诙嘲而不废法戒。叙事少平,议论明通;而题跋、赠序、杂记,随事抒论,尤为集中之胜。"①钱基博指出戴表元散文思想内涵深刻,富有哲理性,文笔清爽,叙事生动,析理明晰,对戴表元散文给予了很高的评价。游国恩评价戴表元:"其散文作品较多,从记叙文中多少可以看到元初隐逸风气的社会真相。例如《敷山记》就记载有富人愿意出钱买山让给有名文人作隐居之所,可见隐逸并不是穷读书人能办到的。"②游国恩也指出戴表元散文的缺点:"虽然遣词安雅,但多数作品内容比较单薄,艺术上也缺少变化和创新。"③郭预衡评价戴表元散文:"既不同于宋代某些季世之文,也不同于元代某些儒者之言,这也正是此期一些文士之文的特点。"④文学史家分别从不同的角度对戴表元散文进行了阐释。

四、戴表元诗论研究

学术界近年对戴表元的诗学理论非常关注,一些研究者专门对此进行了探究。如查洪德《综百家之说,开一代风气——戴表元的理学与文学》(《殷都学刊》2002 年第 3 期)认为戴表元是能够以较为冷静客观的态度,从

---

①　钱基博:《中国文学史》,中华书局 1993 年版,第 785 页。
②　游国恩等:《中国文学史》第三册,人民文学出版社 1964 年版,第 264 页。
③　游国恩等:《中国文学史》第三册,人民文学出版社 1964 年版,第 264 页。
④　郭预衡:《中国古代文学史》第三册,上海古籍出版社 1998 年版,第 447 页。

文化的、文学的角度反思亡宋、思考当代的一位。他的学术思想是自由的、开放的,兼综百家,这为他的文学理论批评提供了很好的思想基础,使他在文学理论方面取得了一定成就。张晶《论戴表元的诗学思想及其在宋元文学转型中的历史地位》(《内蒙古师范大学学报》1998 年第 6 期)认为戴表元提倡"宗唐",力求摆脱宋诗对元诗的笼罩,论诗以"神"为最高境界。叶爱欣《"宗唐得古"与戴表元诗论》(《殷都学刊》1998 年第 6 期)从戴表元诗论的"性情说"、对清新疏朗诗风的倡导以及"穷而后工"的创作理念等方面分析其"宗唐得古"的诗歌理论及其对元代诗坛的影响。杨亮《宋末元初诗文批评理论的确立与转型——以戴表元的批评理论为例》(《兰州学刊》2009 年第 9 期)认为在宋末元初,戴表元诗学理论影响局限于四明、杭州等地,到大德、延祐年间,其弟子袁桷逐渐在大都发扬、传布其派理论,渐具全国影响。

　　近年来对戴表元的全面研究也有突破,安徽大学出版社 2008 年出版了刘飞的专著《戴表元及其文学研究》,这一著作研究领域涉及戴表元的生平、交游、著述、学术、诗文创作及文学思想等方面,是戴表元研究领域中较有价值的一部著作。

　　综上所述,戴表元的研究资料还是比较丰富的。但虽然诸多研究者对戴表元及其作品做了多角度、多层面的研究,笔者还是发现了一些尚未涉及或者未充分展开的研究领域,并在本书中进行了阐发。拙作《戴表元研究》在借鉴了前人和现当代学者研究成果的基础上,对戴表元生平经历、经学成就、诗歌理论特点及诗歌、散文成就进行了综合研究,并在某些方面提出了自己较为独特的见解。拙作的创新意义主要体现在以下三方面:

　　其一,在有关戴表元生平及交游方面的研究成果的基础上,对其经学思想进行了研究,填补了这方面的空白。戴表元一生主要以讲学授徒为业,他苦心钻研儒家经典,《剡源戴先生文集》有讲义二卷,共二十七篇,虽然所占篇幅不多,但充分体现了戴表元的经学思想,也能由此管窥其在讲学授徒中所表现出的积极态度,并进一步了解其教育思想。对这部分作品的解读是研究其思想体系的一个重要方面。

　　其二,在探究戴表元诗歌思想内涵的基础上,对其艺术风格进行了细致分析,将戴表元诗歌风格归纳为三种主要特色:清而遒、悲而旷、温而雅。戴表元诗歌从艺术风貌而言呈现出多样化的特点,当前学术界在这方面的研究上还没有全面展开。戴表元诗歌中有些作品清逸而遒劲,有些作品悲凉而旷达,还有一些作品具有温文尔雅的风范。多种风格在诗歌中交织共存,体现出诗人创作思路的开阔和技巧的娴熟。戴表元的诗歌作品虽然产生于宋末元初社会大变动的时代,体现出了诗人内心深处的尖锐矛盾和不平之气,但他在情感抒发和语言表达上都是有所节制的。正是因为对激烈的情感有所约束和节制,戴表元诗歌更加具有情感的张力,也产生了与众不同的艺术效果。

其三,对戴表元散文题材特点、思想蕴涵以及艺术特色做了全面探究。戴表元散文题材丰富,其中既有对江南景物细致生动的描摹,也有对家国状况的真实记录,以及对文人个体生活状态的表现和对文学思想的阐释。因而,可以说戴表元散文的题材来自于鲜活、广阔的社会生活,这一点矫正了当时大多数文人的散文创作流于浮华、脱离生活的弊端。戴表元散文有很深刻的思想内涵,其中很多作品是对自身及当时文人日常生活状态的记述,但这种记述并不是表面化的,而是参悟了生活中所蕴涵的哲理,把日常生活中的琐事上升到理性的高度,给读者带来很多启迪。还有一部分作品表现了作者对世风伦理的注重,戴表元一生主要以讲学授徒为业,因而他对文化发展及社会风气有着很敏锐的认识,他的散文中既有对尊师重教的倡导,也有对世风日下、人心不古的抨击。戴氏一生经历南宋衰亡和元朝崛起两段时期,目睹了社会的兴亡巨变,他的散文中也表现出对乱离社会的悲叹。戴表元散文的艺术特色与其题材选择、思想蕴涵完美融合、互为依托,使戴氏散文呈现出大家风范。

以上三点是拙作在前人研究成果之上对戴表元作品着力深入挖掘之处,鉴于本人学识有限,虽然尽力而为,但仍然难免有许多疏漏和不足,恳请专家学者批评指正。

目　　录

第一章　戴表元的生平、交游及经学思想 ……………………（1）

第一节　戴表元的生平经历 ………………………………………（1）

第二节　戴表元交游略述 …………………………………………（19）

第三节　戴表元的经学思想 ………………………………………（41）

第二章　戴表元的诗学思想 ……………………………………（56）

第一节　杂取百家和宗唐得古 ……………………………………（56）

第二节　性情说 ……………………………………………………（62）

第三节　清境说 ……………………………………………………（67）

第三章　戴表元诗歌的思想成就 ………………………………（73）

第一节　民生之叹 …………………………………………………（73）

第二节　忧生之嗟 …………………………………………………（78）

第三节　隐逸之情 …………………………………………………（85）

第四节　自然之趣 …………………………………………………（91）

第五节　诗书之娱 …………………………………………………（97）

第四章　戴表元诗歌的艺术风貌 ………………………………（108）

第一节　清而逎 ……………………………………………………（108）

第二节　悲而旷 ……………………………………………………（119）

第三节　温而雅 ……………………………………………………（128）

第五章　戴表元的散文成就 …………………………………………（137）

　　第一节　戴表元散文的题材特色 ……………………………（138）

　　第二节　戴表元散文的思想内涵 ……………………………（169）

　　第三节　戴表元散文的艺术成就 ……………………………（187）

参考书目 ………………………………………………………………（202）

关键词索引 ……………………………………………………………（206）

后　记 …………………………………………………………………（208）

第一章　戴表元的生平、交游及经学思想

宋末元初著名文学家戴表元是浙江奉化人，他被后人誉为"东南文章大家"，对当时文坛有很大影响，在后世也享有盛名。《四库全书总目》"剡源集"提要认为："至元、大德间，东南以文章大家名重一时，帅初一人而已。"由此可见他被重视与认可的程度。戴表元的弟子袁桷《戴先生墓志铭》云："先生眉目炯耸，慷慨自奋，欲以言语笔札为己任。"①说明戴表元风神超迈、器宇不凡，而且将文学作为自己毕生追求的事业。袁桷评价其文风："清深整雅，蓄而始发，间事摹画，而隅角不露。"②认为其诗文风格清逸、深厚、严整而雅致，蓄力而发，穿插描摹，含蓄而不露锋芒。清代顾嗣立《元诗选》评其诗作："剡源诗律雅秀，力变宋季余习。"戴表元诗歌亦有雅洁清丽的特色，在宋末诗歌中呈现出别具一格的风貌。戴表元在宋末元初文坛的成就是不可忽视的，他的诗文风格特点与其人生经历密切相关。

第一节　戴表元的生平经历

戴表元，字帅初，一字曾伯，生于宋理宗淳祐四年（1244），卒于元武宗至大三年（1310），庆元路奉化州人（今属浙江奉化）。他一生经历了易代之变，其生平记载，见于《元史》本传、顾嗣立《元诗选初集》、《剡源戴先生文集》、

———————

① 〔元〕袁桷：《戴先生墓志铭》，《清容居士集》卷二十八，《四部丛刊》本。
② 〔元〕袁桷：《戴先生墓志铭》，《清容居士集》卷二十八，《四部丛刊》本。

《剡源逸稿》及袁桷《戴先生墓志铭》等文献。袁桷《戴先生墓志铭》载:"先生讳表元,字帅初,一字曾伯,世为庆元奉化州人。"①《元史·儒学传》亦云:"戴表元字帅初,一字曾伯,庆元奉化州人。"②史料中关于戴表元名字、生卒年及出生地皆有明确记载。

一、戴表元的故里及家世传承

戴表元是庆元奉化剡源乡榆林村人。剡源位于奉化溪口镇,因剡溪发源于此而得名。《奉化县志》载:"奉化县西有水曰剡源,夹溪而出,其地近越之县,故名。"戴良《剡源记》载:

> 奉化之西六十里,有山夹溪而出,蓊然而深茂者,剡源山也。谓之剡源者,以其近越之剡县名之也。剡源之中,有水蜿蜿若白虹,西来益折而东流者,嵩溪也。嵩溪,盖剡源之支流也。③

元《至正四明续志》记载剡源九曲,从一曲"六诏"、二曲"跸驻"、三曲"二湖"、四曲"柏坑",到九曲"公棠",每一曲都有名人逸事遗韵,如"六诏有王右军祠""跸驻有吴越越王祠""两湖有石壁小盘谷""柏坑有净慈寺""三石有丹山洞天永固寺""茅渚有上乘寺""斑溪有报本寺""高岙有雪窦寺""公棠,晋孙绰植棠于此",等等。关于九曲的典故有许多资料记载,如元代陈沆《剡源九曲图记》载:"水一曲而为六诏,晋右将军王公逸少隐居其间,诏六下而不起,地由是名。后人为之立庙,有砚石存焉。"《奉化县志》亦云:"以曲数者凡九,一曲曰六诏,有晋王右军祠。右军隐于此,六诏不赴,故名。山有砚石,右军所遗也。右军宅在嵊州金庭,其去六诏密迩,故别业在焉。"这些资料表明"六诏"之名与王羲之隐居有关,也为此地增添了高雅超逸的蕴涵。剡源不仅有深厚的历史文化底蕴,也有着美妙而独特的风景。清代全祖望《剡源九曲辞》记载了剡源九曲,并提到戴表元所居榆林:

> 奉化县西六十里,有山夹溪而出,蓊然深茂,曰剡源,盖剡水之源也。六朝以来,艳说剡中,而穷其源则在吾鄞。其水曰白溪,迤逦南行,归于鄞江,为南源。是乃黎洲洞口。出江之道,中分九曲。顾九曲,唯第三曰小盘谷,见称于谢遗尘;第五曰三石,见称于《道藏》;而其余不著。至王元恭《至正志》始详列其目,而陈基、高启排比赋之,亦举其大

① 〔元〕袁桷:《戴先生墓志铭》,《清容居士集》卷二十八,《四部丛刊》本。
② 〔明〕宋濂:《元史》卷一百九十《儒学传》,中华书局1976年版,第4336页。
③ 〔元〕戴良:《九灵山房集》卷十一,《四库全书》本。

略而已，未足以备文献之胜也。予乃各为之辞，以存仙原福地之掌故焉。

第四曲曰白溪，即榆林。有净慈寺，戴帅初所居也。居人犹称帅初为剡源夫子。莲峰高百尺，白溪深百里，榆林居其中，是为石穴藏神髓。洼然其深，耸然其秀。①

剡源九曲中第四曲白溪地处榆林，被称为剡源夫子的戴表元曾居于此地，全祖望描写了处于莲峰和白溪之间的榆林风光深而秀的特色。剡源人文意蕴丰富，风景优美，这些因素对戴表元的诗文创作有着很大的促进作用。戴表元作品中也有对剡源九曲独特风光的描绘，如《柏坑》描写剡源四曲的风土人情："西去疑无路，谁知是剡津。行多收柏客，住有掘苓人。寺隐山前古，村经水后贫。时时百里外，来此祭田神。"②这首诗描写了"柏坑"古朴的景色和醇厚的民风。家乡剡源地灵人杰，为戴表元日后获得的成就提供了良好的条件。

戴表元出生于诗礼传家、父慈子孝的名门望族，《小方门戴氏居葬记》载：

小方门在奉化治南二里许，宝化山之阴，戴氏之祖居之。戴氏古大族，从汉晋来比比以学行显重关河间。而居江南者，莫著于剡。剡与奉化相犬牙，谱系宜近，然昭穆不可得而详矣。小方门戴氏，始于八代祖曰九府君，妣曰赵氏夫人。七代祖曰十三府君。六代祖曰十五府君，妣曰徐氏六夫人……十五府君始定居小方门，遂生三子。……又次讳遄，曰廿六府君……为小方门五代祖，妣曰刘氏夫人，……生四子，长讳宇，曰六四府君，妣曰陈氏夫人、顾氏夫人，……是于表元为高祖。……六四府君生六子。长九一府君讳颜，次九三府君，又次九四府君，又次九五府君讳辛，贫而极孝让，……九五府君生三子，……又次万二三府君讳汝明，字叔晦，是于表元为祖。……府君生五子，长再十六府君讳溁，字默叟，性貌酷类祖先。旧法：中朝官三岁，得牒上其族子弟名之在缌功亲者试国子监。试中，补国子生。府君以伯父武谕牒至杭试，一不中，即罢业。晚岁自号拙逸居士。生庚午五月六日辰时，年七十七，卒

---

① 〔清〕全祖望：《鲒埼亭集》卷五，《四部丛刊》本。
② 〔元〕戴表元：《剡源戴先生文集》卷二十九，《四部丛刊》本。全书凡引用《剡源戴先生文集》，皆用此版本。

乙酉八月二十一日。姒曰袁氏三八夫人,生丙寅八月十五日子时,年五十,卒乙卯九月七日。次再十八府君讳灏,字商叟,生庚辰三月二十九日卯时,年六十五,卒甲申七月十九日。……凡七孙,在者四人,而表元由居士第三子为仲父后。①

从这段叙述中可知戴表元家世的一些来龙去脉:八代祖九府君,姒为赵氏夫人;七代祖十三府君;六代祖十五府君,姒徐氏六夫人;五代祖廿六府君讳暹,姒刘氏夫人;高祖六四府君讳宇,姒陈氏夫人、顾氏夫人;曾祖万二三府君讳汝明,字叔晦;生父再十六府君讳溁,字默叟,晚年自号拙逸居士,生母袁氏三八夫人;父再十八府君讳灏,字商叟。同时可由此梳理出戴表元由生身父母过继给其仲弟再十八府君,即文中所言"表元由居士第三子为仲父后",因而戴表元后来承担起了奉养两对父母的责任。《朱尉开伯求葬亲费序》载:"丙子之祸,表元扶三老人走三州五县,犯死道数十。"(《剡源戴先生文集》卷十四)此处"三老人",有研究者考证:"戴表元回乡后买庐剡源,原准备与比邻而居的王子谦过一种论聚经史、流连歌诗的文士生活,但时势动荡,他不得已携父母及本生父三老人走避邻郡,路上几次遭遇风险。"②戴表元的纯良孝悌也有家世传承,《戴氏剡源张村葬记》载:

> 表元幼愚,逮事先祖考姒。祖考府君,宽慈朴谨君子也,于云台府君为同祖兄弟。祖姒郑夫人,聪敏精书计,于乡贡进士讳一枝字善甫为同父妹。云台府君以毛氏《诗》起家,官四方,晚始贵于朝。祖考府君不及卒业,故先考府君学于外家,以外家之学学赋。学成,复以教表元。戴氏起云台府君以来,仕者三叶,其以赋学决科,则祖姒夫人、先考府君之为也。祖考府君有子五人,先考府君在仲,最爱。祖考府君始疾,以梦谂先考府君曰:"属寝于张山,甚燠而安。我死,汝必以是藏我。"既丧在殡,先考府君于近郭之山但号张者靡不如也,率不合。既而逾信宿不归家,人惑焉。一夕忽自归,曰:"有剡客与我言,问其居,居张村。吾欣其名,惧失之,因不及之告而往。往而睹一麓甚美,与吾父梦合也,吾其图诸。然而无资,则往谒馆于大姓许,将教授其子弟。既馆,询其麓,乃杨氏之麓也。房而隶之,且累十主。"先考府君以诚谋于许曰:"公能以馆我数年之资假我,使吾亲得成葬,自兹而往,吾悉心力以偿君如约

---

① 〔元〕戴表元:《剡源戴先生文集》卷五,《四部丛刊》本。
② 李军、辛梦霞校点:《戴表元集·前言》,吉林文史出版社 2008 年版,第 3 页。

焉。"许亦长者,恻然相成。用其资,佐家之所出者,分致累十主。又日具醴食人,求其诺。殚劳竭瘁,迫于毕也,肌颜槁削,而后得葬也。于乎勤矣!人子于亲得称善,先考府君之勤,不可没也。若先考府君之隐德,祖妣夫人之教,与吾子孙之得居剡源者,皆不可以不知也。①

这段记载可见戴表元先祖的学识及人品,其以"宽慈朴谨君子"之辞赞誉祖父,在《小方门戴氏居葬记》中亦有"先祖府君独朴鲁,有至性"的记载,与其祖父为同祖兄弟的云台府君以《毛诗》起家,在四方为官,晚年成为朝廷显要。戴表元详细地描述了父亲安葬祖父的经过,为了寻找梦中祖父所说的张山,父亲费尽周折,终于寻得张村这一方宝地。但无资买地葬亲,因而前往当地大姓许家教授其子弟,并请求许公预支数年薪金,终于得以按照祖父遗愿将其安葬在剡源张村。祖父及父亲慈孝的君子风范为后人树立了标杆,戴表元的家世传统为其日后为学为人打下了坚实的基础。

二、戴表元在宋末的生活经历

戴表元一生经历宋末、元初两个时期,关于他两个阶段的经历,顾嗣立在《元诗选初集·甲集》中进行了概括:"宋咸淳中,登进士乙科,教授建康府。迁临安教授,行户部掌故、国子主簿,皆以兵乱不就。元大德中,以荐除信州教授。调婺州,移疾归。再以修撰博士荐,不起,终于家。"戴表元宋末进士登科,曾任建康教授,后改任临安教授,没有赴任。《剡源先生自序》中对此有所记述:"及乙亥春,以故归旧庐,改杭学教授,辞不就。"之后回乡隐居。

戴表元在南宋后期生活的中心是读书、科考以及出任教授之职。关于戴表元的成长经历亦见诸其他史料及其本人作品中。戴表元自幼聪颖好学,对此许多资料都有记载,《元史》称其"七岁学古诗文,多奇语"②,戴氏自己也引以为豪。《剡源先生自序》载:"先生生淳祐甲辰,五岁知读书,六岁知为诗,七岁知习古文,十五始学词赋。十七试郡校,连优,补守六经谕。即厌去,游杭,作书言时政,激摩公卿大人无所避。"其《李时可诗序》亦载:"余自五岁受诗家庭",袁桷《戴先生墓志铭》称:"(戴表元)七岁学古诗,文多奇语。年十三即加冠入乡校,从里师习词赋,辄弃不肯学,诸父强之,乃游临安。"关于去杭州的具体时间,戴表元《赠谈星者谢生诗序》云:"余十八九时游杭。"

---

① 〔元〕戴表元:《剡源戴先生文集》卷五,《四部丛刊》本。
② 〔明〕宋濂:《元史》卷一百九十《儒学传》,中华书局 1976 年版,第 4336 页。

其《送曹士弘序》亦云:"岁壬戌,余初游武林,识庐陵欧阳公权先生于秘书之署。""壬戌"即宋理宗景定三年(1262),戴表元十九岁。从这些资料中可见戴表元五六岁即读书写诗,之后求学之路一直比较顺畅,二十岁之前便去杭州求学。

戴表元少年时代即表现出超人的才华,他不仅学习传统诗文,亦有其他多种爱好,戴氏《张君信诗集序》云:"余少时多好——好仙,好侠,好医药卜筮,以至方技、博弈、蹴鞠、击刺、戏弄之类,几无所不好。"(《剡源戴先生文集》卷八)可见戴表元爱好驳杂,《元史》本传评其"学博而肆"。戴氏广博的学识与其洒脱、不受教条拘束的性格特点有密切关系,戴氏散文《题秦景山遗稿》云:"余尝爱秦汉以前士大夫慷慨多奇气,为人排难解急而不居其功,若鲁仲连、虞卿、张孟谈皆是。"(《剡源戴先生文集》卷十八)戴表元崇尚先秦士大夫慷慨豪放的人格精神,其自身性格也有与之相似之处,袁桷《戴先生墓志铭》云:"先生眉目炯耸,慷慨自奋,欲以言语笔札为己任,尝曰:'科举取士,弊不复可改,幸得仕矣,宜濯然自异,斯可也。'"戴表元性格慷慨奋进,不屑于将自己束缚在科举考试所要掌握的知识范畴之内,因而博览群书,涉猎广泛,这为他以后的交游和创作打下了良好的基础。戴表元散文《于景龙注朱氏小学书序》记叙了他儿童时丰富的学习内容:

> 余儿童时,闻乡里老儒先生以小学教授者,才四五家。每讲经罢,杂试《河图》《洛书》之数,若《尧典》闰法、《禹贡》赋则、《周礼》兵制之类。又少暇,则都讲口授《颜氏家训》《少仪外传》等小书。……于时朱氏书犹未盛行浙中,时从人传抄之,以相启发,恍然如扬雄问《方言》、蔡邕见《论衡》之喜。①

戴表元对儒家经典之外的奇书以及南宋新兴的朱子之学有极大兴趣,他师从当时名家,学问颇有渊源。《四库全书总目》"剡源集"提要载:"表元少从王应麟、舒岳祥游,学问渊源,具有授受。"《元史·儒学传》亦云:"时四明王应麟、天台舒岳祥,并以文学师表一代,表元皆从而受业焉。"顾嗣立《元诗选初集》云:"宋季文章,气萎薾而词骩骳,帅初慨然以振起斯文为己任。时四明王应麟、天台舒岳祥并以文名海内,帅初从而受业焉。"当时著名学者王应麟、舒岳祥都曾作为戴表元的老师向其传道授业,因而戴氏青少年时期受到了良好的教育。

---

① 〔元〕戴表元:《剡源戴先生文集》卷七,《四部丛刊》本。

宋理宗景定三年(1262),戴表元十九岁,初游杭州,《送曹士弘序》有"岁壬戌,余初游武林"之说。宋度宗咸淳五年(1269)在杭入太学,《伯姊袁氏夫人迁葬志铭》也有相关记载:"伯姊夫人慈甚……然累日重,竟恺恺以病归,卒于家,乙卯岁九月七日也。……表元生年在十二,越十四年,入太学,又二年,成进士,又二年,仕建康。"戴氏记述其伯姊去世之年为宋理宗宝祐三年(1255),戴氏十二岁。十四年之后,戴氏二十六岁时入太学,二十八岁中进士,三十岁出仕建康。《戴剡源先生自序》也记载了他参加科考的相关情况:"杭学每岁贡士得三百员,试礼部,中者十人入太学,谓之类申。二十六岁己巳,用类申入太学。明年庚午,试中太学。秋举,岁终校外舍生,试优升内舍。辛未春,试南省,中第十名。五月对策,中乙科,赐进士及第,授迪功郎升学教授。"戴表元二十六岁时在考试中脱颖而出,得入太学,并于辛未年(1271)对策中乙科,赐进士及第。关于考中进士后为官情况,《剡源先生自序》载:"癸酉冬赴升。""癸酉冬"即咸淳九年(1273)冬,戴表元赴任升州(建康),被授迪功郎升学教授。迪功郎,又称宣教郎,《宋史·职官志八》载:"迪功郎……为从九品。"这是戴表元初次为官,刚入而立之年便任升州教授,这也是比较高的一个人生成就。戴表元《送谢仲潜序》描写了自己当时意气风发的人生状态:"始余以文学掾游金陵,时年才三十尔。性喜攻古文辞,每出经义策诸生,以观其能占对与否,而鼓舞抑扬之。"(《剡源戴先生文集》卷十四)三十岁的戴表元任升州教授时完美地发挥出了自己的才华,以所学教育鼓舞弟子,并对弟子寄予厚望。

戴表元这一时期的生活负担很重,他在元成宗元贞元年(1295)所写的《送袁伯长赴丽泽序》中回忆当时的生活状况与所思所想:"余年未三十,以新进士谒天官,于格亦当得郡博士,而不敢辞避不就。当是时,家有老人,须禄以养,余性尤不通吏事,勉强文墨议论间,且为而且学之,亦先生长者意耳。"戴氏不满三十岁被任命为升州教授而没有自谦推辞,主要是因为家有老人要奉养,因而边做官边学习,这也成为他一生律己的标准。他在晚年仍持有这一观点,正如其在《送袁伯长赴丽泽序》中所说:

> 人之居世,自其身之起居寝食,与其家之指挥洒扫,推而大之,为官吏而受人之民人,为师儒而受人之子弟,无非事也。人自幼少强壮而至于老,日日而学之,凡以求无愧其事而已,未有当曰"我不能"而姑

止也。①

勤勉好学是戴氏从年轻时就恪守并一直坚持的人生准则,而贫困生活的砥砺也是他有如此谦逊的人生态度的一方面原因。清代黄宗羲《宋元学案》卷八十五《深宁学案》对戴表元做建康教授时的生活状况也有记载:"其官建康教授,同郡袁洪,时通判建康,朝夕互往还。先生贫,洪每周之。"戴氏虽为建康教授,但生活依然贫困,因而同乡建康通判袁洪常常周济他。袁洪,字季源,袁桷之父,与戴表元是多年好友。戴氏在《送袁季源之婺州因简范经历》中也描写了二人深挚的友情:"胶漆四十年,龆龀以至今。天欲饥饿我,使子无黄金。"诗中反映了二人交往时间之长以及袁洪对戴表元在经济上的关照。

戴氏任升州教授时间并不长,《剡源先生自序》载:"癸酉冬赴升,及乙亥春,以故归旧庐,改杭学教授,辞不就。既而以恩转文林郎、都督掾、行户部掌故、国子主簿。会兵变,走避邻郡。"戴表元在建康任职时间不到三年,于宋恭宗德祐元年乙亥(1275)春离开升州,回到家乡,并且辞去了杭学教授的职位。离升回乡的一个主要原因是其祖母郑氏在宋度宗咸淳十年(1274)病故。《戴氏剡源张村葬记》载:"自金陵官舍舁载归,祔葬我祖考府君兆西。"为了将祖母安葬于先茔之旁,戴表元从金陵辞官返乡。之后他又出任过文林郎、都督掾、行户部掌故、国子主簿等职,不久便经历了兵乱,避走他乡。其《乙亥岁毗陵道中》描写了乙亥兵乱的情形:

> 百年只有百清明,狼狈今年又避兵。
>
> 烟火谁家寒食禁,簪裾那复丽人行。
>
> 禾麻地废生边气,草木春寒起战声。
>
> 渺渺飞鸦天断处,古来还是阖庐城。②

宋恭宗德祐元年乙亥(1275),元军攻入建康和常州,戴表元于清明日奔逃在毗陵道中,感慨万千。清明本该祭祀先人表达崇敬与怀念之情,他却不得已因为兵乱狼狈逃窜,田地在生机勃勃的春天被荒废,草木之中隐含着战乱的气息。诗人形象地描写了他人生中第三十二个清明的遭际。《王丞公避地编序》也有关于这一年的相关记载:"己亥之夏,皆失仕归。余又买庐,并公为邻。"己亥夏,戴氏与王子兼皆回归故乡剡源,比邻而居,一起在读书

---

① 〔元〕戴表元:《剡源戴先生文集》卷十三,《四部丛刊》本。

② 〔元〕戴表元:《剡源戴先生文集》卷二十九,《四部丛刊》本。

赋诗中度过寂寞的时光。但这种宁静的日子是短暂的,第二年元兵大举南下,戴氏不得已离乡出逃。

三、丙子之祸及入元后戴表元的人生经历

宋恭宗德祐二年丙子(1276),元军攻占临安,宋室投降。南宋灭亡对戴表元是一个巨大的打击,他之后的人生之路在《剡源先生自序》中也有记述:"会兵变,走避邻郡,及丁丑岁,兵定归鄞,至是三十四岁矣。家素贫,毁劫之余,衣食益绝,乃始专意读书,授徒卖文以活老稚。鄞居度亦不可久,遂买榆林之地而庐焉。如是垂三十年,执政者知而怜之,荐授一儒学官,因起教授信州。噫,老矣。大德丙午冬,归自信州。"从戴氏这段记述中我们可以将其丙子年以后的人生经历分为四个阶段:其一是出逃避乱期,这一时期较短,从宋恭宗德祐二年(1276)到元世祖忽必烈至元十四年(1277),有一年时间;其二是兵定归鄞时期,这一阶段较长,从元至元十四年(1277)一直到元大德六年(1302),共有二十五年时间;第三阶段是任信州教授时期,从元大德六年(1302)到大德十年(1306),历时四年多;第四阶段是从信州返乡到元武宗至大三年(1310)卒,有四年时间。可见戴表元后半生主要的生活状态有两种:背井离乡、颠沛流离和隐居故里、清贫自守。戴氏在南宋灭亡后的三十三年人生中饱经磨难,体会到了生活的艰辛与无奈,与此同时,其诗文创作也达到了巅峰状态。

戴表元后期生活的第一阶段是避乱期,宋恭宗德祐二年(1276)元兵入侵,不得已避乱天台,《王丞公避地编序》记述了他与王子兼一同奔逃避乱的过程:

> 越明年,兵声撼海上,村郊之民,往往持橐束缊而立,伺尘起即遁。余与公势不得止,仓皇弃其故业,指山中可舍者为之归,盖其事不能相谋。而流离转徙,困顿百折,不自意复相出于天台南峡之麓。自是而行同途,止同旅,交同友,客同门。急则传声疾呼,老稚携挈,以遁须史之命;缓则握手劳苦,流涕謦欬,以宽离乡弃土之戚。此于人情何所暇逸,而长篇大章交至迭出,怅怅乎若不知其身之受死祸,而饥渴寒冻之号其后也。将痛极感深,力不可措,遂且猖狂放恣,以畅其郁滞,而不自知耶![1]

丙子年敌兵从海上入侵,郊区百姓收拾好出逃必备之物,时刻准备遁

---

① 〔元〕戴表元:《剡源戴先生文集》卷十一,《四部丛刊》本。

逃。戴表元也放弃家业,带领家人到山中避难。在辗转流离的过程中遇到出逃的王子兼,二人在逃亡中患难与共,并以诗文记述了当时的情形与感受。戴氏诗歌《丙子除夜》也写于这一年:

> 富贵如今似骇机,漂流未遣壮心违。
> 乡邻有酒贫能醉,村落无医病亦稀。
> 客任低头从狗窦,妻休掩面对牛衣。
> 十年涉世浑如此,除却躬耕事事非。①

　　丙子年除夕之夜戴表元发出深沉的感慨,辗转漂泊的生活使诗人感到壮志难酬,他已经对人生富贵不再抱有希望了。诗人描写了自己贫苦的生活状态:虽然无钱买酒,但乡邻能供其一醉;村落地僻人稀没有医生,但人却因此而少生病患。客人来访,从低矮的门洞中进入,妻子也不必因衣裳破旧贫寒而羞愧掩面。在诗的结尾,诗人抒发了自己的愤懑情绪,十年辗转飘荡,事事未能如意,也只有回归乡里躬耕自足了。诗中表现出当时戴氏对生活已经没有过高的期望了,他只希望能够在故乡过上清贫安宁的日子,躬耕自足。元至元十四年丁丑(1277),兵灾平定,戴表元回到家乡,其诗作《丁丑岁初归鄞城》描写了当时的情景:

> 城郭三年别,风霜两鬓新。穷多违意事,拙作背时人。
> 雁迹沙场信,龙腥瀚海尘。独歌心未已,笔砚且相亲。②

　　戴氏在劫难过后返回故乡,生活困顿无依,不免感慨生不逢时,难以实现自己的理想。兵灾之后的故土满目疮痍,战争的血雨腥风还没有结束,诗人内心的忧伤只能以写诗作文来驱遣。戴表元回乡之初居住在棠岙,其诗作《又坐隐辞》小序云:"余虽移家棠岙,居尤未定,每往城南寓舍。城中无所营,交游益疏。或至坚坐逾旬不出。"(《剡源戴先生文集》卷二十八)戴表元兵定回乡之后又遭受了其他打击,生活曾因鄞城大火受到极大的影响。《东门行二首(时鄞城火,第宅遭毁,故有此作)》其一描写了这种状况:"春风颠狂卷地起,吹动江城寒劫灰。江城千家丹碧窟,过眼不复余楼台。"(《剡源戴先生文集》卷二十八)鄞城大火之后一片灰烬,亭台楼阁荡然无存。《火后》也描写了大火肆虐之后一片萧瑟的情景:

---

① 〔元〕戴表元:《剡源戴先生文集》卷二十九,《四部丛刊》本。
② 〔元〕戴表元:《剡源戴先生文集》卷二十九,《四部丛刊》本。

当年歌酒留连处,火后来看一惘然。

傍水几家初饮马,入春三月未闻鹃。

炎凉世事残城树,歌哭人声去客船。

不是危肠拌醉得,癫狂无处看诗篇。①

　　当年鄞城美好的景物已毁于一片火海,即使生机勃勃的春天也难掩其萧条。残破的城池记录了炎凉的世事,往来的客船载满了人世的变迁。诗人对鄞城在兵灾和大火之后的衰颓破败感到无比痛心。

　　回归鄞城的第二年,戴氏在剡源张村东南榆林建房定居,《戴剡源先生自序》云:"鄞度不可久,遂买榆林之地而庐焉。"《小方门戴氏居葬记》亦载:"兵毁无所归,己卯竟归剡源张村东二里许榆林。"其诗作《己卯岁初葺剡居》描写了在剡源榆林居住的情形:"休言声迹转沉沦,百折江湖乱后身。穷未卖书留教子,饥宁食粥省求人。"诗人遭遇乱离之后回归故里,唯求安宁,固守穷节。金侃《剡源文集跋》引《宋遗民广录》记载戴氏:"家素贫,不事生产,逃窜之余,无以糊口,授徒卖文,日手一编不辍,从榆林剡源为家。"戴氏家贫无产业,只能以授徒卖文为生,而且家中负担很重,戴表元《珣上人再删诗序》载:"吾观东玉,行应法,言近道,……载其轻单无累之身,辅之以学,将何行不可至,何入不可得?余惫矣,不能从也。家有三老人,方谋佣赁山樊之间,动摇筋骸,以治养具。"戴表元羡慕东玉师无牵无挂、隐居山中专心修佛,而自己却不能效仿,因家中有父母及本生父三位老人需要奉养,他要努力在世俗中经营谋生之道。虽然努力谋生,但生活依然很困顿。戴氏授徒卖文之外也亲自从事农业劳动,不过依旧改变不了贫穷的现实,加之连年灾荒,虽然勤苦耕作,但并不能满足一家人的衣食所需。这一时期的困顿生活在许多作品中表现出来,如《自居剡源,少遇乐岁,辛巳之秋,山田可拟上熟,吾贫庶几得少安乎,乃和渊明贫士七首,与邻人歌而乐之》:

贫贱如故旧,少壮即相依。中心不敢厌,但觉少光辉。

向来乘时士,亦有能奋飞。一朝权势歇,欲退无所归。

不如行其素,辛苦耐寒饥。人生系天运,何用发深悲。②

　　这首诗写于元世祖忽必烈至元十八年(1281),戴表元时年三十八岁。剡源连年灾荒使诗人的农业生产受到很大影响,诗人在作品中描写了自己

---

①　〔元〕戴表元:《剡源戴先生文集》卷二十九,《四部丛刊》本。

②　〔元〕戴表元:《剡源戴先生文集》卷二十七,《四部丛刊》本。

多年贫寒的生活,同时抒发了固守穷节、安于贫贱的思想情感。写在同一年的《辛巳岁六月三日书事》也描写了乱离社会中的艰辛生活:"急报传来又不真,迎门翁稚笑声频。情怀经苦思平世,颜貌缘愁似老人。"急报传来以为又有变乱发生,得知并非事实之后一家老小尽展欢颜。经历离乱的磨难之后,人们只想过上平静的生活,虽然未到不惑之年,饱经忧患的诗人已经容颜衰颓。《中枝山葬记》也反映了戴表元当时生活的困顿:

> 剡源中枝山之葬,起我先考府君,以至元甲申季冬十有七日,兑穴震向。又明年丙戌,伯考府君卒,以仲冬二十八日祔葬先考府君墓右。……余家初绝贫,来榆林又日浅,又连岁遭大丧。然不敢不即葬,盖既幸有中枝山,而家世居丧,不用俚俗礼,无缌黄滥费。乡邻姻友莫赙所入,咸可取资,以故仅仅得以成葬。①

戴表元养父灏元世祖忽必烈至元二十一年(1284)卒,生父溁至元二十二年(1285)卒。两年时间失去两位亲人,丧葬费用依靠乡邻姻友的资助才得以凑齐。这对戴表元而言既是精神上沉重的打击,也是物质上很大的压力,其生活的艰难可想而知。

戴氏这一时期在鄞城、杭州和宣城讲学授徒或交游访友,袁桷《戴先生墓志铭》云:"始先生两授徒于鄞、于宣、于杭,其徒散处莫会。"戴氏辗转于三地之间讲学授徒,学生分散各地,难以相聚。戴表元此时心境也比较悲凉,常有漂泊流离之感。如《丁亥岁除前二日书事》云:"索索寒搜客,沉沉雨洗年。残林生猎迹,归鸟避窑烟。节物杯浆外,溪山鬓影前。行藏都未定,笔砚底能捐。"(《剡源戴先生文集》卷二十九)这首诗写于元世祖忽必烈至元二十四年(1287),这一年戴表元亦奔波于家乡与杭州之间。其《困学斋记》载:"丁亥之春,余识渔阳鲜于伯几于杭。"(《剡源戴先生文集》卷二)可见戴氏这一年曾在杭州,年底除夕前诗人抒发了自己的感慨。寒天阴雨,景物一片萧索,自己离乡漂泊、行藏未定,只有以文字来抒发忧愤之情了。《戊戌清明杭邸坐雪》作于元成宗大德二年(1298),五十五岁的戴表元客居杭州,诗中表达了浓浓的思乡之意:"思乡处处只愁生,正好春游又不晴。雪是梨花烟是柳,马婆巷口过清明。"(《剡源戴先生文集》卷三十)清明时节离家在外不能与亲人相守,天气的阴沉更加重了思乡之情。可见戴表元这一时期虽然在榆林安家,但为了谋生还要四处奔波,除在鄞城、杭州授徒之外,也曾去过宣

---

① 〔元〕戴表元:《剡源戴先生文集》卷四,《四部丛刊》本。

城。《秋山记》载："元贞乙未之六月,法师与余相遇于钱塘西湖之上……越再月,余来宣,乃始得登鳌峰而访秋山之居。"(《剡源戴先生文集》卷四)元成宗元贞元年(1295),戴表元六月在杭州,八月已经到了宣州,反映出其垂暮之年还要经常经历鞍马劳顿之苦。

虽然戴氏在这一时期生活辛苦奔波,但他却有着较好的文学创作环境。戴表元家乡奉化在当时是英才汇集之地。全祖望《胡梅涧藏书窑记》载："宋之亡,四方遗老避地来庆元者多,而天台三宿儒预焉。其一为舒阆风岳祥,其一为先生(胡三省),其一为刘正仲庄孙。皆馆袁氏。时奉化戴户部剡源亦在,其与阆风、正仲和诗最富,而梅涧独注《通鉴》。"①宋亡后四方遗老大都来奉化避地隐居,因而戴表元能够交游切磋、往还唱和的文人很多,这对戴氏的诗文创作是非常有利的条件。

戴表元入元后生活的第三个阶段是赴任信州教授时期。元大德六年(1302),戴表元五十九岁时,被推荐为信州教授。关于戴氏赴信州的时间其《游南岩诗序》载："余既弃故业,以文学掾至信州。盖老而远行,意恻然不自聊。颇闻州之南,有危岩空宽,僧庐其中,林泉溜青,禽鸟往来,幸而一游,得以发郁积,舒固滞。然至官四阅月,不能遂也。乃季秋二十有八日,日高舂,约朋客出关。……是为岁大德壬寅良月朔日序。"(《剡源戴先生文集》卷十)从这段记叙中可知戴氏是在元成宗大德六年壬寅(1302)夏至信州上任,满四个月后于九月游南岩。《题徐可与诗卷》载："大德丙午岁(1306),余来上饶且四年。"(《剡源戴先生文集》卷十九)《游乡贡墓志铭》云："余至信州之明年,于是上饶游叔大,既逾岭返其先人新会府君之殡,且葬,而属之铭。余既哀而铭之,越二年,叔大卒,其子又呕俾铭焉。"(《剡源戴先生文集》卷十五)文中写叔大卒于大德乙巳(1305)二月十八日,由此亦可推知戴氏于大德六年(1302)至信州。但顾嗣立《元诗选·初集·甲集》载："元成宗大德八年,表元年六十余矣。执政者荐之,除信州教授,再调婺州,以疾辞。其后翰林集贤以修撰、博士交荐,不起。卒年六十七。"②此处记载与戴氏诸文中所言颇有出入,笔者以从戴氏文中得到的资料为准,取大德六年(1302)任信州教授之说。

戴表元晚年出仕信州路儒学教授一事颇受后人诟病。如清代全祖望在《剡源九曲辞》中评之："帅初以薄禄竟受教授之官,宜为黄、万二公所贬……

---

① 〔清〕全祖望:《鲒埼亭集外编》卷十八,《四部丛刊》本。
② 〔清〕顾嗣立选编:《元诗选·初集·甲集》,中华书局1987年版,第226页。

惜哉斯人兮执德不固,出山之泉兮失故步。"(《鲒埼亭集》卷五)其《榆林村中吊戴帅初》亦云:"盛淳百年遗民贵,至元一出晚节乖。"(《鲒埼亭集》卷十)全祖望认为戴表元出任信州教授是晚节不保,玷污了一生清誉。对于全祖望的评论,孙弗侯认为:"先生老而穷困,出任信州教授,乃情非得已。全氏此论,未免过苛。"①戴表元仕元之举情非得已,并非为谋取功名。这一点戴表元后人戴询在《重刻剡源集序》中也有强调:"先生宋咸淳进士,未几而国祚迁改,东西奔窜,甘于穷老。时江南搜访人才,使者如织,先生名倾一时,而竟不之及。晚乃强就一儒学官,而无何即弃去,此可以窥先生之心矣。"②戴表元是淡泊守志之人,历经乱世磨难不改初衷,晚年作为信州儒学教授并不是功利心所趋而为之。况且教授一类学官与掌握实权的官职不同,有当代研究者认为元代学官:"是不能跟直接参与机要、统治百姓的朝官混为一谈的。全祖望在论及相传王应麟入元后尝为山长一事时就曾指出:'先生应元人山长之请,史传、家传、志乘诸传皆无之,不知其何所出。然即令曾应之,则山长非命官,无所屈也。'"③可见全祖望虽然对戴表元任信州教授一事持否定态度,但认为王应麟即使曾任元代山长也无可厚非。戴氏出任信州教授一事虽然确凿无疑,不过不能简单地以暮年失节评之。戴氏并非汲汲于功名者,周汝砺《刻剡源集小引》评之:"先生生淳祐中,以上舍生高等登进士乙科,累教授建康、临安。而雅好山水,间一濡毫摛藻,为古文辞若诗,往往匠心而成,追古作者,有声艺林。然先生辄又敝帚视之,故非以此猎人世名者。"④戴表元早年考取进士,但并不以求取功名为意,而以游山水、写诗文为乐事,虽文才卓然,却淡泊自守,不欲以此求名。

　　戴表元晚年出任信州教授的原因是复杂的,笔者认为可从以下三方面来分析。其一与戴表元对入仕的看法有关,戴氏在其讲义《仲弓为季氏宰问政》中有言:

> 古之君子,苟自知其道可以及人,才可以用世,则皆未尝有不仕之心。何也? 天之生斯人,必有所托以治之。我幸可以治之,而又不屑为,则狥己之私而绝物太甚,非君子之事也。孔门弟子,其贤者多不仕,而仲弓之徒仕于季氏。夫季氏非可仕也,季氏不可仕,而天下皆季氏,

①　孙弗侯:《宋元戴剡源先生表元年谱》,台湾"商务印书馆"1978 年版,第 78 页。
②　《剡源集》卷首,民国七年孙锵校刻本。
③　方勇:《南宋遗民诗人群体研究》"导言",人民出版社 2000 年版,第 2 页。
④　《剡源集》卷首,民国七年孙锵校刻本。

则贤者有终身不仕而已。贤者不仕，则不贤者必仕。贤者不仕而不贤者仕，则天下愈病矣。仲弓之贤，岂不知此，故不以季氏为嫌而仕之。非独仲弓不嫌，而夫子亦不责。非独不责，方且因其问而教之，曰："先有司，赦小过，举贤才。"呜呼旨哉！①

戴氏认为古之君子皆有入仕之心，有济世之才而不屑用于世者是自私的表现。贤者不仕则给不贤者留下了巨大的可肆意妄为的空间，于国于民都是不利的。因而孔子对仲弓为季氏宰持肯定的态度，并就仲弓问政进行了精彩的解答。戴氏认为仲弓"岂但可以为季氏宰，盖千万世宰天下之法也"。贤者出仕能最大程度上以自己的正义与才华为国为民效力，即使其辅佐者并非贤人，也能尽量减少其带来的危害。戴氏在《仲弓为季氏宰问政》中阐明了自己对于入仕选择方面的观点："纤悉于小节，而卤莽于大纲；牢笼于虚誉，而阔略于实德。闻仲弓之风，可不愧汗自省也哉？"有才德的文人在选择自己辅佐的目标时不应陷入细枝末节的困扰之中，而应把握大局，最大限度地发挥自己的才能。仲弓为季氏宰这一历史掌故给戴氏以很大启示。虽然戴氏诗文中体现出鲜明的隐逸思想，但他内心深处还是希望有用于世，并且不仅仅是发挥自己的诗文特长，还要尽自己所能做一些有利于世风教化的事情。

戴表元很注重为师者的社会作用，其讲义《〈周礼·天官冢宰〉以九两系邦国之民：一曰牧以地得民，二曰长以贵得民，三曰师以贤得民，四曰儒以道得民，五曰宗以族得民，六曰主以利得民，七曰吏以治得民，八曰友以任得民，九曰薮以富得民》云："三曰师。师之为言，凡能以善教得民者，皆是也，故以贤。四曰儒。儒之为言，凡能以善道得民者，故以道。后世言师儒，拘于学问文艺，故失其指。"（《剡源戴先生文集》卷二十六）戴表元认为师者应以善教得民，儒者应以善道得民。师儒不应局限于以学问文艺教民，而应承担起提升人民道德教化水平的重任。戴氏重视为师者在社会发展中的作用，因而晚年任信州教授一职也是对为师者价值的实现。

戴表元出任信州教授的第二点原因与元代书院和儒学的发展有关。元代教育制度和教育体系与宋代基本类似：在京师设立国子学和国子监，在地方建立各级学校。《元史·选举志一》载："凡读书必先《孝经》《小学》《论语》《孟子》《大学》《中庸》，次及《诗》《书》《礼记》《周礼》《春秋》《易》。博士、助教

---

① 〔元〕戴表元：《剡源戴先生文集》卷二十五，《四部丛刊》本。

亲授句读、音训,正、录、伴读以次传习之。讲说则依所读之序,正、录、伴读亦以次而传习之。次日,抽签,令诸生复说其功课。对属、诗章、经解、史评,则博士出题,生员具稿,先呈助教,俟博士既定,始录附课簿,以凭考校。"以上是京师国子学的主要情形。地方学校所学内容和教学模式也大体如此。元代统治者在儒学教育方面对汉文化表现出很大的认可和尊重,因而儒学教授在传道授业方面有相当大的自由。有研究者认为:"元初的许多书院虽然是由官方兴办的,但蒙元的统治者没有进行过多的干预。尤其在教学内容方面,书院享有充分的自主权。因此,山长师儒们仍得以沿用传统的教学模式,以《论语》《孟子》《大学》《中庸》《诗经》《尚书》《周易》《礼记》《春秋》等儒家经典为主要的讲解内容。这样,一些南宋遗民故老不再把元廷征聘学官视为畏途,而把出任学官看成是特殊的隐逸形式和拯救华夏传统文明的有效途径。"①戴表元友人也有出任教授之职的,戴氏也曾写文相送。如《送白廷玉赴常州教授序》记载了当时著名文人白珽赴任常州教授之事:

> 大德庚子春,钱塘白廷玉以公府高选得之。江南之搢绅韦布,识与不识,不谋而同声曰:"此固才学可以为师儒,称职而无愧者也。此固取之高年素望、可以四面决疑请益者也。铨格而皆若人,其何不可之有。"②

元成宗大德四年(1300),白珽被朝廷选为常州教授。戴表元认为白珽学识人品皆与此职位相称,并对其终于找到用武之地而感到欣喜。其《送屠存博之婺州教序》亦云:"夫人之生于世,劳矣。其不劳者,非人道也。……未仕者之责止其身,已仕者之责及其人。为官吏者治人以政,为师长者教人以道也。"(《剡源戴先生文集》卷十三)屠存博赴婺州任教职,戴表元认为此去虽辛劳但也能发挥自己的专长,教人以道。戴氏也想把握住信州教授这一能够参与到元朝教育领域、将儒学思想传承和发扬的职位,尽自己为师的本分,用自己的学识为儒家文化的发展效力。其讲义《子曰先进于礼乐野人也》云:"伏惟上饶名郡,东南学问渊源所聚,抵近世玉山尚书,风声未远。表元穷乡远士,迫于诸公牵强,而为此来。开讲之初,敢以先进后进礼乐异同为告,自此得相与勉焉。"(《剡源戴先生文集》卷二十五)戴表元任信州教授开讲之初便阐释了《论语·先进》的深刻蕴涵,以此来表明自己对儒学教育的重视。他强调系统学习礼乐的重要性,同时表现了对古朴的人格精神的推崇。

---

① 方勇:《南宋遗民诗人群体研究》,人民出版社2000年版,第119页。
② 〔元〕戴表元:《剡源戴先生文集》卷十三,《四部丛刊》本。

　　戴表元出任信州教授的第三点原因是为谋生考虑。他在《送杜子问赴学官序》中云:"奉化后来言《诗》,遂推子问称首。……无几何科举罢,三百篇之策,学者黜为空言。邑中故家,虽衣冠强盛如李、杨、黄者,亦皆通播荡析。子问不得已携其耿耿者,去而之西。会尊官贵客,适知其名,左馆右谷。既而为之荐于当途,假之文学掾之阶,而强之仕。于是子问老矣,曰:'我无愿于仕也,而不能无愿于禄。'俯首束袿,忘数千里江楚之劳而赴焉。"(《剡源戴先生文集》卷十三)杜子问赴任学官的一个重要原因是为生活所迫,虽然无意于仕,但出仕带来的俸禄可以解决其谋生、养家的问题,因而"不能无愿于禄"。戴氏出任信州教授也有这一因素,其《安阳胡氏考妣墓志铭》载:"大德壬寅岁,余来钱塘授徒且五年,识安阳胡士谦于中书行署,恂恂然儒也。于是诸公怜余老而加穷,荐授之一官。"(《剡源戴先生文集》卷十五)大德壬寅年(1302),戴氏在杭州授徒时被推荐去信州做教授,他认为能被推荐的原因是自己的衰老和困顿引起了诸公的同情,可见戴氏当时的生活境遇并不如意。在他赴信州的前一年,有《辛丑岁十一月二十六日东归舟中示三子》,其中写道:"自笑得雏如病鹤,也思结伴附归鸿。何时办得村田活,粝饭鱼羹百指同。"戴氏感慨自己幼子体弱多病,因而期盼回归乡里与家人相伴,希望通过勤劳耕种使一家人共享粝饭鱼羹,得到温饱的生活。从这首诗中可以看出戴氏当时的思想情绪及生活状况。戴氏表现出对幼子的牵挂与不舍,"粝饭鱼羹百指同"的温饱生活当时却无法实现,因而生活的困顿也是戴表元出仕新朝,赴信州任职的一个重要因素。

　　以上三方面原因使得戴表元在垂暮之年远离故土至江西上饶赴任信州教授。这一行为虽然受到后人的诟病,但戴氏的这一选择却蕴含了他对人生价值的理解,也包含了易代之际文人生活的无奈,并不是为了谋取功名不择手段。戴氏自己心中对这一选择也充满了矛盾与纠结,对暮年离乡踏上仕途的生活状态表现出忧怨的情绪。如《丙午二月十五日以府檄出宿了岩》诗中写道:

> 衰年慕栖息,役役殊未休。天明发东廊,日晏泊西州。
> 岂其千金躯,为此一餐谋。宿麦清已郁,稚桑黄亦稠。
> 欣然一会意,所愧非吾丘。悔日谅不远,誓言良未酬。
> 挥手谢还往,伊忧自伊忧。①

---

① 〔元〕戴表元:《剡源戴先生文集》卷二十七,《四部丛刊》本。

　　元成宗大德十年(1306)，也即戴氏回归故里那年的二月十五日，诗人因公宿了岩，感慨衰年行役，写下此诗。诗人表达了旅途奔波的疲惫、为谋生而付出的艰辛以及对家乡无尽的思念。作品抒发了他晚年任职信州时期的复杂情感。在这一年的冬天，戴表元结束了在信州的任职。袁桷《戴先生墓志铭》载："秩满，授婺州，以疾辞。"《元史》本传亦云："起家拜信州教授，再调教授婺州，以疾辞。"可见戴氏在信州教授任满之后虽然被调任婺州，却以身体不适为由辞职返乡。

　　戴表元在信州教授任上只有五年时间，之后返乡隐居，这是他入元后生活的第四个阶段。其《质野堂记》云："大德丙午之孟冬，归自上饶。"(《剡源戴先生文集》卷二)《剡源先生自序》亦载："大德丙午冬，归自信州。时体气益衰，而婚嫁渐已毕，即以家事属诸子，使自力业以治养具。然性好山水，每杖策，东游西眺，远不十里，近才数百步，不求甚劳，意倦辄止。忘怀委分，自号曰剡源先生，因以名其集。或称质野翁、充安老人云。"元成宗大德十年冬，戴表元信州教授任满，又被推荐为婺州教授，以疾辞。再以修撰、博士二职推荐，都没有赴任，而是回到家乡剡源。从戴氏作品来看他当时的心情还是比较轻松的，如《自信上归，游石门，访故人毛仪卿镇卿兄弟，作长句赠之(丙午冬)》云：

> 山开未开白云梯，人行不行青麦溪。
> 五年清梦隔蚁穴，千里飞尘深马蹄。
> 重来交游亦笑乐，但觉几杖烦提携。
> 门间霜叶无数积，风定水禽时一啼。
> 药草春暄夜更长，木兰花下听天鸡。①

　　戴表元在六十三岁时卸下了信州教授的重担返乡探访老友，一路欣赏清丽的山中白云、原野清溪。"五年清梦隔蚁穴"象征信州五年如同南柯一梦，表达了对暮年出仕的感慨；"千里飞尘深马蹄"则描写了从信州归来的一路风尘仆仆。诗人重逢故交，顿觉身形轻健，手杖也无须携带了。这首诗描写了戴表元归家访友轻松愉悦的心情。戴氏从六十三岁到六十七岁终老一直在剡源过着单纯朴素的生活。儿女婚事完毕，家中稍有积蓄，便建质野堂、充安阁聊以慰藉晚年之寂寞。其散文《充安阁记》云：

> 今夫余也，固剡山之窭人也，而昔之尝仕者亦余也。有仕有不仕，

---

① 〔元〕戴表元：《剡源戴先生文集》卷二十八，《四部丛刊》本。

而余一也。昔尝见有乘车而行于途者,其不乘车者相与羡之。他日逢大官于途,则其乘车者先俯然下之,岂不以其尤茕茕哉? 等第而充之,人之相羡,无有纪极。……而余于是阁,心无远驰,业不他慕,时勤而作,遇倦而息。欠伸偃仰,以舒吾体;周旋涉历,以散吾目。[①]

戴氏在晚年的隐居生活中,心境还是比较轻松、淡泊的。他认为无论出仕还是隐居,只要心里安适就是适合自己的生活,因而祛除攀比艳羡之心,生活在平淡朴素的乡间,起居有时,劳作有度。于充安阁之中读圣贤之书,俯仰自适。其诗作《余居之西偏有小室名啬庵,诗以识之》亦云:"啬语养气海,啬食养脾土。啬虑养心神,啬劳养筋膂。衰年百事祛,寄息此环堵。"戴氏晚年清心寡欲,很注重修养身心,抛开一切繁杂事物,安心在剡源度过余生。

元武宗至大三年(1310),戴表元卒。袁桷《戴先生墓志铭》载:"至大庚戌三月卒,享年六十有七。……治窆张村,葬以至大元年三月某日。娶陆氏,子男四:初阳,次纪,后庚,幼儒;女四,婿曰陆孟孙、孙肖翁、徐公说、袁庚孙。孙男女八。"[②]此处所载戴氏卒年与其作品中流露出的信息有所出入。戴氏《银峰义塾记》结尾注明了文章的写作时间为"至大三年岁在庚戌孟夏哉生明",孟夏为农历四月,"哉生明"为每月初二或初三日,由此可见戴氏四月尚在人世。

关于戴表元卒年有 1310 年与 1311 年二说,《剡源戴先生文集》卷三十中有《辛亥岁七夕醉陪诸公登西湖竹阁》一诗,如果这首诗确为戴表元所作,并且诗题中所言时间准确无误,那表明至大辛亥年(1311)七夕戴表元还在杭州。袁桷《戴先生墓志铭》《元史》《新元史》等资料皆记载戴表元卒于至大三年(1310),这与《剡源戴先生文集》中个别作品表明的时间有出入,这也是戴氏生平中的一个疑点,笔者倾向于以《戴先生墓志铭》等资料记载为准。

第二节　戴表元交游略述

戴表元一生交游甚广,而且交往对象中有许多是当时著名文人,其诗文

---

① 〔元〕戴表元:《剡源戴先生文集》卷三,《四部丛刊》本。
② 〔元〕袁桷:《清容居士集》卷二十八,《四部丛刊》本。

创作成就与其丰富的交游活动密切相关。有研究者分析戴表元热衷于交游的原因:"频繁地往来于奉化、杭州、宣州、湖州、严州(今浙江建德一带)、毗陵(今江苏丹徒)、金陵之间,一来为了实践他深以为是的'欲学诗乎,则先学游,游成诗当自异于时'(《刘仲宽诗序》)的诗歌主张,二来则为了以文会友,结识当时的名流。"①刘飞也认为戴表元的交游活动对其文学创作具有很大的促进作用:"戴表元对当时的文坛之弊多有不满,只有在进入当时的文坛圈子,才能更好地发表自己的文学主张。同时,他平生爱好诗歌,广泛的交游,可以得到更多的诗歌创作题材与灵感。"②戴表元的交游活动丰富了其人生经历和情感体验,为其诗文创作积累了素材。况且在交游过程中有很多时机创作一些酬唱之作,交游也为其文学创作提供了很好的环境和氛围。

戴氏青少年时期即有机会结识方逢辰、刘辰翁等名士,并受到他们的赏识与激励。更幸运的是能够师从王应麟、舒岳祥二位大家,这为他的学识积累奠定了坚实的基础。袁桷《戴先生墓志铭》记载戴表元青少年时的经历:

> 七岁学古诗,文多奇语。年十三即加冠入乡校,从里师习词赋,辄弃不肯学,诸父强之,乃游临安。于时新安方尚书逢辰、庐陵刘博士辰翁以论策表历进士,得先生程文,大奇之。……方是时,礼部尚书王公应麟、天台舒公岳祥,师表一代,先生独执子弟礼。寸闻只语,悉圈以为文。③

戴表元十九岁初游临安,以文才受到方逢辰和刘辰翁的赏识。方逢辰(1221—1291),原名梦魁,字君锡,号蛟峰,淳安人,宋理宗淳祐十年(1250)考中进士。是南宋著名教育家,著有《孝经解》《易外传》《尚书释传》《学庸注释》等。刘辰翁(1231—1297),别号须溪,庐陵人。宋理宗景定三年(1262)进士,在当时文坛享有很高声誉。二位颇有地位、学识的前辈对戴表元的肯定在很大程度上鼓励了他。同时戴表元有幸师从王应麟、舒岳祥二位大家,王应麟(1223—1296),字伯厚,号深宁居士,十九岁举进士,是南宋著名的学者、教育家、政治家。王应麟创立深宁学派,戴表元受深宁学派思想影响较大,提倡心性修养,并且非常注重经史思想在社会发展中的功用。舒岳祥(1219—1298),字景薛,一字舜侯,人称阆风先生,浙江宁海人。《四库全书

---

① 幺书仪:《元代文人心态》,文化艺术出版社 1993 年版,第 235 页。
② 刘飞:《戴表元及其文学研究》,安徽大学出版社 2008 年版,第 56 页。
③ 〔元〕袁桷:《清容居士集》卷二十八,《四部丛刊》本。

总目》评舒岳祥："晚逢鼎革，遁迹终身，乃益覃思于著作，其诗文类皆称意而谈，不事雕缋。"舒岳祥年长戴表元二十五岁，戴氏青壮年时期舒岳祥已步入晚年，舒岳祥晚年的生活如清光绪《宁海县志》所述："宋鼎革，（岳祥）不仕，为赤诚书堂长，教授乡里，其规约如蓝田、丽泽，一时人文之盛，五邑无比，剡源戴表元、四明袁桷并从岳祥游。"舒岳祥晚年潜心诗文创作，与戴表元有密切的沟通与交流，二人是亦师亦友的关系，他们之间互赠与唱和作品很多。戴表元《寄天台舒阆风先生》题记曰："初，丙子同避兵台之峡石。"丙子之祸发生时舒岳祥五十八岁，戴表元三十三岁，二人同在台州峡石避祸，戴氏回忆过往患难之情，写下此诗：

> 岭云尽处是台州，有个诗翁住下头。
> 不寄一书春又晚，相思百里水空流。
> 新踪冻合莺雏谷，旧梦花迷燕子楼。
> 闻说道旁烽燧急，定应重作峡中游。①

　　诗中表达了对舒岳祥的思念之情，诗人称舒岳祥为"诗翁"，突出了对其诗歌成就的仰慕。虽然丙子避地峡石是迫不得已之事，但因为有舒岳祥与其同生死、共患难，戴表元在回忆之时还能感觉到温馨，因而表达了如果再有兵乱还要重作峡中游的意愿。戴表元与舒岳祥唱和或者涉及舒岳祥的作品大都具有温润雅致的特色，表现了君子之交淡泊而真诚的情感，例如以下诗句：

> 菊盘秋熟蟹，竹枕晚凉蝉。②
> 一登君子堂，迥与凡界绝。③
> 准拟一时僧榻畔，诗翁题后更谁题。④
> 嚼雪餐冰二十年，空山日月自风烟。⑤

　　这几首作品中描写了阆风先生所处环境的高雅优美，赞美其高洁的人

　　① 〔元〕戴表元：《剡源戴先生文集》卷二十五，《四部丛刊》本。
　　② 〔元〕戴表元：《次韵答寄阆风舒先生》，《剡源戴先生文集》卷二十九，《四部丛刊》本。
　　③ 〔元〕戴表元：《阆风舒先生客居棠溪袁仲素家，见示竹帘诗戏作问答二首》，《剡源戴先生文集》卷二十七，《四部丛刊》本。
　　④ 〔元〕戴表元：《宝山寺寒食次韵和阆翁》，《剡源戴先生文集》卷三十，《四部丛刊》本。
　　⑤ 〔元〕戴表元：《送陈养晦谒阆风舒先生四首》其一，《剡源戴先生文集》卷三十，《四部丛刊》本。

格以及卓越的诗才,表明诗人对舒岳祥既有师长的敬仰,也有挚友的牵挂。舒岳祥赠予戴表元的诗作亦是情真意切,如《试杨日新笔次韵答戴帅初》:"闻尔又归青嶂住,四明西畔越东头。山当篱外偏环屋,水到门前总合流。得句苦迟难附置,怀人不见更登楼。扫除儿女相思话,好作阆风十日游。"①舒岳祥闻听戴表元回乡便写诗邀请他到阆风做客,以慰思念之情。舒岳祥非常支持戴表元宋亡之后归剡的选择,如《喜帅初归剡》所言:

> 吴客多流越,君寻古剡归。民贫官箓急,岁歉米船稀。
> 岭鹿三丫入,溪鲈一尺肥。榆林知可隐,安得翅能飞。②

舒岳祥认为剡源虽然不是富裕之乡,但有着优美的自然环境,山里的野鹿、溪中的鲈鱼自然而美好,是一处隐居佳地,他也非常渴望尽快与戴氏在榆林一见。《去春帅初尝约为榆林游,欲烹羊酿酒为小孟尝,既而仆归凤栖,后帅初亦往西浙,遂不果。今帅初已归,当践前言,但同游之客达善已下世矣。因黄甘便作诗以叙其怀》也记述了与戴氏交游的情形:"戴子游西浙,藕花香满船。因思今日日,又是去年年。杨果珍闽荔,榆林下剡川。烹羊曾有约,已失碧桃仙。"③这首诗的题目叙述了诗歌的写作背景:去年戴氏有约没能成行,今年条件具备本该往赴,但曾相约同行的达善已经过世。诗中表达了对戴氏的思念以及对人生无常的慨叹。

舒岳祥虽然年长戴表元二十五岁,是戴表元的师长,但从他赠给戴表元的作品中可以看出他并没有以师长自居,而是将戴氏作为一个真诚的朋友与之交游,并且在交往的过程中体会到发自内心的感动。

不仅方逢辰、刘辰翁、王应麟、舒岳祥等师长是戴表元人生中重要的财富,戴氏的晚辈学生中也有其知音与至交,袁桷是其中最重要的一个。袁桷(1266—1327)字伯长,号清容居士,童子时便有文名。部使者举茂才异等,授丽泽书院山长,之后由人推荐,改翰林国史院检阅官,擢应奉翰林文字、同知制诰、国史院编修官。《四库全书总目》载:"桷少从戴表元、王应麟、舒岳祥诸遗老游,学问源渊,具有所自。其在朝践历清华,再入集贤,入登翰苑,凡朝廷制册、勋臣碑版多出其手。……其诗格俊迈高华,造语亦多工炼,卓然能自成一家。盖桷本旧家文献之遗,又当大德、延祐间为元治极盛之际,

---

① 〔元〕舒岳祥,《阆风集》卷六,《四库全书》本。
② 〔元〕舒岳祥:《阆风集》卷三,《四库全书》本。
③ 〔元〕舒岳祥,《阆风集》卷五,《四库全书》本。

故其著作宏富,气象光昌,蔚为承平雅颂之声。文采风流,遂为虞、杨、范、揭等先路之导。其承前启后,称一代文章之巨公,良无愧矣。"(《四库全书总目》卷一百六十七)袁桷仕途较为顺利,文学成就颇高。在诗文创作上,袁桷与戴表元有一脉相承之处,钱基博评价袁桷:"以唐救宋,以晋参唐,亦与戴表元同蹊径。唯表元美于回味,其意旷;而袁桷则才能发藻,其趣博。"① 戴表元与袁桷诗文各有特色,戴表元意蕴旷达而袁桷意趣广博,但二人在"以唐救宋,以晋参唐"这一点上是一致的,这也表现出戴表元在诗文创作上对袁桷的影响。

袁桷幼时师从戴表元,戴氏与袁桷之父袁洪私交甚密,这一点在前文已有论述。袁洪因为戴表元生活困顿而常常周济他,而袁家后来也遭遇了磨难。至元二十六年(1289)杨镇龙起事,威胁到四明。袁氏家族出逃避难,藏书多被烧毁,只有部分藏于山中,得以幸存。戴氏《己丑正月六日袁季源家遭毁次韵书闷》表达了自己对袁氏遭遇这场灾难的痛心:"邺侯家里书千架,杜老尊前屋万间。此事吾堪慰流落,迩来天亦妒穷闲。反风待祷真虚语,噀雨无方自厚颜。间挈残家过西坞,风流还许几生还。"(《剡源戴先生文集》卷三十)袁洪家中藏书丰富,家业丰隆,但一场无妄之灾使之毁于一旦,只能避难他乡,诗中流露出郁闷无奈之情。

袁洪与戴表元交情深厚,将其子袁桷托付给戴氏教授,以结一生师生之缘。袁桷《戴先生墓志铭》云:"惟先子与先生总角相厚。既先生登进士,年盛气迈,故旧贬抑者不敢自进。先子正色相辅,复以不肖孤托于先生,诱之迪之,获不失其身。"(《清容居士集》卷二十八)袁桷对自己师从戴表元的时间也有具体记述:"戊寅之秋,愚骏无肖,承先子之命,以奉洒扫。"(袁桷《祭戴先生》)戊寅即元世祖忽必烈至元十五年(1278),戴表元三十五岁,袁桷十三岁,这一年袁桷正式拜师于戴氏门下接受教育。戴表元《袁氏子字说序》也表达了对袁桷的欣赏之情:"袁季源命其子曰桷,复取义于《殷颂》,字曰伯长。余爱之,欲有以助其养也,为兹说以广之。"(《剡源戴先生文集》卷十一)可见戴氏对幼年袁桷赏爱有加,欲与袁洪一起对之加以培养。后袁桷得子,戴表元亦为袁桷之子作《袁氏字箴》。

戴表元赠予袁桷的诗歌也对其表现出深切的期待。如《少年行赠元养直》云:"我昔如君初冠时,见君垂角儿童嬉。君今长大一如我,但少头上斑斑丝。诵书如流日千纸,更出清言洗纨绮。……人生少年还易过,请君努力

---

① 钱基博:《中国文学史》,中华书局 1993 年版,第 801 页。

无如我。"(《剡源戴先生文集》卷二十八)戴氏回忆自己目睹袁桷一路成长的过程,感叹自己逐渐衰老,欣慰袁桷长大成人。看到袁桷勤奋读书、才华横溢,戴氏十分欣喜,并给予师长的鞭策与鼓励,叮嘱其抓住少年时光努力学习,以便将来会有更大的成就。戴氏也曾为袁桷书斋清容斋作记,其《清容斋记》载:"鄞生养直,既规寝旁为读书之斋,而榜之曰清容。……今夫袁生生于万石之家,而躬寒素之操;处未弱冠之年,而志丈夫之事。日取古圣贤之言,味之而学其道,而求其清焉已。"(《剡源戴先生文集》卷二)文中赞美了袁桷清逸高洁的品格,对袁桷的学识人品非常欣赏。戴表元《送袁伯长赴丽泽序》中也表现了对袁桷的支持与激励:"今袁君伯长,与余同郡同业,怀丽泽之牒,当行已久而不肯决,曰:'为长于丽泽,师儒也。其任异时与郡博士正等,而东莱公之阙里也,吾趑趄焉。'余曰:'固也。然吾伯长当学为其事而求无愧者也,谦而非伪也。'"(《剡源戴先生文集》卷十三)袁桷因才学出众被推荐为丽泽书院山长,却担忧自己不能胜任而不敢赴任。戴氏鼓励他可"学为其事",以求无愧于心。在袁桷的成长过程中,戴表元是一位重要的良师益友。袁桷在戴表元去世后写了《戴先生墓志铭》《祭戴先生》及《戴先生刻遗文疏》等总结戴表元一生的文章,为后人研究戴表元提供了珍贵的资料。

　　除师长和学生之外,戴表元与当时许多著名文人都有密切的联系。杰出书画家、文学家赵孟頫与戴表元结下了深厚友情并多有唱和。赵孟頫(1254—1322),字子昂,号松雪,吴兴人。他是王室贵胄,宋太祖赵匡胤第十一世孙、秦王赵德芳的嫡系子孙。赵孟頫虽为王孙,但经历宋世衰亡,内心抑郁不平之气难以疏泄。元世祖时,赵孟頫受程钜夫推荐至大都,任兵部郎中,延祐三年(1316)官翰林学士承旨。虽然得到了功名利禄,但难以摆脱心中的愧疚与纠结。有研究者认为:"在大都,在山东,在江南,赵均任元官,前后蒙受五位皇帝之恩宠。他也因此颇受责难,后人以为他背弃其宋室传统,许多的故事传闻,也都含有对他的批评。"①赵孟頫虽然出身高贵,但深感人生的悲凉与无奈,他与戴表元的交游并非浅层次的宴饮应酬,而是互相引以为知己的关系。元成宗大德二年(1298),赵孟頫自大都南归,任江浙行省儒学提举,二人相遇于杭州。赵孟頫请戴表元为自己的诗文集作序,戴氏因作《赵子昂诗文集序》:

---

① 李铸晋:《鹊华秋色:赵孟頫的生平与画艺》,生活·读书·新知三联书店 2008 年版,第 50 页。

吴兴赵子昂,与余友十五年,凡五见,必以诗文相振激。子昂才极高,气极爽,余跂之不能及,然而未尝不为余尽也。最后又见于杭,始大出其平生之作,曰《松雪斋集》者若干卷,属余评之。①

大德二年赵孟𫖯四十五岁,戴表元五十五岁,二人已有十五年交情。此次杭州相遇,赵孟𫖯求戴表元为自己《松雪斋集》作序,戴氏感慨二人身份地位悬殊而能成为知己:"子昂未弱冠时,出语已惊其里中儒先。稍长大,而四方万里,重购以求其文。车马所至,填门倾郭。得片纸只字,人人心惬意满而去。此非可以声色致也,而子昂岂谓其皆知我哉!故古之相知,必若韩孟、欧梅,同声一迹,绸缪倾吐而后为遇。"(《赵子昂诗文集序》)赵孟𫖯虽然以文名享誉四方,但能够引以为知音者并不多,而戴表元正是其中一个。赵孟𫖯在《缩轩记》中也有对二人在杭交往的描写:"余与戴子遇于浙水之上,相向而笑曰:'胡然而来乎?'于是握手而语,促膝而坐,莫逆而相与为友。其游从之乐,大暑金石焦,草木枯,大雨沾裳濡足而不以为苦,商论辨析,百反而不以为异已。"②宋亡之后,戴表元取其斋名为"缩轩",以明心志。赵孟𫖯明了其含义,因而戴氏请其作《缩轩记》。文中提到二人成为莫逆之交的经过,其交游相处的乐趣洋溢于字里行间。赵孟𫖯也深刻理解戴氏"缩轩"之名的含义:"子所谓缩者,岂非屈于一时而伸于后世者耶!"(《缩轩记》)赵孟𫖯认为戴表元的才华并不能因此湮没无闻,而必定流芳后世,可谓戴氏之知音。

戴表元写给赵孟𫖯的诗歌中也表现出对二人相遇相知的欣喜之情,并认为有赵孟𫖯作为知己是寂寥无奈的人生中的一大慰藉。如《招子昂饮歌》云:"与君相逢难草草,与君相逢苦不早。人生何处少泥涂,此日飘零武林道。武林城中马如云,闭屋狂歌人不闻。狂歌自笑君亦笑,依然狂绝不如君。君歌岂是真狂者,青衫少日春潇洒。至今俊笔五花纹,最惜青眸十步下。虚名何用等灰尘,不如世上蓬蒿人。黄金偏趋不贫室,白发难老无愁身。"(《剡源戴先生文集》卷二十八)这首诗描写了诗人与赵子昂相遇杭州的情景。二人性情相投,相遇恨晚,歌呼笑傲,尽情抒发狂傲不羁之情。戴表元非常赏识赵孟𫖯的才情,不仅在《赵子昂诗文集序》中称赏其文学才华,在其诗作《题赵子昂画马》中也淋漓尽致地赞美了赵孟𫖯的画艺:"赵子奇才似

---

① 〔元〕戴表元:《剡源戴先生文集》卷七,《四部丛刊》本。
② 〔元〕赵孟𫖯:《松雪斋集》卷七,《四库全书》本。

天马,顷刻飞龙生笔下。画成抚卷复长歌,坐客喧喧不停写。蹄势经鞭秋跌荡,鬃毛出跳风潇洒。似嫌文绣减天真,尽脱鞍鞯辔轻把。青袍跣足巧眉睫,驭坐奚官亦闲雅。……瑶池路断伯乐尽,日暮嘶鸣气喑哑。为君昂首一慰意,犹胜无逢老岩野。"(《剡源戴先生文集》卷二十八)诗中描写了赵孟頫作画时洒脱的气韵,也描绘了画中之马的飘逸闲雅。诗的结尾借物言志,抒发了怀才不遇的苦闷之情,而这正是戴表元和赵孟頫所共有的压抑在胸中不能释怀的情感。二人在才华上相互欣赏,在心情上相互理解,虽然十五年间只有五次会面,依然成为交情颇深的知己。赵孟頫赠予戴表元的诗作也可以表明二人的交情。如《次韵帅初》:

> 吴越相望三十年,相逢意气共翩翩。
> 长歌白石徒为尔,远访丹砂亦偶然。
> 海气昏昏云拂地,江风飒飒雨连天。
> 他时别后相思处,欲问山阴雪夜船。①

　　赵孟頫与戴表元吴越相望,虽不能经常相见,但意气相投,彼此互相敬重。诗的结句引用"王子猷雪夜访戴"典故来表现诗人与戴表元之间的精神交流。《奉酬戴帅初架阁见赠》也表达了赵孟頫对戴表元的深挚友情:

> 吾爱戴安道,隐居绝埃尘。弹琴聊自娱,书画又绝伦。
> 岂无召我者,已矣非所欣。昔我道剡中,山川自清新。
> 是时夜雪霁,怀哉见其人。常欲以暇日,慷慨为写真。
> 之子有祖风,千里响然臻。②

　　诗中将戴表元比作东晋高人戴逵,才华超群,隐居绝尘,赵孟頫对之深表钦佩。在《奉和帅初兄将归见简》中,赵孟頫亦云:"我坐幽忧疾,非君谁与娱。清谈忘日夜,高论到唐虞。"(《松雪斋集》卷四)赵孟頫认为戴表元能够理解自己内心深处的忧愤之情,因而与之日夜畅谈。

　　著名诗人、诗论家方回是戴表元的忘年交。方回(1227—1307),徽州路歙县人,字万里,号虚谷,宋景定三年进士,任严州知府。入元后,授建德路总管。后罢官,于杭、歙间往来。晚年寓居杭州,卖文为生。方回有《瀛奎律髓》《文选颜鲍谢诗评》《桐江集》《桐江续集》等著作。戴表元《方使君诗序》

---

① 〔元〕赵孟頫:《松雪斋集》卷四,《四库全书》本。
② 〔元〕赵孟頫:《松雪斋集》卷二,《四库全书》本。

载："使君初为名进士时,表元以儿童窃从士大夫间得其文词诵之,沾沾然喜也。年二十六入太学,而使君适由东诸侯藩府归为国子师,始获因缘扳叙,偿平生之慕愿焉。……越二年,表元亦成进士,稍稍捐弃他学,纵意于诗,而兵事起矣。自是别去使君二十七年,然后得读此卷。"(《剡源戴先生文集》卷八)方回年长戴表元十七岁。戴氏儿童时便因诵读其诗文而仰慕之,直至二十六岁入太学,方回四十三岁时,才得以有缘与之结识。一别二十七年,方得以读其《丁酉岁杂诗》。方回虽七十岁高龄,但志气不衰,戴氏颇为感叹。戴表元《桐江诗集序》中将方回与陆游相提并论,可见对其敬重程度:"放翁晚起家得严州,为诗几千首,翁去而州人爱其诗,版传之至今。使君垂老亦守严,多为诗,州人为刻其《桐江集》者六十五卷。锦峰绣壑,淋漓翰墨,前后照映于百年间,良堪绘画。"(《剡源戴先生文集》卷八)戴氏认为方回经历、性格和诗作皆与放翁有相似之处,因而愈加敬重。戴表元《紫阳方使君文集序》中也记录了二人的交游情形:"余戊戌、己亥间来钱塘,始得熟从紫阳方使君游。"(《剡源戴先生文集》卷十一)可见元成宗大德二年(1298)到大德三年(1299)间戴表元在杭州与方回过从较密。

戴表元与方回交游时间跨越三十余年。从现有资料来看,虽然相见次数不多,但方回的文学观及创作对戴表元有很大影响,二人之间也有着深挚的友情,其唱和诗作亦表达出二人的交情。如戴表元《蔚讲师见示方使君唱酬诗次韵》云:"长汀江上别多时,白发闲身天所遗。避俗如仇翻好客,知穷为祟却耽诗。"(《剡源戴先生文集》卷二十五)诗中描写了方回超脱凡俗的生活态度,而这种心境与态度正是戴氏所欣赏与追求的。戴表元《庚子清明日陪方使君,盛元仁、林敬与同载,过赵同年君实西湖别墅小集,使君有诗五章,次韵》写于元成宗大德四年(1300),是与方回唱和之作。此外还有《举杯西湖呈方虚谷邵玄同席上》《和方使君赵有实家园七绝》等作品。方回《宗阳宫访叶西庄亨宗饮,寻杜南谷道坚不值,留诗并呈帅初》云:

> 我不识南谷,亦不识西庄。偶然诣仙境,一举数十觞。
> 南谷出何之,童子煎茗忙。柏林中有梅,不见惟闻香。①

诗中将自己的行程娓娓道来,与戴子分享自己出游访友的经历。戴表元晚年赴信州任教授,方回写《送戴帅初信州教授》一诗,其中有对戴表元高度的认可与评价:"伏羲之后几万年,尧舜八圣孟一贤,谁学其学传其传。□

---

① 〔元〕方回:《桐江续集》卷二十四,《四库全书》本。

明间气生戴先,上庠文声撑青天,高揭兰闱十名前。"①方回认为戴氏能够很好地传授古圣先贤的文化,对其赴任信州教授一职表示认可与支持。

陈著也是与戴表元诗文唱和颇多的一位文人,陈著约生于 1214 年,卒于 1279 年,字子徽,号本堂,鄞县人,南宋宝祐四年(1256)进士。景定元年(1260)为白鹭书院山长,曾任著作郎,安福、嵊县令,临安、扬州通判以及太学博士等职。宋亡,隐居四明山中,自号嵩溪遗耄,有《本堂文集》九十四卷。戴表元与陈著诗文往来较多。戴氏曾作《九日在迩,索居无聊,取满城风雨近重阳为韵,赋七诗以自遣》,陈著作《戴帅初九日无聊,以满城风雨近重阳为韵七首袖而示余,因次其韵》以作答。戴表元曾作《六月十三日寿陈子徽太博十首,以无官一身轻、有子万事足为韵》为陈著祝寿。这一组诗虽然为祝寿而作,但毫无应酬之意,而是向好友倾诉自己深沉的人生感慨。如第三首云:

> 穷居无公忧,私此长夏日。蚊蝇如俗子,正尔相妒嫉。
> 麾驱非吾任,遁避亦无术。惟当俟其定,静坐万虑一。②

这首诗抒发了虽然隐居生活没有公事,但依然摆脱不了世俗社会中小人的嫉妒与纷扰的无奈情绪,诗人是在向知音倾吐心声。再如其中第六首写道:"永日岂无饥,盗粟非所拟。暍行岂无劳,恶木非所止。君家碧梧轩,莲荷泛芳沚。我来息凉阴,嘉实荐君子。"(《剡源戴先生文集》卷二十七)此诗也表现了诗人为保持高洁的品格而固守穷节的生活状况。诗中描写了陈著居所环境的高雅芳馨,并以此象征陈著的君子品格。

陈著与戴表元唱和的作品很多,他在诗中表现出对戴表元人格精神的推崇与赞美。如《次韵戴帅初架阁剡居四首》其三:"见说三间松下屋,更无长物累中心。难忘独有南风操,时对溪山一鼓琴。"③这首诗描写了戴表元清逸高雅的隐居生活,在松树下、山溪边弹琴赋诗,简朴、单纯,诗中的戴表元是洒脱淡泊的隐士形象。再如《又次戴帅初诸前韵七首》其一写道:"三间老屋坐屏山,梅影横斜细竹斑。寡欲自能坚铁脊,长生何必问金丹。"④诗中描写了戴表元生活环境的古朴、清雅以及清心寡欲的生活方式。其七云:"君

---

① 〔元〕方回:《桐江续集》卷二十七,《四库全书》本。
② 〔元〕戴表元:《剡源戴先生文集》卷二十七,《四部丛刊》本。
③ 〔元〕陈著:《本堂集》卷三,《四库全书》本。
④ 〔元〕陈著:《本堂集》卷三,《四库全书》本。

是能诗犹可及，及君不可是吾年。有怀伐木相求意，但诵投瓜永好篇。"①陈著年长戴表元三十岁左右，却对晚辈后生有如此谦虚的态度，这表明戴表元的确是以自己的才华与人品博得了陈著的欣赏。对戴表元来说，陈著既是一位长者，也是一位能够与之深入交流的友人，陈著将戴氏视为知己和依靠。其《次韵帅初浙西回及得新居》云："老吾幸有相过便，尚得如蓬倚直麻。"陈著认为老迈之年能有戴表元可以相互过从是人生中的一大幸事。《次韵戴帅初见寄二首》其一也对戴表元做出了很高的评价："胸次玲珑达事端，入山买屋贮清寒。奉亲最乐危时见，与俗相忘实处看。闲辍琴书翻兔册，旋添竹树隔牛阑。疏衣淡饭门多闭，章甫何妨独旧冠。"②诗中认为戴表元为人处世品德端正，能够固守穷节，奉亲尽孝，有高雅的精神追求，在陈著看来戴表元具有完美的人格。

王璋与戴表元也有密切的交游。王璋（生卒年不详），字敬叔，宛陵人，《元诗选·三集》录其诗十三首。戴表元《王敬叔诗序》载：

金华王敬叔示余古近诗若干篇，余受而叹曰："敬叔诗非余不能知，非敬叔亦无以知余之知也。"敬叔初与余相识，时在钱塘西湖之上。翛翛然山人处士，日幅巾杖屦，往来南泉北嶂间。或遇豪贵人供张其处，耳如不闻，目如不睹。时虽不肯与余说诗，时时察其动作俯仰，盖非无诗也。尔后来吾乡州同寝食，稍及诗事，然非有所游历，及邂逅高人异境，潇散适意，亦不出一语。余尝评敬叔斯人，有无故而馈之千金，度正色能辞之，故其诗自然与世故简远。最后余来宛陵，与敬叔益狎，见其诗益多。敬叔虽世家金华，而生长宛陵。有先业之池台，足以备游眺；有中产之田园，足以充庖酿。贫而不怨，卑而自肆。当户门清休，风日佳好，兄弟壶觞砚席，浩歌欢醉茂林幽槛之下，无不足者。以是其诗往往皆非无故而作，作必为人脍炙不厌。③

文中表明戴表元和王璋是相知相惜的知己，二人相识于杭州西湖之上。王璋世家金华而生长于宛陵，是一位孤高自赏、有气节的文人，与戴表元有过密切的交往，在戴氏家乡剡源及王璋居住地宛陵都曾同寝食、共切磋，彼此之间有深入的了解。戴氏《苍翠楼记》是其为王璋在宛陵所居之楼而写：

①　〔元〕陈著：《本堂集》卷三，《四库全书》本。
②　〔元〕陈著：《本堂集》卷三，《四库全书》本。
③　〔元〕戴表元：《剡源戴先生文集》卷十一，《四部丛刊》本。

"余观敬叔天资明爽,不耐羁束,时时幅巾野服,潇散尘外。居家资产不能致百金,而常好客置酒。酒酣,与其兄弟高歌朗吟,下笔皆无俗子气韵。"(《剡源戴先生文集》卷三)王璋取李白诗中之语将自己居所命名为"苍翠楼",其个性也有李白洒脱豪放、藐视富贵的特点,因而诗歌立意高远,无俗子气。

王璋的诗歌中也表现出与戴表元之间的友情,如《寄戴帅初》表现了对戴表元的牵挂之意和欣赏之情:"重席先生安稳无,上饶人物近何如。李君会有新篇什,谢氏谁为旧学徒。曲士几曾关世道,斯文岂不在师儒。"①这首诗是王璋在戴表元任信州教授时所写,表达了对戴氏在上饶生活状况的关切,并欣赏其师儒风范。王璋《寄题戴帅初岂巍亭》是为戴氏修建岂巍亭而作,其中有对岂巍亭形象的描写:

> 榆林众山如仰瓢,一峰特起青岂巍。
> 幽人丰标有如此,结亭政用山相招。
> 俯窥倒影压沧海,仰眩绝顶撑青霄。
> 云开孤峨湘女髻,月出时闻王子箫。
> 瀛洲方壶若可巢,虎豹舔谈鱼龙骄。
> 不如取山着几案,千霞百霭供昏朝。
> 主人经营莫辞劳,青山得君应更高。②

戴表元曾在榆林居所修建岂巍亭,此亭在戴氏《质野堂记》中也曾提及:"不三月,质野堂成。以次充安阁、岂巍、缩轩、雪镜诸役,仍旧名而增新构,前后左右,凡一百三十六楹。溪山面势,烟云情貌,无不欣合;桑蔬径术,禾麦行伍,无不周密。"(《剡源戴先生文集》卷二)岂巍亭是戴氏榆林居所中重要的一部分。戴氏榆林居所依山傍水,与大自然完美相融。王璋此诗描写了岂巍亭建在特立独秀的山峰之上,临亭赏景,有如至仙境之感。诗中也赞美岂巍亭的修建为榆林山水风景增添了色彩。从戴表元和王璋的诗文作品中可以看出二人的交游并不仅限于宴饮游赏、诗文唱和,同时还有着密切的私交。

刘庄孙与戴表元有较多往来交游。刘庄孙(1234—1302),字正仲,号樗园,天台人。明代方孝孺《刘樗园先生文集序》载:

> 樗园刘先生少游钱塘,学于宋太学,与名士大夫交。……先生所尊

---

① 〔元〕汪泽民、张师愚:《宛陵群英集》卷七,《四库全书》本。
② 〔元〕汪泽民、张师愚:《宛陵群英集》卷七,《四库全书》本。

善者,惟同邑阆风舒公、景薛南山陈先生寿。所友而敬者,则剡源戴公帅初、鄞袁公伯长。袁公后仕元,为显官,名称海内。戴公文亦传于时。阆风南山与先生皆自谓宋遗人,不屑仕,故文行虽高而不大彰于世。传而知之者,惟邑人而已。①

刘庄孙是宋太学生,宋亡隐居不仕,虽文才出众,亦隐没于世。袁桷《刘隐君墓志铭》:"少学古文,湛深隐伏,不见其涯涘,落笔数百语。语工次和,愈作愈平顺,而忧愁感叹,思其平昔,状其羁窘,鉴烛清澈,物莫有逃遁者。……从阆风舒先生岳祥游,倡和不辍,空林绝嶂,目接耳受,一寓于讽咏。"②袁桷对刘庄孙的文学才华高度赞赏,认为其诗文语言工稳平顺而情感细腻深挚。以上两段资料中都提到了刘庄孙的交游情况,他与戴表元、袁桷、舒岳祥都有交往,对戴表元持"友而敬"的态度。

戴表元诗歌中也表现出对刘庄孙的友情,如《太学冬至日,同斋朋友先以兄弟叙拜讫,遍诣诸斋,行礼出,遂置酒湖上,衣冠谈笑之乐,至今栩栩在念间也。因至日去近二十九,和为正仲道之》回忆了与刘庄孙一起度过的太学时光。当时朋友间相处温馨和谐,所以在若干年之后戴氏还写诗记述当时情景赠予刘庄孙。戴氏对刘庄孙也有着深刻的理解,《客言刘樗翁事》云:"俗薄名难盛,人穷迹易危。从来天下士,不计里中儿。隐玉看虹气,坚松任蠹枝。相知不相识,况又不相知。"(《剡源戴先生文集》卷二十九)诗中写了有人对刘庄孙颇有微词,但戴表元认为没有必要与里中小人计较。玉隐含在石中也有天地之精气,坚松被虫蠹依然不失其劲健的特质,此二句暗指刘庄孙虽然被人诋毁也不会磨灭其君子人格,可见诗人对其非常信任和理解。《春愁曲次刘正仲韵》(庚辰)作于元世祖至元十七年(1280),戴表元与刘庄孙皆处于中年。当时戴表元居于剡源,刘庄孙居于天台雁苍。诗中抒发了壮年时期遭遇南宋灭亡,怀才不遇、有志难伸的苦闷。以下节选诗的后半部分做一分析:

> 忧来宛转歌不已,我树非材端后死。
> 五陵当日蓊如云,如今何处悲风起。
> 山南老农亦不忧,机浅不为妻子谋。
> 日高饭饱牛背坐,日晚放牛溪上游。

---

① 〔明〕方孝孺:《逊志斋集》卷十二,《四库全书》本。
② 〔元〕袁桷:《清容居士集》卷二十八,《四部丛刊》本。

人生逐名被名误,十年车马长安路。

长安路绝云雾昏,归来弃笔寻农具。

旧游年少难与随,梦境一笑难重追。

唯有剡源穷掌固,相思望断西天垂。①

因刘庄孙号樗园,诗中以当年树木蓊蓊郁郁,如今悲风萧瑟、枝条枯萎,象征刘庄孙在宋亡之后的悲凉生活,而这种压抑的状态也是戴表元自身面临的处境。戴氏劝慰刘庄孙应学习南山老农与世无争的淡泊,这也是他自己在宋亡回乡之后的人生态度。结句表达了对刘庄孙的深挚思念之情。《正仲复有倒和春愁曲之作依次奉答》亦云:"渐老之日来垂垂,已去之日不可追。伤春畏老两作恶,世事常与愁人随。忽得君家遣愁具,行歌日日春溪路。……只余平世畎亩心,夜半吴吟泣风雨。高人与虎能同居,壮士断蛇应不殊。年高渐欲置忧患,每赖君语相调娱。"(《剡源戴先生文集》卷二十八)诗人感慨人生易老,世事难料,只有与像刘庄孙这样的友人相伴才能体会到一些人生中的愉悦。戴氏正是以友情的美好来弥补人生的缺憾的,如《正仲今年鄞城之约不就,因次韵慰悦之》云:"莫怪诗翁不出山,诗多那得是山间。清溪欲暖莺啼树,白日无人犬卧闲。不惜野花簪素发,时凭春酒转朱颜。当年阮籍何曾达,直到穷途始哭还。"(《剡源戴先生文集》卷三十)刘庄孙失约鄞城之会,戴表元写诗安慰他,语言轻松诙谐而又真挚恳切,表达了对刘庄孙的关切和理解。

刘庄孙和戴表元、舒岳祥都有密切的往来,三人常常一起相聚。舒岳祥《庚辰冬,帅初与正仲约过阆风。既而予坐病,二友不果至,辛巳四月,帅初特来访。予时尚在病中,为予留山庵一宿而去,似不欲劳予应酬耳。归至中途,有诗见寄,予次韵因贻正仲也》诗题中记载了庚辰(1280)和辛巳(1281)年与戴表元和刘庄孙的交游经历。庚辰之冬,戴表元与刘庄孙相约赴阆风拜访舒岳祥,但因舒岳祥抱病没能成行。辛巳年四月,戴表元独自前往阆风,在返途中写诗寄给舒岳祥,舒岳祥因而和之并寄与刘庄孙。诗云:"杜宇啼时多是雨,酴醾开后便无春。惜花底学千金子,对酒还思两玉人。"表现了舒岳祥对戴、刘二人的思念。刘庄孙没来阆风,戴表元只匆匆一见,舒岳祥虽在病中需要静养,但依然不能阻断对二人的牵挂,说明三位友人之间有着深挚的情感。戴表元《俞肖望哀辞》载:"丙子之难,余避地峡石皂荚溪,与马

---

① 〔元〕戴表元:《剡源戴先生文集》卷二十八,《四部丛刊》本。

陬相腹背。……于时阆风舒东野、故常熟丞王达善诸公,皆寓马陬,雁荡刘正仲、周道士若晦所居五六里外。幸惊遽稍闲,则客主聚首谈谐,或遣人送诗篇相倡答慰劳,亦流落中一快也。"(《剡源佚文》卷上)宋恭宗德祐二年,元军攻陷临安,宋室投降。戴表元避乱天台,与舒岳祥、刘庄孙及王子兼交游唱和,这种经历成为颠沛流离的乱世中温暖的记忆。文中提到的王达善即王子兼,他也是戴表元很重要的一位友人。

　　王子兼与戴表元是莫逆之交。王子兼(1218—1292),字达善,奉化人。戴表元《王丞公避地编序》叙述自己与王子兼的交游过程:"始,丞公以文学行义杰立乡里间。余初为童,居相距无半舍,不能识也。来钱塘乃始邂逅,定为忘年之交。聚散数岁,各首一官,江浙不相闻。乙亥之夏,皆失仕归。余又买庐,并公为邻。"(《剡源戴先生文集》卷十一)王子兼年长戴表元二十六岁,二人虽为同乡,戴氏幼时却并未与王子兼相识,于钱塘邂逅乃成为忘年交。但二人不在一地为官,不得常常相见。宋恭宗德祐元年乙亥(1275),元军逼近建康。当时任建康府学教授的戴表元由建康避兵返回家乡奉化,买屋与王子兼为邻。戴表元记录了当时与王子兼交往的情况:"当是时,两家生产赤立,徒有六经诸史、先秦以来古文奇刻、处士之书,合数百千卷。每闲暇时,流连聚论,日至五六往返。间又为歌词韵语,以发其燕居之娱。"戴表元与王子兼比邻而居,虽然生活清贫,但二人常常一起读经史,作诗文,在乱世压抑、落寞的生活中体会到人生意趣。后来经历丙子(1276)之乱,二人携带家属相伴避乱天台。《王丞公避地编序》云:"自是而行同途,止同旅,交同友,客同门。急则传声疾呼,老稚携挈,以遁须臾之命;缓则握手劳苦,流涕譬释,以宽离乡弃土之戚。"在避乱过程中二人相依相伴,相互慰藉,共同度过了人生中的磨难。丙子年,王子兼祸不单行,除离家避乱外,家中也曾发生火灾烧毁所有财产,但瓦砾中生出桃树。戴表元以为此乃祥瑞之兆,因而写《碧桃花歌为王丞作,丞名子兼,字达善,丙子家毁于火,瓦砾中自产此桃》一诗:

　　　　君不见孔家藏书屋,屋坏犹闻起丝竹。
　　　　又不见郑家注书老,书带后来垂作草。
　　　　如今王家万卷文字林,桃花一树春沉沉。
　　　　花成不劳主人种,花落更同山客吟。
　　　　从来春花重萼不缀实,此花可玩实可食。
　　　　我拟天公出奇物,来寿主人并饷客。

春前待花花下狂,春后待实林下尝。

定知此桃不作寻常草木味,只作旧时文字香。

王夫子,多酿酒,春风亭馆何处无。

天锡名花只翁有,从翁乞醉三万日,仍令醉后花从笔间出。①

　　诗歌开篇以孔子藏书屋和郑玄书带草典故引出王子兼家瓦砾中碧桃开花一事,认为这是天公对主客的眷顾,春天赏花,秋后尝实,废墟中的碧桃花给诗人带来了希望。他也以此祝福王子兼,并憧憬在桃花下饮酒赋诗的生活。这首诗表明戴氏与王子兼在生活中同甘苦、共欢愉,是非常要好的至交。戴表元《喜王丞病较》一诗也表现出这一点:"途穷已难忍,那许病经时。学到自无鬼,命强容有医。饭为扶寿本,书是解烦资。便作天台约,山行未觉衰。"(《剡源戴先生文集》卷二十九)诗中表现出对王子兼的怜惜与理解,以及对其病愈的欣喜。戴表元与王子兼患难与共,结下了非常深厚的友谊。王子兼于嘉定戊寅年(1218)病逝,享年七十四岁。戴表元作《故常熟县丞王公行状》赞美王子兼:"公平居未尝肯以诗自名,而语趣冲适,格力清妥,往往专名诗者不及知也。火后追忆粹集诸文,共编名曰《烧痕》《烧回》等稿,通若干卷,藏于家。公谦和乐易,殆出天性。然与之居,终日虽甚相忘,亦无欹容狎语。"(《剡源佚文》卷下)戴氏认为王子兼为人谦虚审慎,不显露自己的诗才,但其诗作自有特色。性格平和而严谨,具有君子风范。

　　陈无逸也是戴表元欣赏的一位文人。《吴兴备志》载:"陈康祖,字无逸,嗜诗。剡源戴表元评其诗为'冰蚕火布,煤脱垢尽,倏然而洁云。'"②又云:"戴表元序无逸诗,称其祖龙泉公居湖,即存也。"陈无逸,即陈康祖,无逸为其表字,陈绎曾之父。陈存为陈无逸之祖,绎曾之曾祖。陈无逸嗜诗,戴表元曾作《陈无逸诗序》:

　　　余年二十四五时,识龙泉陈公于杭。……陈无逸之诗,视其祖,天闲之驹,朝生而知步;玉田之禾,晚耕而同熟也。视其乡人,冰蚕火布,起尘煤,脱垢烬,倏然而洁也。于是绝慕与无逸游,而无逸以家世故,犹若未弃予者。或携手秋郊行吟,或抵足夜榻卧讽,或杯觞探筹,或砚席点稿,欢谐怨怼,舒适困促,一一共发之于诗。余年衰学放,任心而成,遇手而得。兰蒿杂採,珉玉混袭,有一时欣快出之,而徐即增报自悔。

---

①　〔元〕戴表元:《剡源戴先生文集》卷二十八,《四部丛刊》本。

②　〔明〕董斯张:《吴兴备志》,《四库全书》本。

无逸盘旋营度，一字不圆不脱口。……至是岁晏将别，忽倾橐出数十百篇示余，求余评。余惟区区之言，必不足以重无逸，而交情世好，实深相知，有如所陈，乃为登载梗概其篇端云。[①]

戴表元二十四五岁时结识陈无逸祖父陈存，后来结交陈无逸，以为有其祖父风采。戴氏评价陈无逸诗"倏然而洁也"，因而欣赏之并与之交游。二人携手吟诗讽咏，举杯商略探究，日常生活中的欢喜忧愁皆可写于诗中。戴氏认为自己写诗是随性而为，而陈无逸却苦心经营，斟酌字句，精益求精，表现出对诗歌创作的极度严谨。戴氏因而更加敬重陈无逸，也更加欣赏其诗作，于是撰写《陈无逸诗序》。陈无逸曾任攸州教谕，在赴任之际戴表元写《陈无逸教谕赴攸州》。诗云："白露西风湘水清，苍霞南岳晚天明。离家休说三千里，行道新看第一程。橘味熟来知母遗，草名疑处教儿评。人生谁是安居者，早拾貂蝉映父兄。"（《剡源戴先生文集》卷三十）湘南攸州离陈无逸家乡千里之遥，戴氏安慰并鼓励陈无逸，叮嘱他要尽情领略湘南风情，并努力取得成就为家族增添荣耀。这首诗表明戴表元既怜惜陈无逸远赴攸州，又期盼其有所作为的心理，戴氏对陈无逸的友情充溢于字里行间。陈无逸从攸州秩满而归，戴表元也有《苏伯清席中领张仲宾所寄二诗，兼闻陈无逸已从湘南官满归养，喜而有答，仍次来韵》一诗，祝贺其官满回乡。

戴表元与陈无逸一起游赏燕集的机会颇多，戴氏一些散文中记载了他们共同赏景或宴饮的经历。如《八月十六日张园玩月诗序》云："大德戊戌岁八月十五夜，望舒掩其明，游者阙焉，乃以次夕合燕于'君子轩'之圃。圃主清河张棅仲实，其族焆如晦、烈景忠，客剡源戴表元帅初、钱塘屠约存博、龙泉陈康祖无逸、会稽王润之德玉、戴锡祖禹、嘉兴顾文琛伯玉，侍游者仲实之子炬、爔、如晦之子奎、无逸之子绎曾。"（《剡源戴先生文集》卷十）大德二年（1298）八月十六日，戴表元曾与友人在张仲实"君子轩"赏月。陈无逸及其子陈绎曾皆在其列，这是规模稍大的雅集。也有小规模的朋友相聚，戴氏《客楼冬夜会合诗序》载："大德戊戌之孟冬，余客杭久，且念归。而方韶卿自婺至，顾伯玉自秀至，一夕不约而胥会于雪陈无逸之邸。四人者皆穷，皆好迂行独，间关颠顿而不悔。而余与韶卿老矣，相顾尤不能为情。因相留止宿。无逸大出酒炙馔具相饮饫，左觞右弈，前歌后笑。至于语洽气酣，感慨之极，则又各以古今名义相振激。春撞摆阖，略无道途羁旅之感，意度相与

①　〔元〕戴表元：《剡源戴先生文集》卷八，《四部丛刊》本。

欢甚。"(《剡源戴先生文集》卷十)大德二年初冬,戴表元与两位好友不约而同来到陈无逸居所,四人小聚。虽然都处于穷愁困顿之境,但在一起畅饮、弈棋,歌笑之中消解了悲凄抑郁之苦与羁旅落寞之情。戴氏《北山小序》也记载了与陈无逸一起游山赏景之事:"大德己亥之春,前清明二日,余与顾伯玉约游北山,访林以道。骑过陈无逸,要之俱行。"(《剡源戴先生文集》卷十)大德三年(1299)春天,戴氏曾与顾伯玉约陈无逸同游北山。

　　陈无逸虽然没有诗歌或其他作品传世,但他在当时的确是一位令人称道的文人。赵孟頫《陈子振诗序》云:"予友邓善之、张仲实、陈无逸皆英爽之士,其言语、文字足以雄一时。予爱之、重之。"①这里也提到陈无逸是英才,与之并提的张仲实也是戴表元的朋友。戴氏《陈无逸张仲实皆授徒城中,相望遣闷,小诗往问》写了自己与陈无逸、张仲实交往之事:"闲身不用苦咨嗟,随分风流阅岁华。白日垂帘同卖卜,清流岸帻胜趋衙。飞书漆鬏诗无草,夹注高樊眼未花。更喜芳邻连二妙,时时衿佩问东家。"(《剡源戴先生文集》卷二十九)陈无逸与张仲实皆与戴表元在同城授徒,戴氏以有此二位芳邻可以往来为乐事。

　　张仲实是戴表元的另一位友人。戴氏《张仲实诗序》云:"张仲实,循忠烈王诸孙。在杭友中年最妙,而诗尚最力。"张横(1260—1325),字仲实,号菊存,先祖西秦人。生于钱塘,为南宋名将张俊五世孙。荐授杭州路学录,历任江阴州学正、宜兴州学教授,迁平江路学教授等职。著有《张仲实文编》《张仲实诗稿》《学古斋稿》,已佚。据张横的岳父牟巘《陵阳集》卷十二《张仲实诗稿序》载,张横生平"所为诗殆千余篇,已传之好事,犹手自删去,十取三四"。说明张横诗歌作品很多,而且在诗歌创作上精益求精。戴表元《君子轩铭》小序载:"蜀牟先生,名其婿秦张横授徒之室曰'君子轩',取《孟子》'所以教者五'之辞云。"(《剡源戴先生文集》卷二十)张横一生主要任职学官,牟巘以"君子"名其轩是取《孟子·尽心上》中所载:"孟子曰:'有如时雨化之者,有成德者,有达财者,有答问者,有私淑艾者。此五者,君子之所以教也。"'君子轩"寄托着牟巘和张横的教育理念,认为君子应以自己温柔敦厚的人格精神教育、感染学生,这与戴表元的教育观念有相似之处。戴氏讲义《菁菁者莪》中云:"道化流行,礼义习熟。耳不闻可非之言,目不见可鄙之事,身不居可侮之行。生乎其时,而遭逢教养如此,心乌乎而不喜?故曰'既见君子,我心则喜'。"(《剡源戴先生文集》卷二十五)生活在宋末元初这样一

————————

　　① 〔元〕赵孟頫:《松雪斋文集》卷六,《四部丛刊》本。

个特殊的时代,张楳与戴表元皆有以自身的儒学修养和为人师长的风范影响后辈的思想,在人生追求上有很多相似之处。

戴表元年长张楳十余岁,但他对张楳不仅欣赏而且敬重。其《张仲实文编序》云:"西秦张仲实,余诵其诗久矣,信乎其杰然也。交之二十年,而始见其文。……仲实生世家,能力贫勍学为进士,能早不累于科举,纵交博览,意气超卓。而年少余十许岁,其材名何假余言而著。"(《剡源戴先生文集》卷八)戴氏曾作《张仲实诗序》,对其诗作大加赞赏,认为他的诗歌继承了唐人的精华而又没有被束缚其中,既有唐诗的风采又有其独创性。交游二十年之后始读其文,认为其文章叙事清晰、析理晓畅,立教明白浅易,使人易于接受。并赞美其博学多才,虽考取进士,但能不囿于科举,一直保持意气风发的状态。

戴表元与仇远也是知己至交的关系。仇远(1247—1326),字仁近,一字仁父,自号山村居士,钱塘人,曾任溧阳儒学教授。顾嗣立《元诗选》二集收录其《山村遗稿》一卷,《四库全书》收有其《金渊集》六卷、《山村佚集》一卷。仇远在宋末元初颇具诗名,《四库全书总目》卷一百六十六《金渊集》提要云:"远在宋末,与白珽齐名,号曰'仇白'。厥后张翥、张羽以诗鸣于元代者,皆出其门。他所与倡和者,周密、赵孟頫、吾丘衍、鲜于枢、方回、黄溍、马臻,皆一时名士。故其诗格高雅,往往颉颃古人,无宋末粗犷之习。方凤序述远之言曰:'近体吾主唐,古体吾主《选》。'瞿祐又记远自跋其诗曰:'近世习唐诗者,以不用事为第一格。少陵无一字无来处,众人固不识也。若不用事之说,正以文不读书之过耳。'其言颇中江湖、四灵二派之病。"仇远在诗歌主张上与戴表元相似,皆宗唐法古,因而便于在一起切磋唱和。仇远的诗风也有与戴氏相近的清逸温雅的一面。顾嗣立《元诗选》二集载:"释妙声谓其诗冲淡幽茂,而静退闲适之趣溢于言外。释弘道赠诗云:'吾爱山村友,诗工字亦工。波澜唐句法,潇洒晋贤风。'僧守道赠诗云:'朝野遵遗老,山村有逸民。书传东晋法,诗接晚唐人。'似是为山村写照也。"几位僧人对仇远诗歌的评价表明其诗作取法唐代,具有冲淡自然、清新飘逸的特色,而这种风格也是戴表元所欣赏的。

戴表元在《仇仁近诗序》中叙述了自己与仇远交游的情景。戴氏与仇远相识在第二次入杭之时,戴氏初次入杭在宋理宗景定三年(1262),二十年后再来杭州。《仇仁近诗序》中描写自己中年第二次来杭州的情形:

> 离去二十年复来,事有不可言。诸诗人皆尽,而余恍然独行独止。

如羁禽越乡,而无与群;如马行过其故枥,裴回而悲鸣也。呜呼畴昔之叹,岂不以此哉!然犹未敢自断。何世无人,何人无心,特余交际先后疏数之间不足以得之。久之,屠君存博、白君廷玉二君者,皆亹亹志于古人,皆不弃余而肯与之交,私心自喜。久之,因二君得仇仁近也,遂赠余镵成一巨编。①

与初客杭州结识多位诗人相比,二十年后同道凋零,戴氏倍感落寞。此时与屠存博、白珽相识,并因此得以结识仇远,仇远将自己诗作赠予戴表元。戴氏非常欣赏仇远的诗歌及为人,以读其诗为快事:"自是寓客中,抑郁不自畅,不得与诸君晤语,则取其所编,张之案端,行坐讽之以为快。仁近又方力学,期树立,……余年视仁近不甚相绝,而气尽衰,业不早就,进退皆无足据。幸君之相亲,庶几诸君愈益见厚,时时得新闻以洗旧蔽。不敢望有名誉,或藉以一乐,稍稍捐去晚暮孤贫之忧,即君赐大矣。"(《仇仁近诗序》)戴氏在与诸友不能会面之时便静坐几案旁诵读仇远之诗,并以其积极进取的精神激励自己,戴氏以有仇远这样一位良友为幸事,他消解了戴氏晚年孤贫之忧,带来了生活的新气象。戴氏也有诗作描写与仇远的交游,在其一组诗作《钱塘数友皆不免以学正之禄糊口,邓善之得杭,屠存博得婺,白湛渊得太山,仇山村得镇江,张仲宾得江阴,一时皆有远别,因善之有诗,次韵各藉之》中《四次韵与仁近》云:"何处江湖不是归,吴声欲尽楚声微。客来可款船鱼贱,公退须吟堠马稀。岁熟名醪香市巷,潮回古刹照岩扉。频年思拙疏酬和,此去风情不愿违。"诗中表达了人生漂泊的感慨和对仇远的深挚友情。

与仇远齐名的白珽是戴表元好友之一。白珽(1248—1328),字廷玉,号湛渊、栖霞山人,钱塘人。与同邑仇远皆以诗名于世,人称"仇白"。入元后,授太平路儒学学正,后转常州路教授。戴表元《送白廷玉赴常州教授序》云:

> 大德庚子春,钱塘白廷玉以公府高选得之。江南之搢绅韦布,识与不识,不谋而同声曰:"此固才学可以为师儒,称职而无愧者也,此固取之高年素望、可以四面决疑请益者也。铨格而皆若人,其何不可之有。"因相率作为诗文以饯其往,而寻复征赠于余。余不得辞,抑余私有欲赞于廷玉者。廷玉本余同里舒文靖公诸孙、少度君之子。生十龄,以孤稚随母寄养于白。及今成立,自当用范文正、刘文节二公例,请为白氏置

---

① 〔元〕戴表元:《剡源戴先生文集》卷八,《四部丛刊》本。

后,而身归舒宗,乃合于礼缘人情不忘本之义。①

白廷玉因德才兼备而被选中任用为常州教授,江南诸文士皆认为其当之无愧,并纷纷写作诗文为其饯行。戴氏先以侧面烘托的方法突出了白珽在江南文坛被认可的程度,之后介绍了白珽的身世。白珽本是戴氏同乡舒文靖之后,十岁而孤,随母寄养于白家。戴氏认为白珽虽然以白为姓,但还应身归舒宗。能详细了解其身世并发表自己的意见,可见戴氏与白珽交情非同一般。戴氏也见证了白珽弟兄相逢的一幕,大德庚子年(1300),在白珽五十三岁之时,同族兄弟舒子谟去看望时为毗陵教授的白珽,戴氏作《乡人舒子谟与毗陵白教授为同产兄弟,尝以书信问,大德庚子季秋始往见之》一诗:"人生无限相逢乐,何似白头寻弟兄。喜鹊灯花数行信,鲈鱼莼菜一杯羹。干戈留得身俱在,家世从来禄可耕。何日山资笑谈了,广平湖上共柴荆。"(《剡源佚诗》卷四)诗中洋溢着同族兄弟在迟暮之年得以见面的欣喜之情,戴氏为好友兄弟相逢而感到欣慰。白珽赴任太山学正之职时戴氏写《三次韵与廷玉》相送:"新妇矶头春雁归,谪仙亭上翠娥微。江山谈笑堪谁继,今古登临如此稀。坐久海云生砚岳,梦回淮月挂禅扉。红尘巷陌诗交少,杏子花开细雨违。"诗中流露出对知音远行的依依不舍之情。

戴表元与白珽最初相识的过程在戴氏《白廷玉诗序》中有所记载:"日余得白廷玉姓字于周义乌往还书中。其赋《铜浮沤》一篇,尤清驯可念。自是欲识廷玉,逢人辄问之。而廷玉授书北关数里外,栖栖然穷书生耳。时节一入城,不能与故人从容立谈而去,则余无自而接廷玉焉。一日,俨褒博之衣,忽来顾余逆旅中。辞倾意酬,慨然有古人班荆之喜,倾盖之诚。又出其自写诗数十百篇赠余,以其有以自重也,愈益念之。"(《剡源戴先生文集》卷八)可见戴氏最先接触到的是白珽的一篇赋作,因欣赏其文而欲结识其人,但苦于没有合适的机缘。直到白廷玉亲自拜访,二人一见如故,遂成为莫逆之交。

戴表元与诸位友人常常一起欢聚宴饮,诗文唱和,并以此为人生乐事。《八月十六日张园玩月诗序》云:"斯人之居斯世,虽学道不可以过劳。于是乎必有时节燕游咏歌之乐,以节适其筋骸,而调娱其血气。……夫其游足以散劳而不烦,饮足以合欢而不乱,气清而能群,乐最而有文,是岂非学道者之所许,而骚人逸士之事也耶!"(《剡源戴先生文集》卷十)戴氏提倡学者应劳逸结合,而与友人宴饮聚会、赏花玩月、吟诗作文则是非常高雅的放松方式。

① 〔元〕戴表元:《剡源戴先生文集》卷十三,《四部丛刊》本。

戴表元描写文人燕集的作品很多,有《杨氏池堂燕集诗序》《牡丹燕席诗序》《八月十六日张园玩月诗序》《游兰亭诗序》《客楼冬夜会合诗序》《城东倡和小序》及《千峰酬倡序》等。文人燕集,以诗文会友是戴表元生活中重要的一部分,如《杨氏池塘燕集诗序》描写了一次规模较大的聚会:

> 丙戌之春,山阴徐天祐斯万、王沂孙圣与、鄞戴表元帅初、台陈方申夫、番阳洪师中中行,皆客于杭。先是,霅周密公谨,与杭杨承之大受有连,依之居杭。大受和武恭王诸孙,其居之苑御,多引外湖之泉以为池。泉流环回斗折,涓涓然萦穿径间,松篁覆之,禽鱼飞游,虽在城市,而具山溪之观。而流觞曲水者,诸泉之最著也,公谨乐而安之。久之,大受昆弟捐其余地之西偏,使自营别第以居,公谨遂亦为杭人。杭人之有文者,仇远仁近、白珽廷玉、屠约存博、张槚仲实、孙晋康侯、曹良史之才、朱莱文芳日从之游。及是,公谨以三月三日将修兰亭故事,合居游之士凡十有四人,共燕于曲水。①

元世祖忽必烈至元二十三年丙戌(1286)三月三日,戴表元与客居杭州的诸位友人在杨氏池塘燕集,模仿王羲之兰亭雅集旧事。虽然相约聚会的十四人中有六人因故未至,但参与者依然热情高涨,饮酒赋诗,直抒人生感慨,面对国家变故和人生磨难,能够在同道者中找到一些共鸣和安慰。《城东倡和小序》记录了一次规模很小却创作了大量诗歌作品的燕集:"盖自弱冠出游,至于今阅历三纪,平生所过从延接,贵贱浮沉,贤愚聚散,无虑千数。至是而始略知夫交之难,而尤未知群之难也。非群之道难于交,而交之可致,不如群之不可致也。交之群莫盛于杭。于是岁在大德戊戌,嘉兴顾伯玉客于杭城东,杭之贤而文者皆与之游。而屠存博、白廷玉,以岁晏立春前一日过庐,清谈剧饮甚适。既少倦,即相与循关垌,步江皋,眺太白、钱镠之荒墟,吊陶朱、子胥之遗迹,意色苍莽,襟神飞竦。退而存博遂先成古诗二韵六言五章以纪其事,既而廷玉有和,伯玉又既和,又别为诗,而张仲实、陈无逸诸贤,又并和伯玉之诗,和诗遂不可胜纪。其气如椒兰之交袭而郁也,其声如箫钟之迭居而不乱也,其类如针芥磁铁之不相违而相入也。噫嘻美哉,其群矣哉!余也山野土木之人,无能预于兹集,而知旧怜其流离,每不疏外,辱以小序见命,不敢固辞。"(《剡源戴先生文集》卷十)这篇文章记载了大德戊戌年(1298)立春前一日在杭州的一次聚会,聚会的规模很小,只有顾伯玉、

---

①　〔元〕戴表元:《剡源戴先生文集》卷十,《四部丛刊》本。

屠存博、白珽三人,宴饮赏景,并写诗以纪其事。之后又有张仲实、陈无逸等诗人相和,因而由此次聚会产生的诗歌作品颇丰。戴表元本人并没有参加此次聚会,但应友人之邀写此篇诗序以记其事。

戴表元一生交游广泛,交游活动既丰富了他的生活,也为他带来了大量的人脉,同时在与其他文人的雅集唱和过程中创作了许多优秀的作品,为他"东南大家"的地位奠定了基础。虽然交游活动为戴表元带来了一些名利,但从他的作品中可以看出,戴氏与人交往并不是带有功利性目的的,而主要是出自寻求知音的一片真心,并以此来摆脱人生中的孤独寂寞。因而戴表元因交游而创作的诗文并没有应酬之辞的浮华,而是体现出真实质朴的情感和对至交知己以心换心的真诚,具有非常大的感染力。

第三节　戴表元的经学思想

戴表元一生主要以讲学授徒为业,他苦心钻研儒家经典,其所处宋元时期统治者对经学的传授也非常重视,宋代以各州府立学,置教授,以儒学教育生徒。元代最高统治者虽然是蒙古人,但他们对儒学的重视并不亚于宋朝,清王士祯《退谷论经学》记孙承泽之语:"元儒经学非后人所及,盖元时天下有书院百二十,各以山长主之,教子弟以通经学,经学既明,然后得入国学。"戴表元个人的经学修养在宋末元初也得到了一定程度的发挥,柳贯《跋文长老所藏曹泰宇戴帅初诗》云:"观戴先生所作哀词,又知其论著诸经,悉有成说,疲精耗思于断编残简之中,而不能贻之永久,此太史公所以必欲置之金匮石室,藏于名山,以待后世,岂过计哉?于是戴先生下地且二十年,前修浸远,后武亦稀,虽近在州里,语其姓名,或吃吃不能答者有矣。华国丛林宿德,乃能慨想遗风,圆融义际,使兹文句幸免湮坠,以克发先美,存十一于千百,抑贤矣乎!"①柳贯对戴表元的经学成就给予了很高的评价。

《剡源戴先生文集》有讲义二卷,共二十七篇,虽然所占篇幅不多,但充分体现了戴表元的经学思想,也能由此管窥其在讲学授徒中所表现出的积极状态,并进一步了解其教育思想,对这部分作品的解读是研究其思想体系的一个重要方面。戴表元的经学思想主要可概括为以下三个方面:

---

① 〔元〕柳贯:《待制集》卷十九,《四库全书》本。

一、重视对"古气"的阐释

戴表元在讲解经学思想时重视对"古气"的阐释,所谓"古气",即先民淳朴自然的生活方式,包括物质生活与精神追求两方面内容,其讲义《子曰先进于礼乐野人也》写于晚年出任信州教授之时,开篇云:

> 当孔子之时,周道虽衰,先王之礼乐犹有存者,可以访问仿佛,若老聃、苌弘、师襄之类是也。然其人多隐逸放弃,故时论目之为野人。至于威仪曲节,华饰过盛,则几伤其本,而反以为君子。仲尼感叹风俗之日移,自言:吾不用礼乐则已耳,幸而用,则宁取前一辈质朴之人。而后一辈之过华者,在所损节。而亦不尽以为非也。其立言之婉,寄意之切,学者正当玩味。①

《论语·先进》载:"子曰:'先进于礼乐,野人也;后进于礼乐,君子也。如用之,则吾从先进。'"戴表元在讲解《先进》篇时分析了"野人"与"君子"之别,认为世人所谓"君子"有过多伪饰,而"野人"心地淳厚,气质高古,往往令人仰慕,因而仲尼有"吾从先进"之叹。戴氏结合当时社会现状进一步阐释:"但不知今去夫子时又二千年,所谓礼乐,不敢望及先进之野人,犹得仅如夫子时后进君子否耶?……窃尝思之,譬如山林田野间,有人以耕农起家,高曾祖父虽衣冠颓齰,辞令质俚,而皆有古气。迨其子孙,修饰日增,文为日美,而日不如旧。古礼乐之至于今,不知又几何。子孙之子孙,而得与夫子时先进、后进并论耶?"(《子曰先进于礼乐野人也》)戴表元感慨距离孔子生活时代两千余年的宋末元初浮华益显、古气难寻,而在对古代经典的学习中则可以吸取其精华,以先贤古朴醇厚的人格风范陶冶自身。因而在任职信州教授开讲之初,便以此篇与士人共勉:"伏惟上饶名郡,东南学问渊源所聚,抵近世玉山尚书,风声未远。表元穷乡远士,迫于诸公牵强,而为此来。开讲之初,敢以先进后进礼乐异同为告,自此得相与勉焉。"戴表元于宋亡后出仕于元,任信州教授,这一行为招致许多诟病,戴氏的做法在封建士大夫看来的确也有辱名节,但从这篇讲义中可以看出他的初衷。他希望能用经典中所阐释的先贤"古气"陶冶学子的情怀,旨在摆脱浮华,返归淳朴。戴表元另一篇讲义《子曰觚不觚觚哉觚哉》也突出了对"古气"的崇尚:

> 觚以角为之,或用之于饮,或用之于书,大抵取有棱角、不圆机为

---

① 〔元〕戴表元:《剡源戴先生文集》卷二十五,《四部丛刊》本。

便。今者觚名虽存,而觚制不古,于事未大害也。夫子反覆形于嗟恻不置,此岂为一觚发哉?窃尝思之,吾徒鸡鸣而起,日入而休,凡托于居处饮食、衣裳翰墨、交际动作之间,循名而责其实,恐无一可合于古。惟偷安目前,苟且灭裂,不暇思及耳。偶一思之,有不惕然汗下者乎?学校,所以讲道习艺之区。今所讲者何道,所习者何艺。坐斯席也,想斯名也,安乎否乎?古之人皆躬耕而食,惟仕者以禄代耕,为其劳于治事,力不能自耕也。今一名为儒,则弃未耜,离阡陌,终日不知何劳。①

戴氏认为孔子反复慨叹"觚不觚"并不是对觚本身而言,而是有感于人们的饮食起居、生活习俗"无一可合于古",因而学校应讲习古道,使学子文人的生活回归于淳朴。并且强调读书人也不要脱离劳动,未仕者"躬耕而食"也是文人修养和能力的体现。

"古气"的表现还在于对天地万物存有感恩之心,戴氏认为古人明晓天地自然之道,因而对祖先、鬼神、天地万物都存有敬畏之心。虽然孔子有言:"未能事人,焉能事鬼。"(《论语·先进》)但《论语·八佾》也云:"祭如在,祭神如神在。子曰:'吾不与祭,如不祭。'"可见孔子对祭祀庄重而虔诚的心态。戴氏讲义《祭如在》分析了古人"祭神如神在"的内在原因:

> 古之人,食则祭先炊,饮则祭先酒,马祭马祖,田祭田祖,以至能捍大灾、恤大患、有功于国、有德于民者,举不遗其祭。今且静而思之,人惟不知恩义则已耳,稍稍知有恩义,则凡有力于我者,岂能忘之。厥初生民,风气朴野,不但拙于防患,患亦未生;不但略于息争,争亦未有。洎乎争开患作,人且不免与禽兽相食。先后圣贤,相继出而忧之,于是乎有管摄,有拯助,有教导。又知夫人之衣食居处,生息于宇宙之间,一物必资一物之力。资其力者,必怀其感;怀其感者,必图其报。此祭祀之所由始也。②

古人讲究祭礼,将祭祀作为生活中的重要事件,且在祭祀过程中严谨、虔诚,戴表元分析,古人之所以对看不见的神灵有如此心态,除了敬畏和祈福的心理之外,最重要的一点是感恩之心的表现。人在宇宙之间并非独立存在,而要借助外物才能生存,因而要对有益于自己的事物充满感恩之心,知恩图报,戴氏认为这才是祭祀活动背后的心理动机,这一点也表现出古人

---

① 〔元〕戴表元:《剡源戴先生文集》卷二十五,《四部丛刊》本。
② 〔元〕戴表元:《剡源戴先生文集》卷二十五,《四部丛刊》本。

所具有的感恩之心。

戴氏对经典中"古气"的阐释也重视古人宽容、笃厚的人格特征,如讲义《子曰德不孤必有邻》云:"此一章,可以见圣人宽容笃厚、与人为善之意。"并进一步分析:

> 先王盛时,礼乐修,刑政举。为善者既众矣,而又有以使之知劝;为恶者既鲜矣,而又有以使之知耻。传称尧舜之俗,比屋可封,成周人人有士君子之行。虽不尽然,其风气纯美可知矣。后世不复望其如古,然人心天理,何尝一日见其断绝。故乡里之故家遗俗,学校之明师良友,常隐然相与扶持之。或豪杰兴起,或闻见擩染,大抵俱为善人之归,无有有倡而无和者。此之谓"德不孤必有邻",言其理势自当如此也。①

戴氏认为虽然先王全盛时期风气纯美、为善者众的情形后世难以企及,但先人醇厚遗风依然影响着后世,故乡邻里、良师益友相互扶持,耳濡目染,使善心、善行得以弘扬。"行之愈久,习之愈熟,何患风俗之不美,何患教化之不成,何患刑不清而盗不弭邪?"(《子曰德不孤必有邻》)古人不但在人格精神上对后世有深远的影响,在对"仁"与"善"的评判标准上也能够抓住本质与精髓,给后人以深刻的启迪。如讲义《孟之反不伐》,讲解《论语·雍也》中的一段记载:"子曰:'孟之反不伐,奔而殿,将入门,策其马,曰:非敢后也,马不进也。'"戴氏概括其主旨:"此一章可以为士大夫观仁取善之法。"他侧重分析了孔子在"观仁取善"上能够随事变通的态度:

> 古人以战陈无勇为非孝,偾军亡国,不与于射位而死也,不得入于墓域。则兵败而后奔,盖未足深以为夸也。孟之反事见于《春秋传》"哀公十一年"。当是时,鲁有齐难。夫子之门人若冉有、樊迟辈,皆在兵间。之反之为人,不可详考,往往恐亦尝受教于夫子。今也见其入门而能殿,有勇而不居,故深喜嘉称之。与童汪锜执干戈卫社稷,而不在殇列,正一时事。此圣人随才因事、成就长育之妙,如造化之于万物,大而大容之,小而小养之,形形色色,无所遗弃,俱成其美。②

在人们的观念中,战争中能够冲锋陷阵才值得嘉奖,但孔子却从孟之反在兵败撤退中的表现看出了他的勇敢和谦逊。戴表元认为此事与孔子对汪

---

① 〔元〕戴表元:《剡源戴先生文集》卷二十五,《四部丛刊》本。
② 〔元〕戴表元:《剡源戴先生文集》卷二十五,《四部丛刊》本。

锜不以殉礼葬之的做法一样，都没有拘泥于成见，而是根据世态的具体情形进行评断。汪锜事载于《左传·哀公十一年》："公为与其嬖僮汪锜乘，皆死，皆殡。孔子曰：'能执干戈以卫社稷，可无殇也。'"戴氏将此二则史料联系起来阐释古圣先贤的"观仁取善"之法，突出其能够包容与变通的特点。戴表元非常崇敬古圣先贤宽容大度的胸襟，其讲义《子曰伯夷叔齐不念旧恶怨是用希》阐释道：

> 谓所恶之人今日为恶，明日能改过为善，则伯夷、叔齐亦不追记而咎之。审如斯言，岂有一毫芥蒂荆棘之意。以此道处一家，则一家可以无怨；以此道处一乡，则一乡可以无怨；以此道处一国，则一国可以无怨；以此道处四海，则四海可以无怨。①

《论语·公冶长》载："子曰：'伯夷、叔齐不念旧恶，怨是用希。'"戴氏分析此章可谓古圣先贤治国齐家、为人处世的经典法则，不念旧怨，给人以改过之机，以宽容的胸怀、笃厚的品格待人接物，这种胸怀和人格的感染力有着无穷的力量，"然则用伯夷、叔齐之道，岂独四海可以无怨，虽万世无怨可也"。戴氏对当世人对恩怨反应的无常表现了担忧："今之人好恶不由其理，一杯羹德色则悦之，一睚眦反唇则仇之。闻二子之风，亦盍少动心乎？"戴氏呼吁时人应学习先贤遗风，修养宽容大度的心胸，这对于个人、家庭以及社会都有非常大的益处。

戴表元在古圣先贤对待文学艺术作品的态度上也发现了值得当时人学习之处，其讲义《子与人歌而善必使反而后和之》云：

> 歌诗之道，古人不以为难甚。寻常交际，邂逅会集，往往有之。不必皆歌己作，盖多举古人成语，以相委属而已，然必以当人情、通事类为善。……夫子于此，既不失其倾写之欢，又不夺其委婉之趣。姑且使之反复咏叹，然后自歌而和之。想见一时客主襟怀，春融玉盎，渊渟云止，无形骸，无渣滓，此圣人德化及人、至诚尽物之一事，非但可以小智窥测。②

《论语·述而》载："子与人歌而善，必使反之，而后和之。"戴氏在对此则的阐释上展开丰富的想象，形象地展示出孔子与歌者相和而歌的和乐景象，

---

① 〔元〕戴表元：《剡源戴先生文集》卷二十六，《四部丛刊》本。
② 〔元〕戴表元：《剡源戴先生文集》卷二十五，《四部丛刊》本。

体现出圣人诗教温柔敦厚的特质。而后世诗歌的感化力量已与此不同,戴氏认为:"后世诗必己作,间有从事于倡和者,非矜材而陵驾,则拘韵而牵强。其流于乐府歌曲,复皆委巷狎邪之作,败坏人心,污秽风教,莫此为甚。今欲与诸公稍稍厘正,捐俗趋雅,去华务质,取古人三百篇以来之作,可登于弦诵、可编于简册者,纯熟讽念,可以观志,可以养德。推而伸之,可以使能,可以成物,其俳体新声,一切不用,庶几近于夫子之指。"(《子与人歌而善必使反而后和之》)后世诗歌失去了天然"无渣滓"的特色,在诸多因素的作用下,如作者的矜才炫耀、音韵格律的拘束以及里巷歌谣淫艳风格的影响等等,诗歌的感化力量已经大为削弱,因而戴表元将担起使诗歌"捐俗趋雅,去华务质"的重任,侧重以诗"养德"。

　　戴表元所崇尚的"古气"还体现在中庸之道上,《论语·雍也》载:"子曰:'中庸之为德也,其至矣乎! 民鲜久矣。'"戴氏对此章的阐释在讲义《子曰中庸其至矣乎民鲜能久矣》详尽地表现出来:

> 　　中是不偏不倚,无过不及,庸是平常,此二字惟圣人能行之。若非圣人,决然有偏倚,决然有过不及,决然不能平常。故处事而无偏倚、无过无不及、与夫合于平常者,天下之至理也。既是至理,自然民鲜能行之。①

　　唯有圣人能做到不偏不倚,普通人对世态人情都会有偏颇之心,都要费尽心力地表现出自己的不寻常,因而难以达到中庸境界,而且对中庸的理解也出现偏颇。戴氏认为:"近世士大夫说及中庸,又降而归之中才庸人,闻中庸之名,往往讳而叹之。故每发一议,每创一事,必求以异于人。嗟夫! 中庸者,夫子、子思谆谆以教天下后世,以为之难能,而士大夫讳之不为,亦可伤哉。"(《子曰中庸其至矣乎民鲜能久矣》)圣人才能达到的中庸境界被理解为"中才庸人",戴氏深感这种想法是对古圣先贤的极大辜负,也是对文人士大夫自身的一种损伤。

　　对"古气"的阐释、对古圣先贤经世济民、为人处世之道的崇敬是戴表元经学思想中的一个重要方面,他提倡时人应继承和学习古人的气度和风范,抑制浮躁的世风,返归生命真淳质朴的本质。

二、强调心性的修养

　　戴表元的经学思想中另外一个重要方面是强调人们应该修养心性,发

---

① 〔元〕戴表元:《剡源戴先生文集》卷二十六,《四部丛刊》本。

扬善行,这一点受王应麟深宁学派影响较大。他在研读四书、五经时侧重于对其中关于修心养善的内容进行阐发,如其讲义《孟子曰子路人告之以有过则喜》:

> 善者,天理之总名,人人有之。人人有之,而有不能有之者,心不在焉故也。心在于善者,不但能有己之善,又能有人之善;不但能有人之善,又能与人同其善。心不在于善者,人己两失之矣。今且以此章三节,逐一绅绎。子路人告之以有过则喜,是取人之善,以去己之不善。犹未免于有不善,惟能去其不善,斯善矣。此贤者事也。禹之闻善言而拜,是喜人之善,与己相契。虽有人己之分,而同于为善,比子路相去甚远。此圣人事也。至舜则善与人同,舍己从人,乐取诸人以为善。以一人之身,而耕稼陶渔之类,亦取于人而能之。取于人以为善,则人益劝于为善。①

《孟子·公孙丑上》载:"孟子曰:'子路,人告之以有过则喜。禹,闻善言则拜。大舜有大焉,善与人同,舍己从人,乐取于人以为善,自耕稼陶渔以至为帝,无非取于人者。取诸人以为善,是与人为善者也。故君子莫大乎与人为善。'"孟子的这段议论表明了人心向善的重要性,戴氏对子路、禹、舜向善之法进行了辨析,认为禹、舜乃大圣人难以企及,因而专门就子路一事进行更加深入地阐释,从而得出结论,只要有向善改过之心,则能不失其本心,与人同善。戴表元分析:"子路在孔门,最为多过。初见时气象粗暴可掬,从游虽久,而鼓瑟言志,侍侧之顷,威仪应对,每见讥斥……想见其为人,纯诚信勇,但有所闻,知其不善,随即羞悔,不敢复作。故能日克月厉,薰摩浸灌,陶写擩染,而卒成大贤,而称其可为百世之师也。"(《孟子曰子路人告之以有过则喜》)子路以其粗暴的性格犯下很多过失,但能够闻过羞悔,善于改过,日积月累,使品性逐渐完善,终成大贤。戴氏在崇敬先贤修养心性方面的成就同时,也对当时人流于浮华的互相追捧、文过饰非的现象表现了担忧:"今人随群而趋,逐队而处,一般浮沉,一般容悦,上无夫子为之师而督之为善,下无颜闵游夏之徒为之友以显其不善,故终身不见有过。又或位高齿长,则人方誉之;权隆势盛,则人方惮之。真见有过,亦无人言。"(《孟子曰子路人告之以有过则喜》)戴表元认为当世之人非但不愿闻过,即使有过也无人坦言指出,这种上下交相蒙蔽、不言过亦不改过的现象非常不利于修养心性,以

---

① 〔元〕戴表元:《剡源戴先生文集》卷二十六,《四部丛刊》本。

至于"荡者夺于外驰,鄙者安于近务,幸人不言,偃然以为人事不过如是。尊卑相承,前后相袭,耳不闻善言,目不见善事,既以误己,复以误人,悠悠兀兀,坐成凡庸。"(《孟子曰子路人告之以有过则喜》)正因为看到了当世之人在心性修养方面的薄弱之处,戴表元才力主从先贤经典中学习修心之道,其讲义《〈曲礼〉曰毋不敬俨若思安定辞安民哉》也表达了这样的思想:

> 《曲礼》者,先儒以为委屈说礼之事。虽是委屈说礼,此起初一章,却是礼家大纲目处。……总而论之,其目三:曰貌,曰心,曰言。其纲一:曰敬。心在于敬,则貌与言,皆在于敬;心不在于敬,则貌与言,皆不能无失也。世之儒者,多言心属内,貌言属外。既分别为二,遂以为敬当主于心而已。一戏笑过差,一谐谑失节,未害于道。殊不知心是貌言之苗,貌言是心之枝叶,未有枝叶有病、而根苗无伤者。故其始不过小不敬,而其终也,卒陷于大不敬。①

《曲礼》是《礼记》的一部分,记述具体细小的礼仪规范,也即戴氏所言"委屈说礼"。戴表元认为《曲礼》的总纲在于"敬","心敬"而"貌""言"皆随之而敬,因而修心是礼的根基。戴氏在这篇讲义中进一步分析:"《尚书》传《洪范》五事:'一曰貌,二曰言。'所关顺逆休咎,尤如影响,犹是古人告戒流传常法如此。今人所以不然者,盖缘常情,以礼为拘束禁制之物,强而持之,令人气血不畅,筋骸不舒,此不知礼者之论。"《尚书·洪范》"五事"为:"一曰貌,二曰言,三曰视,四曰听,五曰思。""貌""言"为五事之要,君子举止言行皆应合于礼,而"貌""言"皆出于心,固要将修心放在首位。戴氏在此篇讲义中阐释:

> 吾尝试以《曲礼》此一章,玩味而习复焉。心常常不敢放纵,容貌常常端庄,不敢轻于戏笑;言语常常谨重,不敢易于谐谑。但见气象详和,身心安乐。今日为生徒,则礼行于学校,而为贤生徒;为子弟,则礼行于家庭,而为贤子弟。它日为人师长,为人僚佐,则礼行于州里、邦国,而为贤师长、贤僚佐。推而大之,无往而不宜,无为而不顺,其效岂不章章可睹哉!②

戴氏认为《曲礼》此章可谓君子修为之章法,人能够修心律己,则无往而

---

① 〔元〕戴表元:《剡源戴先生文集》卷二十六,《四部丛刊》本。
② 〔元〕戴表元:《剡源戴先生文集》卷二十六,《四部丛刊》本。

不适，若放纵心性，则祸端丛生。在其讲义《谦尊而光卑而不可逾》中表达了同样的观点："谦者人之盛德，然徒谦而不知所以为谦，则处己接物，俱失其宜，而不足以为德矣。故曰'谦尊而光，卑而不可逾'。言善为谦者，尊则能使其道有光，卑则能使人不可逾己也。"《周易·谦》彖辞曰："谦亨。天道下济而光明，地道卑而上行。天道亏盈而益谦，地道变盈而流谦，鬼神害盈而福谦，人道恶盈而好谦。谦，尊而光，卑而不可逾。君子之终也。"谦卑则亨通，无论天道、地道与人道皆崇尚谦卑，君子取法天地，谦卑为人合于修心为善之道。但谦卑不是卑微，其有两方面属性，即"尊而光"和"卑不可逾"。"谦"中体现出尊贵和光辉，"卑"而不可被逾越和轻视，既有谦卑的品格而又不失骨气，这是君子修养心性的一个准则。这种境界犹如孔子所言"贫而乐""富而好礼"，是一种尽善尽美极致的精神境界。富贵之人易骄奢，贫贱之士易萎顿，富贵者为修养心性可戒骄奢，而贫贱者如何能具有自尊与自信的品格呢？戴表元认为："贫贱之士，人所易逾，所以自重者，谓有名教之乐、道德之美耳。彼以其富，我以吾仁；彼以其爵，我以吾义。乐天知命，谨身节用，以远悔吝，以安隐约。所谓谦者，不过如此。"（《谦尊而光卑而不可逾》）贫贱之士会因道德心性之美而自重，"仁"与"义"是撑起他们精神世界的主要力量，因而无论富有还是贫穷，修养心性都是使人生充实而愉悦的重要方法。戴表元对于人生的贫穷与富贵也有深刻的思考，其讲义《子曰富与贵是人之所欲也》云："于人之处富贵、处贫贱而观之，而心之仁不仁可见矣。"在不同经济境遇下的表现能够体现出一个人的精神境界，戴氏详细分析其原因：

　　盖夫富贵之为物，非不美也，苟其道之当得而得之，君子未尝避焉。舜禹、周公是也。贫贱之为可恶，苟其道之当得而得之，君子未尝辞焉。孔子之在陈绝粮、乘田委吏、伐木削迹之类是也。如必曰："我学为舜禹、周公，我有居富贵之道，我不可以不富贵。我学为孔子，我无取贫贱之道，我不可以贫贱。"则其心不仁矣。何也？曰我有居富贵之道，我不可以不富贵，则必慕富贵而苟求；曰我无取贫贱之道，我不可以居贫贱，则必耻贫贱而不安。慕富贵而苟求，耻贫贱而不安，其心何所不至，其人何所不为，其于本心之仁，何能保其必存而为君子哉！①

君子在修养心性方面不可回避的一个重要问题是如何坦然面对富贵与

---

① 〔元〕戴表元：《剡源戴先生文集》卷二十五，《四部丛刊》本。

贫贱,富贵乃人人所愿,但富贵也并不易得,而且即使身处富贵之中,能够保持平淡心境而不骄奢浮华,这也需要很高的人生修养。贫贱乃人人所恶,但摆脱贫贱也并非易事,能够处于贫贱之中而不为生活所累,保持自尊与愉悦,这是强大的精神力量的体现。戴氏认为:"其为人也,当富贵而富贵,则为富贵之君子;当贫贱而贫贱,则为贫贱之君子。安往而不预于舜禹、周公、孔子之伦乎?呜呼!天之命斯人以为人,予之以最灵之心,其初一也。一能存之,虽贫贱不失为舜禹、周公、孔子;一不能存之,虽富贵不免近于禽兽。"(《子曰富与贵是人之所欲也》)戴表元认为天赋予人善良的本性与初心,人生一个重要的责任就是将这种善心一直保持下去,无论处于何种境遇之中,心性的修养都不能有丝毫懈怠。尤其强调在穷困之中更能修炼人的心性,其讲义《子曰回也其庶乎屡空》云:"夫子于此,叹其居穷守约之操,箪瓢饮食,天乐内足,泊然不以外物累其灵台。"(《剡源戴先生文集》卷二十五)颜回这种"贫而乐"的人格精神是戴表元最为欣赏的。

注重心性的修养是戴表元经学思想中重要的一方面,他在讲习四书五经时能够抓住先贤关于修身养性的主要思想,并详细阐发之。戴氏认为人的言谈举止外在表现的状态皆取决于心性,提倡要学习古圣先贤修养心性之道,并以之提升精神境界与规范行为表现。

三、经学思想中所蕴含的教育理念

戴表元一生主要精力用于读书求学、任职学官、讲学授徒与写诗作文等事之上,他曾任建康教授和信州教授,亦曾受临安教授而不受,在他的生命之中,与其关系最密切也是谋生手段的事情是讲学授徒。他认为讲学授徒是可以体现出文人价值的一项事业,其《送罗寿可归江西序》云:"古之所谓士大夫者,少而学成于其身,壮而材闻于其国,及其老而无志于用,则退而以其学师于其乡,是故有以一人而成千万人之俗。"(《剡源戴先生文集》卷十三)有资料记载他讲学时的情景,如其《送谢仲潜序》自叙:"始余以文学掾游金陵,时年才三十尔。性喜攻古文词,每出经义,策诸生,以观其能占对与否,而鼓舞抑扬之。"(《剡源戴先生文集》卷十四)戴表元在讲析经义时与诸生交流互动,看其能否对答,以此来鼓舞诸生学习的积极性。《宋元笔记小说大观》中孔齐《至正直记》卷四《戴帅初破题》记载孔齐之父孔文昇年幼时在金陵从戴表元学一事:

> 先人尝言:幼在金陵郡庠从戴帅初先生游,先生每因暇即以方言俗谚作题,令诸生破,如经义法。一日命题"楼"字,先君曰:"盖尝因其地

之不足而取其天之有余。"先生大喜,又命以谚云:"宁可死,莫与秀才担担子。肚里饥,打火又无米。"破曰:"小人无知,不肯竭力以事君子;君子有意,不能求食以养小人。"①

此处记载可见戴表元生动灵活的教学方法,他由民间日常方言俗语出发引导学生理解经义,将经义融入生活的一言一行之中。教书生涯在戴表元的生命中占据重要地位,四书五经又是他授课的主要内容,因而在其对经学的阐释中也蕴含了他对教育的一些看法和主张。戴氏认为为师、为儒者承担着重要的社会责任,能够用自己的品格和学识感化人民,引人向善。其讲义《〈周礼·天官冢宰〉以九两系邦国之民:一曰牧,以地得民;二曰长,以贵得民;三曰师,以贤得民;四曰儒,以道得民;五曰宗,以族得民;六曰主,以利得民;七曰吏,以治得民;八曰友,以任得民;九曰薮,以富得民》云:"三曰师。师之为言,凡能以善教得民者,皆是也,故以贤。四曰儒。儒之为言,凡能以善道得民者,故以道。后世言师儒,拘于学问文艺,故失其指。"(《剡源戴先生文集》卷二十六)《周礼·天官冢宰》中列出了九种能够使百姓凝聚、联合起来,不致离散之人,其中就有为师者和为儒者二种。戴氏认为为师、为儒者能够以言传身教引导人民向善、明道,因而可以得到人民支持。可见戴表元是以开阔的视野来理解师儒,对自身的价值有充分的认识。

戴表元特别强调教育、学习的重要性。在讲义《子曰后生可畏,焉知来者之不如今也?四十五十而无闻焉,斯亦不足畏也已》一篇中讲道:

> 为先生长者之法,主于教人逊让,安有以后生为可畏,又许其有求闻之心者哉?呜呼!此可以见圣人教人恳切之极矣。人非生而知之,谁能废学?学则虽单夫寡人而可以为君子,为圣贤;不学者虽尧舜之圣,不免为小人、愚不肖。为君子者,为圣贤者,人常畏而敬之;为小人者,为愚不肖者,人常贱而鄙之。②

戴表元认为孔子所云"后生可畏"体现出圣人提携后生的恳切之心,认为人之所以有君子、圣贤和小人、愚不肖者的分别就是因为学与不学的不同。而君子理所当然受人尊敬,小人、不肖者却要遭到鄙弃。由此可见戴表元对教育的重视程度。其讲义《〈大畜〉象曰天在山中,大畜。君子多识前言往行以畜其德》亦云:

① 《宋元笔记小说大观》第六册,上海古籍出版社2001年版,第6649页。
② 〔元〕戴表元:《剡源戴先生文集》卷二十六,《四部丛刊》本。

物之大莫如天,而山能藏之。以此言学,何学不充;以此言德,何德不具。又《大畜》之卦,内乾外艮。乾者健也,艮者止也。人之学行,于内能健,则无间断不一之病;于外能止,则无浅躁轻出之悔。皆"大畜"之义也。①

《周易·大畜》象曰:"天在山中,大畜,君子以多识前言往行,以畜其德。""天在山中"喻力量积蓄,君子效法天地,通过多识前人所言所行,来积蓄自身的美德。戴氏认为《大畜》象的涵义正可用于形容为学的过程,以先贤的经验来充实自己,内在刚健丰盈,外在不为繁华浮躁所动,能适时而止。他进一步阐释:"今之君子,所以不如古人者,多是自倚其聪明才智,师心而行,据己而发……惟多识前言往行,则念念有龟蓍,事事有轨范,平时或得于考究,或闻于讲明,耳擩目染,心领意会。今日积一善,明日积一善,日日积之,以至无所不通,无所不悟。"学习先贤遗留下来的知识和经验可以使人心中有敬畏,行为有规范,日积月累,便会通达人情,感悟事理。

戴表元对为师者的教育方法也有自己的理解,他认为师长在教导弟子时要言行合一,重视真修实践。在其讲义《子罕言利与命与仁》云:

利者四德之一,命者天之所以赋于人,仁者人之所以为心。圣人何以靳于言哉? 曰"利非君子之所急",其罕言之是也。至于命,至于仁,其若是焉。盖夫性理之学,其体也在于心传,而不可以耳受;其用也在于躬行,而不可以言说。②

《论语·子罕》载"子罕言利与命与仁",戴表元分析孔子之所以罕言于此,是因为此三者皆须心传而不可耳受,为师者应以躬行身教为主,而不可一味语言说教。他认为:"故讲学者必尊所闻,读经者必缺所疑,推贤敬古,风俗朴厚,而真修实践之意,常逾于议论之表。"讲学者务必尊重古人,不能随意生发,而且要将经义用于自身实践之中。其讲义《子以四教文行忠信》对孔子"四教"进行分析:

宇宙之间,一事一物,莫不有理存焉,君子不可以不知也。然何由而能尽知之? 于是必有方册记载之钻研,师友学问之讲论,是之谓文。于方册而得之,则理在方册;于师友而得之,则理在师友。是犹资于外

---

① 〔元〕戴表元:《剡源戴先生文集》卷二十六,《四部丛刊》本。
② 〔元〕戴表元:《剡源戴先生文集》卷二十五,《四部丛刊》本。

也。于是必有以会之于心,体之于身,而复验之于事物,是之谓行。文矣行矣,君子之学可以本末兼该而内外交养矣。然不主于忠信,文何以实其文,行何以成其行。①

戴表元认为方册之记载、师友之讲习为习文之法,但学习必须心领神会、用之于躬行,内外兼修,言行一致。讲义《菁菁者莪》也比较全面地表现了戴表元的教育思想。《诗经·小雅·菁菁者莪》一篇,《毛诗序》释"乐育才",戴表元赞同这种说法:"作序者以为长育人材之诗。郑氏直云长育之者,既教学之,又不征役,则断为学校所作。儒者传授,可信不诬。"进而其详细分析了诗中所体现出的教育理念:

> 首章言"菁菁者莪,在彼中阿"者,喻人材之在学校,亦如莪草之生于阿中,得其所养而茂也。先王盛时,其于学校之士,岂徒宽容逸乐之而已。想见一饮食,一射御,一步趋,一坐作之间,不言而知有所谓父子尊卑之节焉,知有所谓君臣忠敬之义焉,知有所谓长幼揖逊之序焉,知有所谓师友聚辨之道焉,知有所谓交际辞受之方焉。故曰:"既见君子,乐且有仪。"②

戴表元认为学校是教化环境最优越的场所,学子不仅能够聆听先生的教诲,而且在饮食起居日常活动中也能体会到父子尊卑、君臣节义等大道,因而处于学校之中的君子们欢乐而有礼仪。如若"乐而无仪",则散漫荒疏,反而无乐可言,他认为学校教育应给人带来有节制的愉悦感。但人才培养也是一个长期的过程,这一观点在其讲义《子曰善人为邦百年至诚哉是也》也有阐释:"夫以慈祥信实之人临民莅政,能使其人不为恶而免于刑杀,此非一人一日所致,故必待于百年之久。"(《剡源戴先生文集》卷二十六)《论语·子路》载:"子曰:'善人为邦百年,可以胜残去杀矣。'诚哉!是言也。"仁者治理国家尚需百年才能使世态祥和,免于刑杀,这表明对人的教化、培育是一个循序渐进的过程。他在分析《菁菁者莪》第四章时说:

> 四章言"泛泛杨舟,载沉载浮。既见君子,我心则休"者,舟之为物,可以涉险,可以远行,可以载重。喻人材长育之久,其气质皆有成就,可以见用于世。而不必于用,进退从容,行藏自在,原其功效之所以然者,

---

① 〔元〕戴表元:《剡源戴先生文集》卷二十五,《四部丛刊》本。
② 〔元〕戴表元:《剡源戴先生文集》卷二十五,《四部丛刊》本。

有以使之而然也。休之为言,叹美餍足之辞。①

以"舟"喻人才,舟船可承载重物,长途远行,比喻经过多年培养的人才可以为世所用。但并不是所有人才都有机会见用于世,因而须有"用之则行,舍之则藏"的开阔胸襟。戴表元最后概括道:

> 味此四章,非先王学校全盛,不足以当之。吾徒生长于二千年后,不宜妄自菲薄。何代无贤,十室之邑,必有忠信;一卷之书,必立之师。自今以往,相与讲明探索,求古人居学校所乐者何道,所以得者何业,所以欲用者何才,必有异于后世之汲汲而求、求之不得则悒悒而困者矣。②

《菁菁者莪》四章描写了先王全盛时期学校教育和乐美好而又严谨进取的状况。戴表元认为后人应该从三方面学习先王的育人之道,即使学子快乐之道、学子所修之业和所成之才。彼时培养的人才和乐豁达,能担重任而不求闻达,与后世学子汲汲于功名,不能为世所用则抑郁困顿的表现形成鲜明对照,体现出君子高雅洒脱的情怀。《诗经》在对君子人格的熏陶上的确具有深远的影响,戴表元在《礼部韵语序》中总结了《诗经》对于自己的影响:"荣辱四十年,人情世故,何所不有,而不至于放心动性而出于绳检之外者,《诗》之力也。"(《剡源戴先生文集》卷七)

戴表元认为读书学习不仅是提高人们自身修养的一个必要手段,也是为政治民必不可少的一个环节,既要"学而优则仕",也要"仕而优则学"。《子路使子羔为费宰》云:

> 子路以政事称,其于治民,人何疑之有。若鬼神之事,固尝亲问于夫子。所谓社稷,亦必讲习有素。此二事,虽不必读书,而可以为学。子羔之资质虽美,度不敢望子路:敏不及子路,勇不及子路,其从游之久、渐染之熟,又未必及子路。而子路遽然荐之为宰,又遽然许之"何必读书",何其容易之甚邪!又况人之聪明有限,事物之义理无穷,假使读书已多,见道无蔽,尚不可废学,故夫子老而学《易》,其语人日:"仕而优则学。"而子路未知子羔之何如,乃先断之以"何必读书",几何不以人民社稷为戏乎?③

---

① 〔元〕戴表元:《剡源戴先生文集》卷二十五,《四部丛刊》本。
② 〔元〕戴表元:《剡源戴先生文集》卷二十五,《四部丛刊》本。
③ 〔元〕戴表元:《剡源戴先生文集》卷二十六,《四部丛刊》本。

对《论语》中所载"子路使子羔为费宰"一事，戴表元认为子路此种做法过于草率，是以人民和社稷为游戏。人仅凭一时聪明无法穷究事物义理，要借助学习明道见性，因而欲治民必先读书明理。可见戴氏非常重视后天教育在经世济民中发挥的巨大作用，他认为读书不仅是一己之事，而是家国大事。

戴表元联系当时社会现实解读四书五经，他的经学思想鲜明地体现了对人的本心的关注、对古为今用的提倡以及对当世社会人文精神的重视，在宋末元初具有很高的理论价值和实践意义。

第二章　戴表元的诗学思想

　　戴表元不仅创作了大量的诗文作品,他在诗歌理论方面也有很高的成就。他的诗学思想主要集中在他为朋友诗文集所作的序言之中,戴氏结合宋末元初诗坛大致状况表达了自己的诗学观。他提倡杂取百家之长,复兴古诗精神,借鉴唐人创作经验,是宋末元初力主"宗唐得古"的文学家。与宗唐思想相联系的是对诗歌创作中性情因素的重视,摆脱了宋诗崇尚说理的模式,主张诗歌源于诗人在现实生活中所产生的各种情感的抒发,强调充盈而真实的情感在诗歌创作中的重要性。同时戴表元崇尚诗歌"清"的特色,戴氏所提倡的"清"具有广泛的内涵,包括诗人的人格精神,诗歌的情感、境界以及语言等多方面内容。

第一节　杂取百家与宗唐得古

一、杂取百家

　　袁桷《戴先生刻遗文疏》评价戴表元:"漱六艺之菁华,穷百氏之源委。如得温璞,以成连城之璧;若裒吉金,以合四悬之镛。"①戴表元诗学思想中很重要的一方面是主张兼收并蓄、杂取众家特色来完善自己的创作,这一点在他的许多诗序中都有体现。《蜜谕赠李元忠秀才》用形象的比喻阐释了这一

---

① 〔元〕袁桷:《清容居士集》卷四十,《四部丛刊》本。

观点:"酿诗如酿蜜,酿诗法如酿蜜法。山蜂穷日之力,营营村廛薮泽间,杂采众草木之芳腴,若惟恐一失。然必使酸咸甘苦之味,无可定名,而后成蜜。若偏主一卉,人得咀嚼其所从来,则不为蜜矣。"(《剡源戴先生文集》卷二十四)戴表元以蜜蜂采集百花酿蜜之法比喻诗人学习百家之长进行诗歌创作,这样才能使作品意蕴丰厚,耐人寻味。《桐江诗集序》云:"紫阳方使君,平生于诗无所不学。盖于陶谢学其纤徐,于韩白学其条达,于黄陈学其沉鸷,而居常自说欲慕陆放翁。"(《剡源戴先生文集》卷八)戴氏对方回诗歌给予了很高的评价,认为方回诗歌之所以成就不凡,是因为他能够学习魏晋六朝时期的陶渊明、谢灵运,唐代的韩愈、白居易以及宋代的黄庭坚、陈与义,并且又以陆游作为自己的楷模。不是受单一的某位诗人影响,而能吸取各家对自己的有益之处,并以自己的精髓融会贯通,诗歌创作必然能够突破狭隘的路子,呈现出与众不同的气象。《赵子昂诗文集序》云:"余评子昂古赋凌厉顿迅,在楚汉之间;古诗沉潜鲍谢;自余诸作,尤傲睨高适、李翱云。"(《剡源戴先生文集》卷七)认为赵孟頫的诗文深得古代诗赋及唐人作品神韵,杂取百家之精华。《李时可诗序》亦云:

> 时可间关憔悴,犹日为诗自娱。为诗必拟古,自近古名能诗人陶、谢以来之作,规模略尽,故下笔辄无今人近语。时可之于诗,其视余殆可谓莫逆于心者耶。①

戴氏赞美李时可在人生艰难之时能够以诗自娱,在诗歌创作上达到了非常高的境界。而能臻此境界的原因也是博采古人众家之长,戴氏因此以之为知音。戴氏结合自己学诗的经历评析友人诗作,也突出了学古宗唐的重要性,《汤子文诗序》云:

> 余自学诗以来,见作诗人讳寒语,兼不喜用书,云二者能累诗,是矣。然古诗人作寒语,无如渊明最多,用书无如太白、子美。而三人诗传至今,不见其累之也。今吾子文诗,二禁俱废,尤有爽然于余心者哉!②

戴表元认为当时诗人所忌讳的寒语及用典在古人诗作中都有成功的运用,因而应学习陶渊明、李白、杜甫等诗人的创作方法,而不必固守这两种忌

---

① 〔元〕戴表元:《剡源戴先生文集》卷八,《四部丛刊》本。
② 〔元〕戴表元:《剡源戴先生文集》卷九,《四部丛刊》本。

讳,对古人为诗为文的经验应有所继承。戴表元对方回文章的评价也从此处着眼。《紫阳方使君文集序》云:"窃独怪夫古之通儒硕人,凡以著述表见于世者,莫不皆有统绪。若曾孟、周邵、程张之于道,屈贾、司马、班扬、韩柳、欧阳苏之于文。当其一时,及门承接之士固已亲而得之,而遗风余韵传之后来,犹可以隐隐不灭。"(《剡源戴先生文集》卷十一)戴氏认为文章学问的传承、统绪很重要,但这种传承在宋末元初有减弱的迹象,戴氏对此表现出担忧:"近世以来,乃至寥落散漫,不可复续。"(《紫阳方使君文集序》)在诗文创作上既要有博采众长的眼界与气度,又要以适合自己的统绪为中心进行借鉴,《文心雕龙·附会》亦云:"若统绪失宗,辞味必乱。"戴氏诗论中杂取百家、注重统绪的思想是符合诗文创作的客观规律的。

二、宗唐得古

在提倡杂取百家的同时,戴表元明显地表现出崇尚唐诗的倾向。《陈晦父诗序》分析了唐诗兴盛以及宋末元初诗歌衰落的原因:

> 世多言唐人能攻诗。岂惟唐人,自刘项、二曹父子起兵间,即皆能之,无问文士。至唐人乃设此以备科目,人不能诗,自无以行其名,故不得不功耳。近世汴梁、江浙诸公,既不以名取人,诗事几废。人不攻诗,不害为通儒。余犹记与陈晦父昆弟为儿童时,持笔橐出里门,所见名卿大夫,十有八九出于场屋科举。其得之之道,非明经则词赋,固无有以诗进者。①

唐代以诗赋取士,诗歌创作关乎文人功名,因而文人在诗歌创作上尽心用力,诗歌得到了发展和繁荣。而宋代在科举考试的内容上发生了很大的变化,重经义,轻诗赋。司马光认为:"取士之道,当先德行,后文学;就文学言之,经术又当先于词采。"②司马光和王安石虽然在政治观点上不同,但在科举考试不应以诗赋为重这一点的看法上是相同的。王安石变法中也包含对科举的改革。《文献通考》记载了王安石对于科考的观点:"今以少壮时正当讲求天下正理,乃闭门学作诗赋,及其入官,世事皆所不习,此乃科法败坏人才。"王安石认为闭门学作诗赋与文人经世济民的社会责任脱节,诗赋取士是培养人才的不良导向,"于是卒如安石议,罢明经及诸科,进士罢诗赋,

---

① 〔元〕戴表元:《剡源戴先生文集》卷九,《四部丛刊》本。
② 〔元〕脱脱:《宋史》卷一百五十五,《四库全书》本。

各占治《诗》《书》《易》《周礼》《礼记》一经，兼以《论语》《孟子》。"①神宗熙宁二年，取消诗赋，以经义、论策试进士。虽然王安石变法最终失败，但科考政策一直延续了下来。宋代科考自宋神宗熙宁二年之后，一直以经义为主，诗赋则时断时续。戴表元在《陈晦父诗序》中概括当时科举状况："其得之之道，非明经则词赋，固无有以诗进者。间有一二以诗进，谓之杂流，人不齿录。惟天台阆风舒东野及余数人辈，而成进士早，得以闲暇习之。然亦自以不切之务，每遇情思感动，吟哦成章，即私藏箱笥，不敢以传诸人。"（《剡源戴先生文集》卷九）戴表元认为朝廷重经义而轻诗赋的做法使大多数文人无意攻诗。舒岳祥、戴表元作诗尚且不敢传诸人，可见当时诗歌不受重视程度之深。戴氏在这篇诗序中极力赞美陈晦父诗作，认为其"编诸唐人庶几升堂而入其室者也。"可见戴氏非常推崇唐诗，认为时人作诗能与唐诗相媲美，很值得称道。《张仲实诗序》鲜明地提出了"宗唐得古"的观点。在宋人看来，唐为近世，不足以为古，因而便有"宗唐"与"崇古"之争：

> 异时搢绅先生无所事诗，见有横眉拥鼻而吟者，辄靳之曰："是唐声也，是不足为吾学也。吾学大出之可以咏歌唐虞，小出之不失为孔氏之徒，而何用是唲唲为哉？其为唐诗者，汨然无所与于世则已耳，吾不屑往与之议也。"诠改举废，诗事渐出，而昔之所靳者，骤而精焉则不能，因亦浸为之。为之于唐，则又曰："是终唐声不足为吾诗也。吾诗惧不达于古，不惧不达于唐。"其为唐诗者方起而抗曰："古固在我，而君安得古？"于是性情理义之具，哗为讼媒，而人始骇矣。杭于东南为诗国，之二说者，余狃闻焉。盖尝私评之。诗自盛古至于唐，不知几变，每变愈下。而唐人者，变之稍差者也。今人服食寝处之物，玩适之器，不暇及古，虽古不能信其必古。但得唐人遗缣断楮，废材败纩，数百千年间物，即古之疑。其攻能精绝，亦啧啧叹美，以为不可及。至于为诗，去唐远甚，然谈及之，则不以为古。诚古不止此，抑充其类焉，姑无深诛唐乎。张仲实，循忠烈王诸孙，在杭友中年最妙，而诗尚最力。强志多学，尝与庐陵刘公会孟往复，是能为唐而不为唐者也。故吾概举诸人所疑于古者告之，亦以坚仲实之学云。②

这篇诗序首先分析了宋末元初诗坛的两种状况：其一是南宋末年科举

---

① 〔元〕马端临：《文献通考》卷三十一，《四库全书》本。
② 〔元〕戴表元：《剡源戴先生文集》卷八，《四部丛刊》本。

不重诗赋,因而文人疏于作诗,并且轻视作诗之人,称之为"唐声",认为唐诗不足以为古,而要致力于唐尧虞舜、孔子经义之学;其二,元初科举废止,文人始有意为诗,但诗坛仍然存在崇古与宗唐之争,崇古派不屑学习唐诗,而宗唐派认为唐即是古,二者相争不下。戴氏在诗论的后半部分表明了自己的观点。首先他认为诗歌在古代最盛,在后世的发展中呈现衰落的趋势,但唐诗较好地继承了古诗精华。其次戴氏以类比的手法说明唐诗虽然形式上不同于古诗,但在本质上与古诗是一致的,所以宗唐与崇古并不矛盾。时下诗坛所存在的宗唐与崇古之争是不必要的。再次以张仲实诗歌为例说明"宗唐得古"的可行性。《张仲实诗序》集中地表现了戴表元"宗唐得古"的思想,《洪潜甫诗序》中也有对这一诗学思想的详尽阐释:

> 始时汴梁诸公言诗,绝无唐风。其博赡者谓之义山,豁达者谓之乐天而已矣。宣城梅圣俞出,一变而为冲淡。冲淡之至者可唐,而天下之诗,于是非圣俞不为。然及其久也,人知为圣俞而不知为唐。豫章黄鲁直出,又一变而为雄厚。雄厚之至者尤可唐,而天下之诗,于是非鲁直不为。然及其久也,人又知为鲁直而不知为唐。非圣俞、鲁直之不使人为唐也,人安于圣俞、鲁直而不自暇为唐也。而来百年间,圣俞、鲁直之学皆厌。永嘉叶正则倡四灵之目,一变而为清圆。清圆之至者亦可唐,而凡枵中捷口之徒,皆能托于四灵而益不暇为唐。唐且不暇为,尚安得古。余自有知识以来,日夜以此自愧,见同学诗人,亦颇同愧之。头白齿摇,无所成就。来上饶,得新安洪焱祖潜父。潜父诗优游隽永处,不减宣城;沉着停蓄,往往豫章社中语;视永嘉雕琢,俯首而徐就之耳。为之惊喜赞叹,恨相得晚。而潜父之年,非余所及,谦躬强志,于书方无所不观,于理方无所不究。诚若此,其升阶而趋唐,入室而语古,不患不自得之。①

此篇诗论批评了宋代诗坛对唐诗的忽视。戴氏认为北宋诗人完全没有承袭唐诗的风采,只是表面博赡者便谓之义山,豁达者便谓之乐天,而不曾学得李商隐和白居易的精髓。梅尧臣以冲淡为特色,天下文人便追随之而崇尚冲淡,而不知冲淡到极致可以达到唐诗的境界。黄庭坚以雄浑为特色,天下文人便学习黄庭坚而变为雄浑,却不知雄浑之至可以达到唐诗的境界。至宋末永嘉四灵以清圆为特色,文人又纷纷模仿四灵而不知唐人清圆之妙

---

① 〔元〕戴表元:《剡源戴先生文集》卷九,《四部丛刊》本。

境。戴氏以宋代诗坛影响较大的诗人为例,说明宋诗的主要风格都可以在唐诗中找到更加成熟的作品。如果只把眼界局限在本朝诗人,而不能学习唐诗的优点,就更不必说学习古诗的精华了。戴氏以洪潜甫之诗作为"宗唐得古"的优秀之作,认为"升阶而趋唐,入室而语古"是当世诗歌创作的发展方向。这种观点在其他诗序中也有所表现,如《陈晦父诗序》云:"晦父诗凡若干卷,畴昔已经阆风翁称道者,余不复举。举自括苍以来,缜而通、清而有余妍,编诸唐人,庶几升堂而入其室者也。"(《剡源戴先生文集》卷九)戴表元称赞陈晦父缜密而通达,清新、妍丽而有余韵,即使编入唐人诗集也会毫无隔阂疏离之感。《赵君理遗文序》评赵君理诗歌:"而为词章,举笔沉重整综,有元和、嘉祐之风。"(《剡源戴先生文集》卷八)这里所说的"元和"即唐代"元和体",《旧唐书·元稹传》云元稹"与太原白居易友善。工为诗,善状咏风态物色。当时言诗者,称元、白焉。自衣冠士子,至闾阎下俚,悉传讽之,号为'元和体'"。戴表元评价赵君理诗作有"元和"之风,肯定了其诗歌成就。《余景游乐府编序》也表现出对唐诗高度的认可:"余尝得先汉以来歌诗诵之,大抵乐府而已。梁宋之间,诗有律体,而继之作者,遂一守而不变。声病偶俪,岁深月盛,以至于唐人之衰,而诗始自为家矣。"(《剡源戴先生文集》卷九)戴氏认为唐诗能够突破声病束缚,使诗歌自成一家。

戴表元不仅崇尚唐代著名诗人的创作,甚至对不知名、没有作品传世的诗人都表现出很高的关注。如《陈季渊诗序》云:"自古文人才士,能以著述名字闻于后世,要自有不可泯灭。然亦岂无不幸而不传者,如杜子美称薛华长句,至与李太白相埒,而华无一语行世。"(《剡源戴先生文集》卷八)戴氏提到被杜甫赞美的薛华,并对其诗作没有流传而感到惋惜。

戴表元杂取百家和宗唐得古的诗学观点的产生有一定的时代意义。正如研究者所分析:"宋末士子在经历了世事沧桑之后,大都意识到了江西、四灵、江湖诸诗派坚守宗派门户的危害性,而迫切要求把诗歌作为整个遗民群体共同抒发家国之恨的特殊工具。"①戴表元重视诗歌思想内容的充实与情感表达的真切,因而反对诗坛一味注重形式化的分门立派现象,主张广泛学习古诗与唐人近体诗,使思想情感成为诗歌的灵魂。

---

① 方勇:《南宋遗民诗人群体研究》,人民出版社 2000 年版,第 209 页。

第二节　性情说

　　戴表元诗学思想的另外一方面主张是强调诗歌创作与诗人的社会生活有密切关系。诗人在丰富的人生经历中捕捉到深切的感受,积累了饱满的情感,对这些情感的抒发成为诗歌创作的主要动力。戴氏的诗学思想力主性情说。《荀子·正名》载:"性之好、恶、喜、怒、哀、乐谓之情。""情"的内涵非常丰富,性情在文学艺术创作中的作用在先秦时期就受到诗论家的重视,《毛诗序》云:"情动于中而行于言,言之不足,故嗟叹之;嗟叹之不足,故咏歌之;咏歌之不足,不知手之舞之足之蹈之也。"充沛的、不吐不快的情感是文学艺术创作的动力,六朝时期诗论家对此也有很明晰的论述,陆机《文赋》强调"诗缘情而绮靡",表明了诗歌与情感表达之间的直接关系。钟嵘《诗品序》云:"气之动物,物之感人,故摇荡性情,形诸舞咏。"人被外界事物感动而产生情感上的震撼,文学艺术作品的产生源于情感的抒发。

　　虽然诗人情感在诗歌创作中的重要性早已被历代诗论家所认识,但情感的抒发对于在宋末元初易代之际的文人们又具有不同的意义。宋季文人不仅经历战乱逃亡之苦,蒙古人建立元朝之后对汉族文人的压制又使人难以喘息。元初科考的废止更加使文人失去了仕进的希望。在多重的压力之下,文人心中郁积的块垒难以消解,将心中的郁闷抒发于诗中便成为一条主要的途径。然而宋代科举考试重经义而轻诗赋,导致文人写诗也习惯以表达议论和说理为主,真实性情的流露受到很大影响。这成为宋末元初诗坛一种令人尴尬的困境,因而对性情说的强调在这一时期具有独特的意义。宋末元初许多诗人提倡性情说,包恢《答曾子华论诗》云:

　　　　或遇感触,或遇叩击,而后诗出焉。如《诗》之变风变雅与后世诗之高者是矣。此盖如草木本无声,因有所触而后鸣;金石本无声,因有所击而后鸣。无非自鸣也。如草木无所触而自发声,则为草木之妖矣;金石无所击而自发声,则为金石之妖矣。闻者或疑其为鬼物,而掩耳奔避之不暇矣。世之为诗者鲜不类此。盖本无情而牵强以起其情,本无意而妄想以立其意,初非彼有所触而此乘之,彼有所击而此应之,故言愈多而愈浮,词愈工而愈拙,无以异于草木金石之妖声矣。①

南宋包恢认为诗歌是人的情感受到外界激荡的产物,正如草木因风的吹拂、金石因击打而发出声响。若草木、金石没有外物与外力的作用而发声,那就是不正常的现象。诗歌亦然,若诗人没有真切的感动而勉强成诗,诗歌就会呈现出一种病态妖声。宋末元初王沂《隐轩诗序》亦云:"言出而为诗,原于人情之真,……情有感发,流自性真。……盖有得于天地之自然,莫之为而为之者。"②人之情感受到感发,真情流露而出言为诗,宋末元初黄庚《月屋漫稿序》亦有相关论述:

> 仆自髫龀时,读父书,承师训,惟知习举子业,何暇为推敲之诗、作闲散之文哉? 自科目不行,如得脱屣场屋,放浪湖海,凡平生豪放之气,尽发而为诗文。且历考古人沿袭之流弊,脱然若酖鸡之出瓮天,坎蛙之处蹄涔而游江湖也。遂得率意为之,惟吟咏情性,讲明礼义,辞达而已,工拙何暇计也。③

黄庚生于南宋末年,早年被科举所束缚而专攻经义,无暇作诗。元初科举废止,黄庚遂得以抒发真性情,率意为诗。方回《桐江集》中《赵宾旸诗集序》一篇亦云:"古之人,虽闾巷子女风谣之作,亦出于天真之自然。而今之人反是:惟恐夫诗之不深于学问也,则以道德性命,仁义礼智之说排比而成诗;惟恐夫诗之不工于言语也,则以风云月露、草木禽鱼之状补凑而成诗。以哗世取宠,以矜己耀能。愈欲深而愈浅,愈欲工而愈拙。"天真自然的性情是诗歌创作的灵魂。元代周巽撰《性情集》,《四库全书总目》卷一百六十八《性情集》提要云:"巽诗格不高,颇乏沉郁顿挫之致。然其抒怀写景,亦颇近自然。要自不失雅则,集以'性情'为名,其所尚盖可知也。"以《性情集》作为自己诗集之名,可见周巽对性情的崇尚。

戴表元是宋末元初提倡性情论的一位大家,其诗论中对性情与诗歌创作的关系进行了全面细致的论述。戴氏认为诗人情感的产生源于社会生活的触动。这里的社会生活既指社会的大环境,也包括个人生活的小环境。因而戴氏所谓性情包括诗人在人生中经历的方方面面,大到亡国之悲、民生之叹、失仕之苦,小到登山临水、笙歌宴游、读书品茗,皆可感发性情,成为诗

---

① 〔宋〕包恢:《敝帚稿略》卷二《答曾子华论诗》,《四库全书》本。
② 〔宋〕王沂:《伊滨集》卷十六,《四库全书》本。
③ 〔宋〕黄庚:《月屋漫稿序》,《月屋漫稿》卷首,《四库全书》本。

歌创作的动力。正如当代学者所言:"诗者文之事,即诗歌为文的一部分,其地位功用同于文章,不应加以轻视。也正因为如此,诗歌之作就不应当如江湖派那样局限于僧、竹、茶、酒,而当'缘于人情时务',且所作也是'不得已而发',出自肺腑,内容充实而生动,无虚矫空洞之弊。"①人的一生要经历各种生活境遇,不同时期具有不同的情感特色,因而诗歌也呈现出不同的特点。《周公谨弁阳诗序》分析了周密一生不同时期诗作的特点:

> 公谨少年诗流丽钟情,春融雪荡,翘翘然称其材大夫也。壮年典实明赡,睹之如陈周庭鲁庙遗器,蔚蔚然称其博雅多识君子也。晚年辗转荆棘霜露之间,感慨激发,抑郁悲壮,每一篇出,令人百忧生焉,又乌乌然称其为累臣羁客也。②

周密少年、壮年与晚年诗风的变化与其在不同境遇中产生的情感相关,戴氏尤其注重对其晚年诗歌风格的分析。由于其晚年流离辗转,生活困顿,对人生具有更强烈的情感体验,因而他的诗歌更具感染力。正如这篇诗序开篇所言:"人尝言,作诗惟宜老与穷。彼老也,穷也,事之尝其心者多矣,故其诗工。"戴氏认为人生的坎坷经历更加能历练诗人的情感,使之对人生有更加深刻的认识和感悟,并因此创作出激荡人心的作品。《许长卿诗序》叙述许长卿生活经历了波折变故,诗人历经磨练的情感更加深邃厚重,因而他的作品更加感人:

> 其诗徘徊窈窕,情钟意剧,如高渐离、李龟年之过都历国,惊欣而凄怆也。噫呜慷慨,神张气旺,如唐衢、庄舄之怀人思土,若不愿居而中不能释也。登山临水,留连畅洽,如宋玉、司马相如之感遇而有所适也。扫门却轨,呻吟沉着,如虞卿、冯衍之独行无与而莫之悔也。呜呼!兹非余心之所同然者耶?兹非人情世故之所托于无迹之迹者耶?③

该诗序作于元成宗大德二年(1298),时南宋已亡。戴氏从许长卿诗歌中感受到故国之悲、乡土之思,沉吟痛楚,咏唱悲忧,令人动容。人生的坎坷遭际能够强化诗人的情感体验,使其作品有更加深刻的情感内涵。《赵君理遗文序》云:"天之多与人以才,常少与人之福。故自古名能文人,十有八九穷困坎坷。"(《剡源戴先生文集》卷八)穷困坎坷的文人更能够将抑郁不平之

---

① 顾易生:《宋金元文学批评史》,上海古籍出版社1996年版,第957页。
② 〔元〕戴表元:《剡源戴先生文集》卷八,《四部丛刊》本。
③ 〔元〕戴表元:《剡源戴先生文集》卷九,《四部丛刊》本。

气抒发得淋漓尽致,同时在艰难困苦的人生之中,诗歌也成为他们必不可少的慰藉与寄托。《朱伊叟诗序》云:"戊戌己亥岁,余与乡友朱伊叟相遇于钱塘逆旅。白发苍髯,皆老矣,皆穷,皆能以文字自乐。"(《剡源戴先生文集》卷九)这篇诗序同样作于大德戊戌年(1298),戴表元时年五十五岁,遇旧友朱伊叟于钱塘,二人皆老且穷,然而皆能以诗为乐。诗歌创作是一个抒发胸中块垒,使人情绪畅达的过程。《董叔辉诗序》云:

> 余投老空山,单行无徒,亦喜叔辉时时佐之。值一篇成,相与倚桐叶为歌,而折竹枝,扣牛角,和酬以为乐。及是以《嚼蜡编》示余求评。余评不评,于《嚼蜡编》未能轻重。抑蜡之成非一味,叔辉之诗,其酝酿之积,采撷之劳,非一朝一夕矣。迟其熟而嚼之,其甘苦辛酸之变,亦已详且悉矣。①

戴氏以能在晚年寂寞之时与董叔辉交游倡和为乐事。他对董叔辉诗歌有很高的赞誉,认为其作品情感丰富,蕴含了人生中甘苦辛酸的变化,耐人寻味。因而饱满诗情的产生并不一定需要一直经历大的困顿与磨难,平常生活中使人欣慰或感动的情形亦可促发真性情,行之于诗,成为佳作。《陈无逸诗序》记述了与陈无逸交游写诗的情形:"于是绝慕与无逸游,而无逸以家世故,犹若未弃予者。或携手秋郊行吟,或抵足夜榻卧讽,或杯觞探筹,或砚席点稿,欢谐怨怼,舒适困促,一一共发之于诗。"(《剡源戴先生文集》卷八)这篇诗序写于元大德戊戌年冬,戴表元与陈无逸皆在杭州。迟暮之年背井离乡,得遇一知己实乃幸事,因而在日常交往携手郊行、抵足夜谈、同饮酒、共砚席之类的平常活动中产生出诗歌创作的充沛情绪。欢喜悲忧皆发之于诗,诗歌成为文人之间心灵沟通的重要途径。

戴表元强调诗文创作应源于在社会生活中体验到的一切人情时务,诗人受到触动而产生一种迫切想要抒发的情感,诗歌只是情感的自然流露。《张仲实文编序》云:"其累帙巨编,云蒸锦组,山翔涛涌,而皆缘于人情时务。若迫之而答,不得已而发。"(《剡源戴先生文集》卷八)戴氏评张仲实文章数量颇丰,皆华美而有气势。这些作品并不是凭想象吟风咏月而来,而是产生于从现实生活中获得的真情实感。《刘仲宽诗序》评刘仲宽作诗:"非过从经历,足之所及,目之所获,则一语不以营于心而讽诸口。今观卷中山川草木,云烟虫鸟,皆有余往年经行踪迹,无遗落者。仲宽盖似与余不同谋而同法

---

① 〔元〕戴表元:《剡源戴先生文集》卷九,《四部丛刊》本。

也。"(《剡源戴先生文集》卷九)凡所经历之事物有感而发才能入诗,戴氏认为刘仲宽与自己的创作方法相同。诗人在人生中的一切经历都可激发情感,而《珣上人删诗序》亦云:"言之至者为文。而人之文有涉于刑名器数,而作者不必皆出于自然。惟夫诗,则一由性情以生,悲喜忧乐,忽焉触之,而材力不与能焉。"(《剡源戴先生文集》卷九)戴氏认为文与诗的不同在于文可以阐释、说理,而诗歌则"一由性情以生",悲乐忧喜等情感因素是诗歌创作的动力,也是诗歌的灵魂。

诗人一生中要经历多种境遇,不同的境遇中会产生不同的情感,而每一种真实的情感都会是产生诗歌的源泉。宋末元初时期,文人们要面对外族侵略的困扰,亡国失怙的悲痛,这是人们无法把握的时代环境带来的压力。同时,在个体生命生存的过程中也会有顺逆掺半的境遇,生在乱世之中,按一般情形来讲,人们的逆境应多于顺境,逆境更能激发诗人的牢骚不平之气,有利于进行诗歌创作,《周公谨弁阳诗序》曰:"人尝言,作诗惟宜老与穷。"衰老穷愁产生的压力作用于人的心灵,形成巨大的情感反作用力喷薄而出,倾泻于诗中,创作出感人的作品。但戴表元认为,追本溯源,诗人能够创作出感人作品的根本原因还是对诗歌的喜好之情:"人少而好之,老斯工矣。其穷也亦惟好之,而诗始工也。其不好者,虽老且穷,犹不工也。"(《周公谨弁阳诗序》)如果一个诗人一生都对诗歌有发自内心的爱好,在写诗的过程中体会到愉悦之情、慰藉之意,那么他的作品就会给人以感染力,令人动容。

诗人品读和创作诗歌的过程在很大程度上也充满了欢愉的情感,《张君信诗集序》载:"辛卯春,余来吴,君信尽出其所作累百篇相示。酒酣气张,音吐清畅,余为击节从容,停箸隽永,欢乎适哉!"(《剡源戴先生文集》卷八)戴表元记述自己与张君信在吴地相见,品读诗作,饮酒赋诗的场景,表明了诗歌带给人们的欢愉之情是难以用他物替代的。《周公谨弁阳诗序》云:"公谨盛年藏书万卷,居饶馆榭,游足僚友。其所居弁阳,在吴兴山水清峭处。遇好风佳时,载酒肴,浮扁舟,穷旦夕赋咏于其间。就使失禄不仕,浮沉明时,但如苏子美、沈睿达辈,亦自有足乐者。"(《剡源戴先生文集》卷八)周公谨盛年时以交友、游览与赋诗为乐事,而且这种乐事中的核心活动就是"旦夕赋咏",这使诗人找到了人生的自足感。

性情说是戴表元诗学思想中的一个重要方面,这一思想是顺应当时的诗学思想主体倾向而提出的,并且形成了自己比较完整的体系。戴氏的性情说具有宽广的内涵,没有将情感限制在狭小的个人生活的喜乐悲忧之上,注重强调全面社会生活的影响,将诗人的情感体验放在宋末元初这个特殊的时代背景中分析。同时戴氏也没有忽视平凡的日常生活对情感的激发作用,认识到交游、游览、耕读、闭门闲居等平淡琐事亦可促成饱满的诗情,因此产生感人之作。戴表元的性情说揭示了诗歌的本质问题,对宋末元初的诗歌创作具有积极的影响。

第三节　清境说

　　戴表元诗学思想中也突出了对诗歌"清境"的好尚,戴氏非常推崇诗歌的意境之清,并且对构成"清"的要素进行了细致的分析,认为诗境之"清"的形成与诗人自身特质和环境特点都有密切关系。其诗论从诗人的气质外貌、所居环境及诗歌本身等方面阐释这一观点。

　　"清"是中国古代诗文理论中一个重要的范畴,古人对"清"的境界是颇为欣赏的。《说文解字》中说:"清,朖也。澄水之貌。"段玉裁注曰:"朖者,明也。澄而后明,故云澄水之貌。引申之凡洁曰清,凡人洁之亦曰清。"①可见对"清"字的最初解释中已经包含了对人格精神的品评。以"清"为核心的审美范畴很广泛,如"清丽""清奇""清远""清拔""清雅""清扬""清越""清润"等,这些范畴都蕴含着超脱于俗流的人格特质和清洁纯正、不污于俗的生命追求。后世诗论中也常常涉及这一范畴,如《文心雕龙》中有:"嵇思清峻,阮旨遥深",钟嵘《诗品》常常以"清"来评价诗歌的特色,如评班婕妤《团扇歌》:"辞旨清捷",评刘琨诗歌:"刘越石仗清刚之气,赞成厥美。""清"中蕴含着一股孤傲不群的人格力量,刘义庆《世说新语》将"清"广泛地运用于人物品评,有研究者统计,"清"字在《世说新语》中出现八十多次,"清"既具有道德内涵,又有审美意义。② 在《世说新语》人物品评中"清"是一种很高的境界,如《世说新语·赏誉》载:"王公目太尉:'岩岩清峙,壁立于仞。'"《世说新语·品藻》载:"孙承公云:'谢公清于无奕,润于林道。'""清"既是一个人内在精神的体现,也是外在风采的展示。

　　宋末元初文人对"清"这一人格精神与诗文特色也有独到见解,如真德秀《跋豫章黄量诗卷》曰:"予谓天地间,清明纯粹之气,盘薄充塞,无处不见,

①　〔汉〕许慎撰,〔清〕段玉裁注:《说文解字注》,浙江古籍出版社 1998 年版,第 550 页。
②　张勇:《〈世说新语〉中的"清"范畴》,《东疆学刊》2005 年第 1 期,第 64 页。

顾人所受何如耳。故德人得之以为德,材士得之以为材,好文者得之以为文,工诗者得之以为诗。……故古之君子,所以养其心者,必正、必清、必虚、必明。"①真德秀认为天地间"清明纯粹"之气无处不在,君子吸取了这种气息,便会化为德、材、诗文,因而要善养清正虚明之心,以便能够吸纳宇宙间之清气。刘将孙云:"天地间清气,为六月风,为腊月雪,于植物为梅,于人为仙,于千载为文章,于文章为诗。"②认为诗为天地间清气幻化而成。元代黄溍云:"宇宙间清灵秀淑之气,未有积而不发;天不能閟藏而畀于人,人不能閟藏而复出以为文。"③这里也提及宇宙间"清灵"之气因积聚而散发,由天赋予人,由人而赋予诗文。可见对"清"的崇尚是宋末元初文人中较普遍的观点。

戴表元诗学思想中对"清"的阐释更加全面。他的写景叙事散文和诗序中常常以"清"来对人物、风景及诗文进行评价,有些资料并非直接体现出其诗学观点,但鲜明地表现出戴氏对"清"这种审美范畴的崇尚,是他"清境说"形成的基础。诗歌境界之"清"可以有许多因素构成,包括情感抒发、意象选择、语言运用等等,但这些因素又是和诗人自身的特质直接相关的,因而戴氏也非常重视对诗人人格的品评。

戴表元写景叙事散文中多次提到友人的气质之"清",如《爱日斋记》云:"吾党之士有吕复初,以门功世禄望于越。至复初之身,而翛然为清儒,余尝与之交而贤之也。"(《剡源戴先生文集》卷二)评吕复初为"清儒",表明其为人清雅有学识,并认为其修身严谨,能够"清修而静虚","清修"即摆脱物欲,注重精神修为之意。《松风阁记》描写山阴王德玉之居所周围环境"春和气明,人禽熙恬,山光野声,相为清妍"。并评价王德玉其人:"今夫德玉,居有纷华喧嚣之厌,出有功名进趋之耻,清修而强学,虚心而敏事,视人间之得丧休戚,荣辱喜惧,岂有以异于寒暑之变?"(《剡源戴先生文集》卷三)戴氏以"清妍"二字形容王德玉所居环境,突出自然山水明媚清新的特色,仍以"清修"形容其为人,表明戴氏对文人精神修为的重视。《玉林记》云:"学仙者贵溪桂君之居名'玉林'……桂君年甚妙,质纯而气清。"(《剡源戴先生文集》卷四)赞誉学仙者桂君超凡脱俗"质纯而气清"的特质。《西村记》载:"东平乐君廷玉,清材美资,仕江南二十年,江南之士民爱而怀之,慕而亲之。"(《剡源

---

① 〔宋〕真德秀:《西山文集》卷三十四,《四库全书》本。
② 〔元〕刘将孙:《养吾斋集》卷十一《彭宏济诗序》,《四库全书》本。
③ 〔元〕黄溍:《金华黄先生文集》卷十八《霅峰文集序》,《四库全书》本。

戴先生文集》卷四)认为乐廷玉具有"清材美资",有才华而不为物欲所累,是为"清材"。《清峙轩记》曰:"余尝爱东晋人善清言,谈之使人翛翛然有高世想。"(《剡源戴先生文集》卷三)戴表元崇尚东晋名士高雅的言论,认为其有使人超然出世之感,并遗憾当世文人渐入俗流,因而对李所瞻及其同乡三刘先生这样"清风高节"的文人一见如故,《清峙轩记》结尾表达了对这二位超脱凡俗的文人的赞许之情:

> 更后百十年,清言日微,以至于隋唐科举兴,名检废,士长驱疾驰,不暇峙矣。吾与所瞻,生于百世之下。百世之上,事无庸深议。所瞻之乡,有三刘先生,清风高节,过于庾公甚远。暇日约所瞻,登石龟峰绝岭,踞畏垒,临沧浪,诵《冰玉堂》之词,歌《庐山高》之篇以为乐,以附于古人班荆倾盖之赠,可不可乎? 所瞻曰:"唯唯",因以为记。①

唐宋时期文人们醉心于科举,侈谈清言,戴表元以能结识"清风高节"之士为幸事。人格清朗之人不会为世俗的金钱和功名所累,他们徘徊于山水间,了无挂碍,以吟诗歌啸为乐事。《拂云阁记》云:"明仲居山林久,泊然于世,无奔竞意。……当世所尊尚清高有道之士,非君辈其谁?"(《剡源戴先生文集》卷三)评价久居山林的道士卢明仲为"清高有道之士",能抛弃俗世名利的诱惑,久居山林,甘于淡泊。气质清灵之人即使在世俗中为官也不会被俗化,如《方使君诗序》中评方回"外兼山林江湖清切之能,内收馆阁优游之望"(《剡源戴先生文集》卷八)。方回居于馆阁之中而保存了江湖之士的"清切之能",这也是文人所追求的一种境界。

文人之清气不仅从修为和生活方式中体现出来,也表现在与其生活环境相得益彰之上。《容膝轩记》载:"会稽孙君凝字德夫,筑别室于寝之东偏,聚古圣贤人之书以学于其中,命之曰'容膝'。……孙君世家诗书,多闻而嗜学。方今弃轩裳,薄城市,而为山人处士之事。望其居,清气蔚然。"(《剡源戴先生文集》卷三)孙德夫书斋名曰"容膝",可见其返璞归真之意,其居所"清气蔚然",与主人精神气质浑然相融。《周公谨弁阳诗序》描写公谨所处自然环境:"其所居弁阳,在吴兴山水清峭处。"(《剡源戴先生文集》卷八)《胡天放诗序》描写胡天放家乡风景:"迨至于淳安,则佳益甚,山丛而益奇,川疏而益清。"(《剡源戴先生文集》卷八)《李元凯诗序》写李元凯清逸的生活方式:"元凯归山中,疏少微清冷之风,以为丝笙;酾石林沆瀣之泉,以为醴浆。

---

① 〔元〕戴表元:《剡源戴先生文集》卷三,《四部丛刊》本。

委蛇行吟,徜徉醉歌,诗不少康乎!"(《剡源戴先生文集》卷九)人杰地灵,戴氏以"山水清峭""川疏而亦清""清冷之风"概括他所欣赏的文人所处的环境特色,可见其对自然山水之清的崇尚。

在戴表元所交游的一些文人中,不仅人格和居所体现出清气,有些人一望外表便知其"清"。《赵君理遗文序》评赵君理"骨相清峭",《赠天台潘山人》言潘山人:"老潘双眸如绀珠,带以秋阳朝露之清腴。"《许长卿诗序》写许长卿:"扁舟往来吴松、震泽间,鸾翔冰峤,见之使人毛发清竦。"文人具有"清"的特质对诗歌创作有直接影响,戴表元对诗歌的品评也集中体现了对"清境"的崇尚。"清境"的内涵比较广阔,包括思想情感、意境、语言等方面,指诗歌在总体上体现出"清"的境界。戴氏是把诗文"清境"的体现放在宇宙、自然的大背景下来阐释的,《送王子庆序》云:"宇宙间清华奇秀之气,发为祥瑞者,为醴泉庆云、珍禽异卉、珠玕宝玉之属。而在人也,为文章才艺,殆未尝一日阙于世。"(《剡源戴先生文集》卷十三)认为宇宙间清华之气赋予文人,文人便能将之转化成诗文才艺。因而诗文本为天地之清气化成,"清"便是其本应具有的一种特色。

戴表元诗序中常常用"清"来评价优秀的诗歌作品,如"清新""清豪""清邃""清驯""清纯""清言"等等,以"清"为核心,区分其微妙的差异。如《方使君诗序》评方回《丁酉岁杂诗》:"大篇清新散朗,天趣流洽,如晋宋间人醉语,虽甚褻不及声利。"(《剡源戴先生文集》卷八)评价方回篇幅较长的作品清新自然而洒脱。《陈季渊诗序》评陈季渊诗歌:"《海东青》诗研云外尚余七章,皆清豪可讽。"(《剡源戴先生文集》卷八)"清豪"是清新劲健之意。《汤子文诗序》云:"余读而味之,则子文诗肆丽清邃,乃一如丘园书生、山林处世之作。"(《剡源戴先生文集》卷九)认为汤子文之诗有"清邃"之风,即清新而幽邃。《圆至师诗文集序》评圆至师诗文"清驯峭削,殆以理胜"(《剡源戴先生文集》卷九),《长汀和渔歌序》评吴熙载诗"清纯缜美,如其性行"(《剡源戴先生文集》卷九),《少年行赠袁养直》称袁桷"诵书如流日千纸,更出清言洗纨绮"(《剡源戴先生文集》卷二十八)。对"清"的崇尚是戴表元诗学思想的一个鲜明特色,"清"作为诗歌评价的标准体现在思想情感、意境、语言等各个方面,戴氏认为"清"与"洁"在本质上是相通的,《陈无逸诗序》云:"龙泉公居湖,晚年归湖,既殁,而余始识湖之秀民奇士能诗者数人。数人诗皆清严有法度,窃怪之。"(《剡源戴先生文集》卷八)戴氏评价龙泉公故里湖州数位诗人的作品"清严有法度",而这种风格是受龙泉公影响的结果。龙泉公即陈存,陈无逸的祖父,戴表元认为陈无逸诗歌继承了祖父的优点:

陈无逸之诗,视其祖,天闲之驹,朝生而知步;玉田之禾,晚耕而同熟也。视其乡人,冰蚕火布,起尘煤,脱垢烬,倏然而洁也。①

戴氏以神话典故"冰蚕""火布"形容陈无逸诗歌之"清","冰蚕"典故出自《拾遗记》卷十:"员峤山……有冰蚕,长七寸,黑色,有角,有鳞。以霜雪覆之,然后作茧,长一尺,其色五彩。"此处戴氏用"以霜雪覆之"比喻陈无逸诗歌之清冽。"火布"典故出自《列子》:"周穆王大征西戎,西戎献锟铻之剑、火浣之布。……浣之必投于火,布则火色,垢则布色,出火而振之,皓然凝乎雪。""火布"经过烈火的浣洗如白雪一样皓洁,此典同样用以比喻陈无逸诗歌之"清",戴表元认为陈无逸的诗歌有一种不染尘垢之美,而这种美正如"冰蚕""火布"一样是经过历练才形成的。不染尘垢、蕴含着清气的诗歌之美也是他所崇尚的"无迹之迹"的境界,《许长卿诗序》云:"风云月露,虫鱼草木,以至人情世故之托于诸物,各不胜其为迹也,而善诗者用之,能使之无迹。……无迹之迹诗始神也。"(《剡源戴先生文集》卷九)戴氏认为诗歌的最高境界是情感与意象浑融于无迹之中,诗中清气流转,给人以自然、无雕琢之感。

戴表元认为诗歌"清"的特质与诗人的精神气质密切相关,只有诗人能摆脱世俗中功名利禄的束缚,跳脱出物质生活的诱惑,将灵魂与天地、自然相融,才有清灵的心境创作出充满清气的作品。《魁师诗序》云:"诗之为艺,出于人之精能虚觉,劳不挠形,清不胶物。"(《剡源戴先生文集》卷九)诗人以自己超脱于物外的精神境界创作出的作品才能清灵而不滞于物,诗歌"清境"的得来需要诗人耐住寂寞而抛却繁华,《吴僧窑古诗序》云:

　　有缊袍而癯者,袖诗一篇赆余。阅之,清驯而不枯,抑怨而有章。谂其刺,窑古师也;讯其族,华亭钱氏也。呜呼!使窑古师犹有其家,富贵豪华豢养之具、所以昏瞀眩惑人者去之不尽,不苦其心,不动摇其肌体,岂暇若是专于诗耶?盖天抉其疾,而纳之以清能灵识,此可以为窑古师贺,而不可以为吊也。②

戴氏认为吴窑古诗歌"清驯而不枯"有赖于其失去了令人昏聩的豪华富贵生活,清贫的环境使其专心于写诗,并历练了诗人的"清能灵识",因而其作品具有清灵而驯谨的特色。戴表元分析道:"材,动物也。诗人之材,其于

① 〔元〕戴表元:《剡源戴先生文集》卷八,《四部丛刊》本。
② 〔元〕戴表元:《剡源戴先生文集》卷九,《四部丛刊》本。

翰墨辞艺,动之尤近而切者也。彼其营度于心思,绵历于耳目,讽咏于口吻,辛苦锻炼百折,而后以其成言裁决而出之,而诗传焉。其得之也勤,其发之也精,使有一毫昏恚眩惑之气干之,则百骸九窍,将皆不为吾用,而何清言之有乎?"(《吴僧密古诗序》)诗人发挥自己的才华创作诗歌的过程是相当艰辛的,因而须勤苦和专精,若沉迷于物质享乐中而沾染了一身浊气,便不能创作出"清言"了。戴表元认为诗歌具有豪华的物质生活难以匹敌的"贵气",《朱伊叟诗序》云:"自余为儿童,犹及见父兄行年三四十不遇,则去而挟诗以游。或藏重草庐中,莫不皆有王公之高、千驷之贵。"(《剡源戴先生文集》卷九)诗歌作为文人修养的直接表现,成为尊贵身份的象征,因而诗人不必看重物质上的富有,重精神、轻物质、不慕名利成为一些诗人主要的人格特质,因而他们的作品充盈着清气。

"清"在本质上是诗人超脱了尘俗的束缚,达到了自在清明之境的一种心灵写照,但并不是所有诗歌都具有"清"的境界。戴表元也探究了当世诗歌随波逐流而逐渐俗化的原因,《白廷玉诗序》云:"昔者杭为行都,士非欲售其业者不至杭。诗虽非干世之业,而自山林攻诗者,一涉足于杭而迁焉。若杭人之所自为诗,则迁愈甚。何也?累于知也。今夫士大夫之居游于杭者,皆无前时之心。而余之得廷玉,与廷玉之得于余,岂不亦有可言者哉!"(《剡源戴先生文集》卷八)在山林村野中,清心习诗之人为了谋求功业而入杭,繁华的都市生活侵袭了诗人清明脱俗的心境,现实生活中的种种诱惑使诗人堕入俗流,功名利禄之心兴起,因而创作的诗歌很难保有"清境"了。戴表元的"清境"说体现了对诗人人格和诗歌境界这两方面的品评,诗人人格之"清"与诗境之清是完美地融合在一起的,这也与"性情说"一样,表明了戴氏强调诗歌创作的根本动力源于诗人的精神世界。

"杂取百家"与"宗唐得古"从诗歌创作对前人的承袭方面表达了自己的观点,"性情说"和"清境说"则从诗歌创作的内在动力和外在风格特色方面进行了探究。"性情说"重在探讨诗歌创作与诗人在丰富的人生经历中受到的情感振动密切相关,"清境说"一方面强调诗人的精神气质超脱俗流,另一方面认为诗人将自己气质之"清"表现在诗歌的意象、意境、语言、风格等方面就形成了诗歌之"清",从诗歌意境和风格特色上体现出了戴表元的审美情趣。

第三章　戴表元诗歌的思想成就

　　戴表元生逢乱世,经历了易代之变,辗转飘零,社会的动荡和自身遭际的坎坷既给他带来了身心的磨难,也使他积累了创作的素材,郁积了创作的激情。他的诗歌内容丰富,取得了很高的思想成就。其中既有对社会民生的关注,也有对自身命运的嗟叹以及对隐逸生活的向往,同时抒写了人生中的许多乐趣,比如对大自然的欣赏和对诗书之乐的品味。赏读戴表元的诗歌我们既可以认识到当时的社会现状,也能够感受到诗人丰富的内心世界。

第一节　民生之叹

　　由宋入元的戴表元经历了乱离之世,目睹了民不聊生的凄惨局面,这一点在诗中有生动的表现。诗人描写了战争给人民带来的痛苦,也深刻体察了在兵灾与天灾双重重压下百姓流离失所、食不果腹的悲惨境遇,他这一题材的作品具有史诗的特色,反映了那一历史时期暗无天日的社会局面。

　　戴表元在诗歌理论上主张"宗唐得古",这一点也体现在他作品的思想感情的表达上,他继承了《诗经》、汉乐府、杜甫以及白居易的现实主义手法,体现出了文人深挚的忧国忧民情怀,也反映出一位儒者对社会民生的人文关怀。侯敏认为:"由儒家的人本精神而激发起对天、地、人的博大情怀和承担责任的自觉,进而开启出对自我和群体的关怀。"①戴表元深受儒家思想的影响,他的诗作不仅仅局限在对风花雪月的吟咏,对个人情怀的抒发,还在很大程度上体现出了对国家忧患的深切关注,对民生疾苦的体察和同情。有研究者认为:"诗人同情民众苦难,设身处地地去感受民众的苦难,得以将民众的生存体验聚合起来,丰富和充实个体的生存体验;聚合的过程也正是诗人的心灵向世界敞开的过程。"②戴表元在乱世中颠沛流离的人生是与人民的苦难息息相关的,他也通过对民生的关注向我们展示了他的个体生命体验以及他的丰富、广博的心灵世界。

一、战乱给人民带来的痛苦

宋末的战乱给百姓的生活带来了无尽的痛苦,也给诗人的人生带来了巨大的威胁,有研究者认为:"宋元之际,战乱的现实打破了当时士人生活的宁静与和谐,使他们不得不在到处避难中苟且偷生。但是,正是由于这种人生经历,使得他们目睹了种种惨烈的现实,并用他们的诗歌创作,真实地记录了在这个独特的社会背景下人民悲惨生活的一幕幕。"③诗人在战乱中饱受流离失所的煎熬,并目睹了人民所遭遇的一些惨况,因而由战争而产生的苦痛鲜明地体现在戴表元的诗作中。如《乙亥岁毗陵道中》:

> 百年只有百清明,狼狈今年又避兵。
> 烟火谁家寒食禁,簪裾那复丽人行。
> 禾麻地废生边气,草木春寒起战声。
> 渺渺飞鸦天断处,古来还是阖庐城。④

毗陵,即江苏常州,此诗写出了江南兵乱的萧条境况。清明时节,本来应该享受春光丽日,但遭遇兵乱,不得已狼狈避兵,一路上看到农田废弃、荒草丛生,到处充满了战争的气息。而且不仅毗陵饱受战争的侵扰,远望天边,飞鸦尽处,苏州城(诗中的"阖庐城",也即"阖闾城")也笼罩在战火之下。这首诗歌流露出作者悲凉的感慨和无奈的情绪。《建溪精舍得本字》中也有"荒凉处处经战马,寒食家家浇祭碗。"又如《南山下行》:

---

① 侯敏:《有根的诗学——现代新儒家文化诗学研究》,上海人民出版社 2003 年版,第 24 页。

② 陆玉林:《传统诗词的文化阐释》,中国社会科学出版社 2003 年版,第 64 页。

③ 刘飞:《戴表元及其文学研究》,安徽大学出版社 2008 年版,第 113 页。

④ 〔元〕戴表元:《剡源戴先生文集》卷二十九,《四部丛刊》本。

南山高,北山高,行人山下闻叫号。

旁山死者何姓氏,累累骸骨横林皋。

乌喧犬噪沙草白,酸风十里吹腥臊。

中有一人称甲族,蔽膝尚着长襦袍。

不知婴触为何罪,但惜贵残同所遭。

妻求抱尸诸子哭,魂气灭没埋蓬蒿。

人言杀身由货宝,山村岂得皆权豪。

一言不酬兵在颈,性命转眼轻鸿毛。

龙争虎斗尚未决,六合一阱何所逃。

振衣坐石望太白,寒林夜籁声溲溲。①

　　这首诗描写了兵荒马乱之际山下尸骨累累的场景,无辜的死者不知姓名,尸体堆积在山下无人掩埋,乌食犬咬,飘出腥臊的尸臭。在这样阴森恐怖的背景之下诗人重点描写了一位身份高贵的死者,妻儿抱尸痛哭,却无法挽回逝者的生命。在乱军的践踏之中,无论贵贱都会遭遇"性命转眼轻鸿毛"的威胁,在统治集团的争夺之下,百姓成为无谓的牺牲品,诗中形象生动地诠释了"一将功成万骨枯"(曹松《己亥岁》)的意蕴。《江行杂书》中也有"停舟起问鱼就户,此地几年成战场。虹梁羽化新起废,白骨无数埋前冈"。

　　在战争中,男人遭受奔波苦累甚至于失去生命,而女人的遭遇往往更加凄惨,《行妇怨次李编校韵》是为女性唱响的一首哀歌:

赤城岩邑今穷边,路傍死者相枕眠。

惟余妇女收不杀,马上娉婷多少年。

蓬头垢面谁氏子,放声独哭哀闻天。

传闻门阀甚辉赫,随家避匿山南巅。

苍黄失身遭恶辱,乌畜羊縻驱入燕。

平居邻墙不识面,岂料万里从征鞭。

酸风吹蒿白日短,天地阔远谁当怜。

君不见居延塞下明妃曲,惆怅令人三过读。

又不见蔡琰十八胡笳词,惭貌千年有余戮。

偷生何必妇人身,男儿无成同碌碌。②

---

① 〔元〕戴表元:《剡源戴先生文集》卷二十八,《四部丛刊》本。
② 〔元〕戴表元:《剡源戴先生文集》卷二十八,《四部丛刊》本。

开篇就描写了惨不忍睹的恐怖景象,死者互相枕藉,无人收尸。接下来描写了妇女生不如死的命运:被敌军掳去载在马上,蓬头垢面,放声嚎哭,等待她们的是被侮辱、被奴役的处境。平日里深居闺中不见外人,岂料遭遇兵灾被掳掠到万里之外,这首诗让我们联想起蔡琰《悲愤诗》中"马前悬男头,马后载妇女"的场景,深刻地反映出了妇女在战争中所受的凌辱和磨难。

生于乱世的戴表元没有仅仅关注自己个人的痛苦,而是把眼光投向了广阔的社会生活,关注并同情广大百姓的遭际,而且用诗歌形象地记录了人民所遭受的水深火热的煎熬,这与前代的现实主义创作方法是一脉相承的,这类作品尤其接近杜甫诗史的风格。

二、自然灾害、饥荒带来的恐怖

戴表元诗歌中所反映出的人民生活疾苦不仅仅表现在战争影响之上,还有很多作品描写了自然灾害所带来的恐怖,以及由此产生的饥荒对百姓的折磨。戴表元之所以能对农人的生活观察和体会如此深刻,也因为他曾经亲自从事过农业生产,这一点在他的诗文中有所表现,如《送赵学古归永嘉序》:"余家世剡人,幸得一区于剡源之上,筋骸方强,法当佣耕以供养三老人养具。语不云乎:'人穷则返本',势使然也。"(《剡源戴先生文集》卷十四)这一段文字表明戴表元也曾"佣耕"进行农业劳动。《清茂轩记》中也有:"余既来为农,时时以贱事往来其间。"(《剡源戴先生文集》卷三)"贱事"应是对自己从事农业劳动的谦称。正因为有过这样的经历,同样有过对丰年的期盼和对灾害的担忧,诗人在创作这一题材的作品时就有更深刻的感受,如《蝗来》:

> 不晓苍苍者,生渠意若何。移踪青穗尽,眩眼黑花多。
> 害惨阴机蜮,殃逾虫毒蛾。秋霖幸痛快,一卷向沧波。①

诗中描写了铺天盖地而来的蝗虫令人恐惧的破坏力,蝗虫所过之处庄稼荡然无存,只见一片令人炫目的黑点在飘忽,这种灾害的严重性远远超过了其他毒虫,也大大超出了人们所能够承受的限度。但诗的结尾给人带来了些许安慰,一场及时的秋雨痛快淋漓地落下,卷走了密密麻麻的蝗虫,减少了百姓的损失。《采藤行》则描写了四明山下的寒冷使庄稼歉收,人民不得已靠采藤谋生的情景:

---

① 〔元〕戴表元:《剡源戴先生文集》卷二十九,《四部丛刊》本。

君不见,四明山下寒无粮,九月种麦五月尝。

一春辛苦无别业,日日采藤行远冈。

山深无虎行不畏,老少分山若相避。

忽然遇藤随意斫,手触藤花落如蜎。

藤多力困一颦呻,对面闻声不见人。

日昃将业各休息,妻儿懒拂灶中尘。

须臾叩门来海贾,大藤换粮论斛数。

小藤输市亦值钱,籴得官粳甜胜乳。

明朝满意作晨炊,饱饭入山须晚归。

南村种麦空早熟,逐日扃门忍饥哭。①

诗中描写了四明山下苦寒的气候致使农业没有正常的收成,百姓为了生计日日去山中采藤。诗人对采藤的辛苦作了细腻的描摹,"藤多力困一颦呻,对面闻声不见人",采藤人要背负很多藤条,以至于体力不支,不断呻吟,人的身体隐没于藤条之中,而呻吟之声不绝于耳,这句诗烘托出了采藤的艰辛和人民生活的困顿。之后又描写了日晚归家却无米下锅,"妻儿懒拂灶中尘",充满了悲凉之感。但须臾之间海贾到来,大藤小藤都可换米、卖钱,终于可以得到一顿饱饭。诗的结尾也饱含深意,"南村种麦空早熟,逐日扃门忍饥哭",南村虽然有麦早熟,但百姓依然关上门忍饥痛哭,显然粮食已然充了租税,百姓又无物充饥了。而采藤虽然无比辛苦,但总能换上一顿饱饭,因而人们不得已把生活的希望寄托于此,所以诗中说:"明朝满意作晨炊,饱饭入山须晚归。"《刾民饥》也描写了饥民悲惨的生活状态:

刾民饥,山前山后寻蕨萁。

劚其得粉不满掬,皮肤皴裂十指秃。

皮皴指秃不敢辞,阿翁三日不供糜。

不如抛家去作挽船士,却得家人请官米。②

饥肠辘辘的人们山前山后去寻找野菜,但皮肤皴裂、指甲磨突、历尽辛苦找到的野菜也不满一捧,想到家中的老人已忍饥挨饿三日,只有忍着痛苦继续找寻,而这种痛苦的生活似乎没有尽头。《饥旱》中也描写了因为旱灾,人民忍饥挨饿的苦难生活:"旱风烁我肤,饥火煎我肠。春夏犹白可,入秋始

---

① 〔元〕戴表元:《剡源戴先生文集》卷二十八,《四部丛刊》本。

② 〔元〕戴表元:《剡源戴先生文集》卷二十八,《四部丛刊》本。

难当。簪珥陡顿尽，衾绸纤细将。夺从女奴手，并入米客囊。但冀喘息延，敢忧生理防。"春、夏、秋连续三个季节的干旱使人们无米充饥，不得已以首饰、衣物向粮商换米以维持生计，只顾解决燃眉之急，哪敢考虑到以后的生活。诗中形象地描写了人们盼雨的场景："行路急促促，人情沸皇皇。焦枯望一雨，袷祷愿千方。"在酷热的太阳下急匆匆地行走，人人都表现出惶恐不安的情绪，看着焦枯的禾苗，人们渴望下一场喜雨，因而想尽办法来祷告、祈雨。

除了天灾人祸所造成的饥荒，劳役和兵役也给人民带来了巨大的灾难，如《夜寒行》中有"紫竿苇矩闹荒城，役夫遥作鹲鸭鸣""乌孙黄鹄飞不返，辽城白骨填未满"，形象地描写了役夫战死沙场，化为一片白骨的苦难。戴表元在《雁南飞》中也表达了对人民的同情："群飞潦唳奈尔何，青天茫茫无网罗。谁知世有苦心者，夜半闻声悲转多。雁南飞，劝尔飞时莫近征妇舍，手触边衣添泪下。更莫飞近贫士屋，弦绝樽空怨凄独。"在悲凉的秋天，听到南飞雁的哀鸣，贫寒苦难的人民只会更加哀伤。

戴表元的这些作品生动地描写了家乡的百姓在生活中所受到的煎熬，困苦、劳顿、食不果腹，为了谋求口食想尽办法，但依然无法避免饥寒。不仅如此，还被迫服役，与亲人生离死别，受尽了人间的磨难。这些诗作中饱含着作者深挚的情感，他能够设身处地体会到人民的疾苦，并为之感伤、痛心，体现出了传统文人关怀民生的博大胸襟。邓绍基《元代文学史》认为："前人说戴表元诗歌内容的主要特点是多伤时悯乱、悲忧感奋之辞。这主要指那些流露故国之思的作品，以及那些感慨疮痍，同情民生疾苦的诗篇。"①这一主题的作品真实地反映了宋末元初百姓真实的生活状况，也体现了诗人忧国忧民的情怀，因而受到了当时及后世学者的广泛关注。

第二节　忧生之嗟

戴表元经历了易代之悲，饱尝忧患之苦，因而他的许多诗作表现出对人生的悲叹，对生命中无法摆脱的困境的忧虑，感慨悲凉，令人叹惋与深思。

一、戴表元诗论中所体现出的"忧"的力量

人生原本就充满了忧惧与磨难，《庄子·至乐》中有："人之生也，与忧俱

---

① 邓绍基：《元代文学史》，人民文学出版社 1991 年版，第 425 页。

生",生命与忧患是一个共同体,但这并不只是生命的悲剧,很多时候忧患也会给人生带来一种动力。忧患意识是深深植根于中国古代文人心中的一种情结,《易传》中就有"作易者其有忧患乎"的感慨,忧患意识是我们民族精神的一个主要因素。有研究者认为:"殷周之际忧患心理的形成,乃是从当事者对吉凶成败的深思熟虑而来的远见,在这种远见中,主要发现了表达成败与当事者行为的密切关系,及当事者在行为上所应负的责任。忧患正是由这种责任感来的要以己力突破困难而尚未突破时的心理状态。所以忧患意识,乃是人类精神开始直接对事物发生责任感的表现,也即是精神上开始有了人的自觉的表现。"①忧患意识是具有积极力量的促进人类发展的一种动力,而遭遇了人生磨难之后,人的忧患意识往往有所加强,对于诗人来讲,就会创作出许多动人心弦的佳作。杜甫认为"文章憎命达"(《天末怀李白》),欧阳修也说:"然则非诗之能穷人,殆穷者而后工也。"(《梅圣俞诗集序》)诗人命运的坎坷、遭际的穷愁会促进诗歌创作,这一点也得到了许多理论家的认可和实践的证实。

戴表元诗论中也体现出这一点,《周公谨弁阳诗序》中有:"人尝言,作诗惟宜老与穷。彼老也穷也,事之尝其心者多矣,故其诗工。人孰不愿其诗工,而甚无乐乎老与穷。"认为衰老穷愁的处境反而是作诗的佳境,因为经历了诸多磨难,心中有颇多的感慨想要抒发,写成诗作便会因为诗人的动情而打动读者。在这篇诗序中,戴表元评价周密:"晚年辗转荆棘霜露之间,感慨激发,抑郁悲壮,每一篇出,令人百忧生焉,又乌乌然称其为累臣羁客也。"周公谨晚年辗转飘零,历尽挫折,因而写出了令人悲戚的诗作。与此相似的还有《李元凯诗序》中称元凯:"老而好诗,呻吟嗳嚅,心愈勤而身愈穷,又不得宁其居而游,其事种种有与余相类者。及为诗之曲折,悲叹炎凉之感,盛衰腴脊之变,急徐繁简古近之发,开怀抵掌,颠倒倾尽,亦往往与余合。"李元凯老来穷愁困顿,居无定所,因而其为诗也表现出盛衰之变,炎凉之感,戴表元也因此感到心有戚戚焉。

戴表元认为人生的不遇和悲凉能够使诗人创作出感人的作品,《许长卿诗序》中对许长卿的评价也体现出这一点:

> 志既不展,则巾幅布衣,浮沉民伍。故其诗徘徊窈窕,情钟意剧,如

---

① 侯敏:《有根的诗学——现代新儒家文化诗学研究》,上海人民出版社 2003 年版,第130 页。

高渐离、李龟年之过都历国,惊欣而凄怆也。……登山临水,流连畅洽,如宋玉、司马相如之感遇而有所适也。扫门却轨,呻吟沉着,如虞卿、冯衍之独行无与而莫之悔也。呜呼! 兹非余心之所同然者耶? 兹非人情世故之所托于无迹之迹者耶?①

许长卿志向不得伸展,沉沦下僚,遭受颇多波折,因而其诗意蕴凄怆而幽远,有一唱三叹之妙。《方端叟诗序》中发出这样的感慨:"余既以饥穷裹书授徒而活,忽忽何暇作诗。间作诗,不过如李龟年白头感慨悲歌,对人羞涩,人亦无与听者。"戴氏自叙自己晚年作诗大抵类似李龟年白头悲歌,体现出人生的悲凉。《题萧子西诗卷后》中也说:"年俱老苍,加之以世故兵革、羁旅炎凉之忧,攻之于外;田园婚嫁朝暮之迫,扰之于内。于是诗味之酸咸苦辣,煎煮百出,如膏糜枣蜜,力尽津竭,而甘生焉。"(《剡源戴先生文集》卷十八)戴氏有感于自己和萧子西暮年遭遇内忧外患,体会到丰富的人生况味,因而诗歌作品内涵深厚,值得品味。

戴表元诗歌中抒发了深重的忧生之嗟,表现出对人生所面临的自然和社会压力的忧惧之情,其中主要包括对时光流逝、功业难成的忧惧,对漂泊流离,不得安居乐业的生活的悲愁以及对人生穷愁困顿的感叹。

二、时光流逝之愁

早在《诗经》中就表现出了对时光流逝、功业难成的慨叹,《唐风·蟋蟀》中有:"今我不乐,日月其除",汉乐府中也有:"常恐秋节至,焜黄华叶衰。"(《长歌行》)曹操感慨:"对酒当歌,人生几何。譬如朝露,去日苦多。"(《短歌行》)戴表元继承了前人这一主题,在许多作品中表达了文人面对飞逝时光和短暂生命的矛盾时的思考和困惑。如《春风》:

> 春风吹愁端,散漫不可收。不如古溪水,只望乡江流。
> 新花红烁烁,旧花满山白。昔日金张门,狼藉余废宅。
> 回头语春风,莫向新花丛。我见朱颜人,多金亦成翁。
> 多金不足惜,丹砂亦无益。更种明年花,春风多相识。②

大地回暖,春风拂面,本该是一件令人愉悦的事情,而诗人面对春风却萌生出了无限的愁绪,因为春风虽然绽开了红红白白的花朵,但哪有一朵花

---

① 〔元〕戴表元:《剡源戴先生文集》卷九,《四部丛刊》本。
② 〔元〕戴表元:《剡源戴先生文集》卷二十七,《四部丛刊》本。

能长久地开放？昔日的金张豪门今日一片荒凉，从前的红颜少年今日已然老迈，即使再多的金钱也不能让青春永驻，神奇的丹砂也无益于生命的延长。人在时间的长河中显得多么渺小，美好的事物很快就会流逝，使人空留感伤。《飞花行赠马衢州》也表现了这一主题：

> 山上风花山下飞，花飞欲尽山翁归。
> 归来亦自忘行迹，但觉满地红依依。
> 余花更惜随春去，溪上游人山下路。
> 恋家渔父断来踪，难老刘郎记前度。
> 花开花落春风前，我昔与翁同少年。
> 只今鹤去但华表，何处鸟啼悲杜鹃。
> 游人自游春自暮，从翁问花花不语。
> 且当向花日日醉，醉倒花前学花舞。①

　　春去花飞，年年如此，人就在一年一度的花开花谢中老去，"只今鹤去但华表"一句用典故表现了对人世沧桑巨变的慨叹。"鹤去华表"出自晋代托名陶潜的《搜神后记》："丁令威，本辽东人，学道于灵虚山。后化鹤归辽，集城门华表柱。时有少年，举弓欲射之。鹤乃飞，徘徊空中而言曰：'有鸟有鸟丁令威，去家千年今始归。城郭如故人民非，何不学仙冢累累。'遂高上冲天。"这一典故蕴含了对人的生命短暂的无奈。"游人自游春自暮"则直抒胸臆，透露出淡淡的落寞和忧伤。再如《越城待旦》：

> 策策虚楼竹隔明，悲来辗转向谁倾。
> 天寒胡雁出万里，月落越鸡啼四更。
> 为底朱颜成老色，看人青史上新名。
> 清溪白石村村有，五尺乌犍托此生。②

　　诗中抒发了诗人等待黎明时袭来的感伤，在幽暗的天色中听着雁鸣鸡啼，想到自己逐渐衰老而功业难成，一句"看人青史上新名"充满了无限的惆怅。无奈之下诗人不由想到应退居山村，与五尺犍牛相依，躬耕终老。《正仲复有倒和春愁曲之作依次奉答》也流露出伤春畏老的感叹：

---

① 〔元〕戴表元：《剡源戴先生文集》卷二十八，《四部丛刊》本。
② 〔元〕戴表元：《剡源戴先生文集》卷二十九，《四部丛刊》本。

> 渐老之日来垂垂,已去之日不可追。
>
> 伤春畏老两作恶,世事尝与愁人随。①

　　诗人展望未来,看到的是自己将老的时光,回首过往,空留难以消逝的感伤,不禁愁情满怀,感慨无限。《秋虫叹》也抒发了这样的悲叹:"夏虫声渐微,秋虫声渐繁。微物何所知,时至不得闲。嗟我镜中发,亦复就凋残。"《诗经·唐风·蟋蟀》中有:"蟋蟀在堂,岁聿其莫。今我不乐,日月其除。"以深秋的蟋蟀起兴感叹时光流逝给人带来的苦闷,戴表元的这首诗亦是如此。秋虫声起,一年又将过去,揽镜自照,看到鬓发已然凋残,不觉悲从中来。

　　《论语·子罕》中记载:"子在川上曰,逝者如斯夫,不舍昼夜。"时光如滔滔的河水在流逝,永不停息,在这一过程中,许多美好的事物被迫消逝,譬如青春、健康,甚至生命,这是人力无法阻拦的,诗人只能空余悲叹。

三、漂泊流离之悲

　　南宋末年战乱频仍,人民不能安居乐业,诗人也不得已携家逃难,有研究者考证:"宋恭宗德祐二年(1276),伯颜大军入临安,太皇太后遣使奉降,江浙等地落入元军之手,百姓陷入仓皇逃难的动乱之中。戴表元回乡后买庐剡源,原准备与比邻而居的王子谦过一种聚论经史、流连歌诗的文士生活,但时势动荡,他不得已携父母及本生父三老人走避邻郡,路上几次遭遇风险。"②这一段历史戴表元曾在《朱尉开伯求葬亲费序》中有这样的记录:"丙子之祸,表元扶三老人走三州五县,犯死道数十。"(《剡源戴先生文集》卷十四)由此可见戴表元在乱兵之中逃难可谓九死一生,这种经历在《王承公避地编序》中也有记述:"越明年,兵声撼海上。村郊之民,往往持橐束缊而立,伺尘起即遁。余与公势不得止,仓皇弃其故业,指山中可舍者为之归,盖其事不能相谋。而流离转徙,困顿百折,不自意复相出于天台南峡之麓。自是而行同途,止同旅,交同友,客同门。急则传声疾呼,老稚携挈,以遁须臾之命;缓则握手劳苦,流涕譬释,以宽离乡弃土之戚。"诗人在避乱途中偶遇王承公子兼,因而相伴同行,历尽艰辛,患难与共,从这一段叙述中我们可以看出戴表元在宋季的战乱之中艰难谋生、漂泊流离的悲苦,他也有许多诗作反映了这一主题,如《兵后复还白岩山所舍作》:

---

　　①　〔元〕戴表元:《剡源戴先生文集》卷二十八,《四部丛刊》本。

　　②　〔元〕戴表元著,李军、辛梦霞校点:《戴表元集·前言》,吉林文史出版社2008年版,第3页。

脱命归来意怳然,余生堪喜亦堪怜。

财逢乱世真如土,人到穷途始信天。

问讯比邻晴爨后,呻吟儿女夜灯前。

明朝又作安栖计,饭后谁家沁雪田。①

在乱兵中劫后余生,经历生与死的考验之后回到原来的住所,感慨良多,忧喜参半,"财逢乱世真如土,人到穷途始信天"两句,可谓经历了动荡岁月、体会了朝不保夕的生活之后的深切感受。再如《夜坐》:

愁鬓丁年白,寒灯丙夜青。不眠惊戍鼓,久客厌邮铃。

汹汹城喷海,疏疏屋满星。十年穷父子,相守慰飘零。②

两鬓衰残,寒灯一盏,诗人体会到战乱年代长久漂泊异乡的无奈,听着汹涌的海涛声,望着闪烁的夜空,只有父子相守的亲情聊以慰藉孤寂的心灵。又如《鄞城火后见俞光远》:

火后丘墟市,兵前风雨春。那知携手地,俱是皱眉人。

海柳吟犹弱,山莺听未真。明朝各分路,何处避风尘。③

火灾兼兵难对诗人的生活带来了极大的困扰,在患难中与友人相遇,想起从前曾在此地携手同游,现如今却只能愁眉相对,不禁悲从中来。尤其短暂的相聚之后,明朝又要各奔东西,而且不知哪里会有一处安居之地。这首诗反映了在动荡不安的岁月中的悲凉心境,与此相似的还有《相逢行赠文伯纯同年》:

昔日相逢面如雪,今日相逢面如铁。

人生年少得几时,动作风尘十年别。

十年别久未为恶,频见亦无年少乐。

寒栖夜雨金琐梦,故园春风白袍客。

雕鞍骏马纷纷来,西城乱花春渐开。

与君追逐觉老丑,一笑且醉高阳杯。

相逢得醉今日好,醉眼相思还易老。

只图留君日日醉,醉里忘却江南道。④

① 〔元〕戴表元:《剡源戴先生文集》卷三十,《四部丛刊》本。
② 〔元〕戴表元:《剡源戴先生文集》卷二十九,《四部丛刊》本。
③ 〔元〕戴表元:《剡源戴先生文集》卷二十九,《四部丛刊》本。
④ 〔元〕戴表元:《剡源戴先生文集》卷二十八,《四部丛刊》本。

开篇诗人形象地描写了今昔不同,昔日相逢二人面色皎洁明媚,今日相逢面色晦暗、铁青,对比如此鲜明,抒发了诗人对人生的悲叹。一别十年,沧桑巨变,物是人非,再难找寻从前的愉悦心境,只得借酒消愁,一醉方休。

四、穷愁困顿之苦

戴表元一生很多时间忍受着贫寒的困扰,《戴剡源先生自序》中有:"家素贫,毁劫之余,衣食益绝,乃始专意读书,授徒卖文以活老稚。"家贫并遭遇战乱,使诗人生活益加困顿,也更加体会到谋生的艰辛。《赠曹子真编修序》亦云:"余之狷愚,生于穷海之滨,长于忧患,而渐老于贫贱。"(《剡源戴先生文集》卷十四)诗人为自己历经忧患而在贫贱中老去有无限感慨。《宋元学案》卷八十五《深宁学案》曾记戴表元:"其官建康教授,同郡袁洪,时通判建康,朝夕互往还。先生贫,洪每周之。"①表明戴表元在任建康教授时曾受到袁洪接济。袁洪,字季源,是戴表元的学生袁桷之父,戴表元在《送袁季源之婺州因简范经历》中以"胶漆四十年,龆龀以至今"(《剡源戴先生文集》卷二十七)表明二人交情深厚。戴表元许多诗歌反映出他的生活穷愁困顿,如《四十》:

> 四十不解事,真成无用人。交游青草尽,途路白云新。
> 渐觉名妨静,难将学济贫。堂堂楚龚传,犹有隐流嗔。②

诗人写自己到了不惑之年依然困惑,感觉到书生百无一用的苦恼,诗人尤为感叹的是"难将学济贫",大半生的苦读却依然难以改变贫困的生活。《东门行二首》其二也是感慨书生贫贱无助的作品,诗前有"小序"曰:"时鄞城火,第宅遭毁,故有此作。"鄞城大火焚毁了诗人的家产,诗人因而陷入了更加贫困的状态之中:

> 松枝可餐不可久,蕨萁可春难入手。
> 书生身业值无年,翰墨千囷不充口。
> 烟州何客钓寒鱼,江郭谁门倚残柳。
> 琴台歌管无处寻,惆怅东风几回首。③

松枝、野菜虽能暂时果腹但难以长久维持,书生遭遇了饥荒之年必定要

---

① 〔清〕黄宗羲、全祖望:《宋元学案》卷八十五,中华书局1986年版,第2875页。
② 〔元〕戴表元:《剡源戴先生文集》卷二十九,《四部丛刊》本。
③ 〔元〕戴表元:《剡源戴先生文集》卷二十八,《四部丛刊》本。

忍饥挨饿，纵有千囷翰墨诗书也换不来口食，这样的情境令诗人发出了无奈的叹息。放眼望去，烟波渺茫，残柳依稀，昔日的祥和安宁无处找寻，空有一片惆怅在东风中萦绕。

戴表元虽然一生无意于富贵，但向往过上衣食无忧的平常日子也是人之常情，因而在生活穷困潦倒之时常常发出文人不为世所用、困窘无依的悲吟，感慨情深，使后人了解了诗人无奈的生活现状，也认识到了宋末元初文人的悲惨命运。

第三节　隐逸之情

作为遗民诗人，戴表元诗歌中表现出鲜明的隐逸避世思想，这一部分作品体现出诗人的平淡、旷达之心，同时也蕴含了深沉的家国之悲。在政局动荡的时代选择隐居是文人洁身自好的一种方法，《列子・杨朱篇》云："生民之不得休息，为四事故：一为寿，二为名，三为位，四为货。有此四者，畏鬼，畏人，畏刑：此谓之遁民也。可杀可活，制命在外。不逆命，何羡寿？不矜贵，何羡名？不要势，何羡位？不贪富，何羡货？此之谓顺民也。"看淡名利权势，摆脱外界的束缚，以达到心灵的自由，这就是顺应心灵的生活，所谓"顺民"。戴表元诗歌中许多作品抒发了隐逸之情，而他的隐逸思想也明确地体现在散文中。

一、戴表元的隐逸思想

戴表元的诗论中曾流露出对隐逸生活的向往之情，如《董叔辉诗序》表现出了对家乡曾经淳朴的世风的眷恋：

> 吾奉化前百数十年时，地理去行都远。士大夫安于僻处，无功名进趍之心，言若不能出诸其口，气若不欲加诸其人。闭门读书，以远过咎；耕田节用，以奉公上。虽无当涂赫赫之名，而躬行之实，为有余矣。渡江以来，乡老之书，天官之选，信宿可以驿致。加以中原侨儒，裹书而来，卜邻而居，朋俦薰蒸，客主浸灌，编户由明经取名第者，十有八九，可谓诗书文物之盛。而过饰之器，比渝其素；倍华之木，易朘其根。于是平时恂恂自重之夫，濯缨鼓箧，为时而兴。居有喧谣讽叹，行有通名投

赠,声华气韵,岂不愈伟,求其复为前日惘朴默讷之俗,何可得也。①

戴表元的家乡奉化曾经偏安一隅,民风朴厚,文人淡泊名利,闭门读书,但南渡以来,中原儒士纷至沓来,打乱了此地的宁静,使功名之心愈重,声色享乐渐起,不复有以往的淳厚风情了,诗人深以为憾。但有资料表明元统一之后又有大批文人归隐故里,袁桷《陈县尉墓志铭》中有:"咸淳阅十祀,诸县独奉化号多士流出,入太学、上南宫,亡虑十余人。于时蜚声秀颖,旁县皆敛手避让,一时传诵习读,谓清选不岁月可驯致。未几,皇元合一,皆失仕归里,挟策授徒,疏粝自给,俱不能享中寿。子弟不自振饬,复归为农。"②这则资料说明在宋代奉化出现了大批在朝为官的人,但入元之后大都失去了在仕途发展的机会,回归故里,以讲学授徒为业,他们的子弟大都复归农耕。由此看来奉化隐逸之风比较盛行,这种环境对戴表元的思想产生了一定的影响。赵孟頫在《奉酬戴帅初架阁见赠》赞美戴表元:"吾爱戴安道,隐居绝埃尘。弹琴聊自娱,书画又绝伦。"③诗中将戴表元比作东晋隐士戴安道,《晋书·隐士传》称戴安道:"性高洁,常以礼度自处,深以放达为非道。"赵孟頫认为戴表元具有戴安道的风范,在琴书自娱中体现出了高雅的性情。

戴表元晚年在剡源修建了自己的居所"质野堂"用于隐居,他的《质野堂记》中有:"剡源先生幼而嚣居,长而浪游,老而羁栖,独常常以为异时倘得余闲,营一区之宅于山林间,则将名之曰'质野',以遂吾志。"(《剡源戴先生文集》卷二)质野堂环境优美,如世外桃源,"前后左右凡一百三十六楹。溪山面势,烟云情貌无不欣合,桑蔬径术,禾麦行伍无不周密。客有在旁叹曰:'先生之志则少遂矣。'"在山清水秀的自然环境中建造一处隐居之所,这是戴表元梦寐以求的理想,而对隐居生活的渴慕在戴表元的诗歌中也充分地表现出来。概括诗人这一主题的作品,笔者发现诗人主要从两方面抒发了他的隐逸之情,其一是表达自己对隐逸生活的向往,其二是抒发了对友人隐逸生活的赞美之情。

二、诗中对隐逸生活的向往

对隐逸生活的向往是戴表元诗歌的一个重要主题,并且诗人还对隐逸生活有过亲身的实践,有研究者在《戴表元集》前言中分析:"定居剡源后,他

①　〔元〕戴表元:《剡源戴先生文集》卷九,《四部丛刊》本。
②　〔元〕袁桷:《清容居士集》卷二十八,《四部丛刊》本。
③　〔元〕赵孟頫:《松雪斋文集》卷二,《四部丛刊》本。

主要的生计靠授徒卖文,或者也做些农活。这种类似于陶渊明的务农或田园式的生活,是当时南宋遗老的一种典型的生活方式。"①既有鲜明的隐逸思想,又曾亲自尝试过隐逸生活,因而戴表元的这一类作品取得的成就较高。如《坐隐辞》:

> 快马疾驰,不如徒步。
> 多金善贾,不如躬耕。
> 日食八珍,不如强饭。
> 封侯万里,不如还乡。
> 我观古来丈夫子,何用桑弧蓬矢射四方。
> 苏秦生为六印役,主父死愿五鼎烹,
> 不如诸葛草间谈管乐,陶潜醉里傲羲皇。
> 南面之尊,何加于据梧之贱,环辙之智,无预于荷蓧之狂。
> 高冈峻谷久亦变,青天白日昼夜行。
> 茫茫胡为忧愁浪自苦,百年齿发谁得长坚强。
> 不如掩关扫迹成坐隐,清斋永日一炉香。②

　　这首诗的"小序"云:"余虽移家棠㘞,居尤未定,每往城南寓舍,城中无所营,交游益疏。或至坚坐逾旬不出。"(《剡源戴先生文集》卷二十八)诗人移居之初,没有繁杂事务缠身,便在静坐之中体会到了隐居的好处。诗中列举了简朴的村居生活的乐趣:徒步、躬耕、粗茶淡饭,平安而自在。之后总结了历史人物因富贵名利而遭遇杀身之祸的教训,诗中提到苏秦和主父偃,《史记·苏秦列传》记载:"苏秦兄弟三人,皆游说诸侯以显名,其术长于权变。而苏秦被反间以死,天下共笑之,讳学其术。"苏秦虽然游说成功而获取了高官厚禄,但最终因此而死于非命;西汉主父偃也是在享受权势和富贵时遭遇了祸难,《史记·平津侯主父列传》载:"主父方贵幸时,宾客以千数,及其族死,无一人收者,唯独洨孔车收葬之。"主父偃当权之时,数以千计的宾客如众星捧月般依附于他,而及其获罪被诛之后,宾客们避之唯恐不及,只有洨孔车一人为他收尸。因而司马迁感叹道:"主父偃当路,诸公皆誉之,及名败身诛,士争言其恶。悲夫!"为功名利禄而死,死后还要被人唾弃,这是

---

　　①　〔元〕戴表元著,李军、辛梦霞校点:《戴表元集·前言》,吉林文史出版社2008年,第4页。

　　②　〔元〕戴表元:《剡源戴先生文集》卷二十八,《四部丛刊》本。

多么可悲的下场。诗人接下来举了正面例子,即隐居隆中的诸葛亮和隐居田园的陶渊明,他们高洁的风范给世人留下了榜样。诗人感慨古往今来,沧桑巨变,人在历史的河流中好比沧海一粟,"百年齿发谁得长坚强",因而静坐清斋,焚香读书,躬耕田园,衣食自足,这便是诗人所追求的隐居生活了。《山中》也反映了淡看功名的思想:

> 野水晴犹涨,春雷晚始鸣。地闲无埃逻,山远有蚕耕。
> 身世通寒暑,交游半死生。方知一杯酒,真胜百年名。①

开篇描写了幽静的田园风光,平和、淡远,给人的心灵带来一种恬静的感觉。接下来诗人写了自己身世的波折和交游的零落,不禁感慨人世的浮华和虚无,"方知一杯酒,真胜百年名",自斟自饮的生活虽说有些落寞,但能与大自然的美好风光相伴,总比一味追求浮名、心为物役的生活要自然和轻松。又如《梦觉》:

> 梦觉依然一草寮,浮踪已惯任飘摇。
> 虚檐明气生朝露,远树寒声过夜潮。
> 白骨又惊山下满,朱颜刚向客中消。
> 时平不爱通侯印,且愿深林作老樵。②

诗人写自己梦醒之后的感受,梦境如何我们不得而知,但从诗的首句可以推测梦中可能是与现实不同的一番光景,然而梦醒之后发现依然睡在草屋之中,不由感慨浮萍般漂泊的人生。但想到战乱年景令人心惊的场面,诗人还是坚定了自己的想法,不为王侯之印而辛苦经营,而宁愿作一山野樵夫自在地生活。《九日在迩索居无聊,取"满城风雨近重阳"为韵赋七诗以自遣·重字》也抒发了这样一种感慨:

> 生世悔识字,祝身如野农。勤劳养尊老,膳味日可重。
> 晨篘熟新黍,耕休有过从。行吟答松籁,此乐逾歌钟。③

开篇两句虽然是诗人的泄愤之语,但也表明了对"野农"生活状态的一种肯定。之后描写了农村生活的自然和谐,勤劳地奉亲养老,辛勤的劳动换得丰厚的膳食,晨起可以用新熟黍酝酿香醇的美酒,在耕种的闲暇可以和乡

---

① 〔元〕戴表元:《剡源戴先生文集》卷二十九,《四部丛刊》本。
② 〔元〕戴表元:《剡源戴先生文集》卷二十九,《四部丛刊》本。
③ 〔元〕戴表元:《剡源戴先生文集》卷二十七,《四部丛刊》本。

邻们往来过从。读到这里我们可以联想到陶渊明的诗句:"漉我新熟酒,只鸡招近局"(《归园田居》其五),陶渊明《移居》中也有:"闻多素心人,乐与数晨夕"(其一)、"过门更相呼,有酒斟酌之"(其二)以及"相思则披衣,言笑无厌时"(其二)等描写在乡村中与淳朴的村民相互往来的场景。诗的结句"行吟答松籁,此乐逾歌钟"抒写了聆听着松风天籁之声,且行且吟的乐趣,认为此乐超过了宴会上豪华的音乐和歌舞。《韩君美经历,赋孟夏木长五诗示仆,因写鄙怀,通呈阮使君君美,时与诸公讲易》则以陶渊明的精神自励并慰藉友人:

> 吾评陶渊明,略似段干木。诗文虽满家,不饱妻子腹。
> 仰瞻清风柯,俯窥白云谷。谁能为升斗,辛苦受羁束。①

　　诗中把陶渊明与段干木作比,段干木是战国时期的隐士,晋代皇甫谧《高士传》云:"段干木者,晋人也。少贫且贱,心志不遂,乃治清节,游西河,师事卜子夏,与田子方、李克、翟璜、吴起等居于魏,皆为将,独干木守道不仕。魏文侯欲见,就造其门,段干木逾墙而避之。"段干木很贤能但决意不仕,故而对造访的魏文侯"逾墙而避之"。陶渊明亦然,虽饱读诗书但因隐居而备受贫寒。不过肉体上的磨难却换来了精神上的自由,俯仰于自然之间,与清风白云相伴,摆脱了仕途的束缚。再如《自居剡源少遇乐岁,辛巳之秋,山田可拟上熟,吾贫庶几得少安乎? 乃和渊明贫士七首,与邻人歌而乐之》:

> 松风四山来,清霄响瑶琴。听之不能寐,中有怨叹音。
> 旦起绕其树,魁硊不计寻。清音可敷席,有酒谁与斟。
> 由来大度士,不受流俗侵。浩歌相倡答,慰此雪霜心。②

　　诗中描写了山间清爽的自然景物,四面吹来的松风如瑶琴一样清澈而哀怨,雄伟的大树树干粗壮无比,已然难以计数有多少寻了。"寻"为长度单位,《说文解字》解释:"度人之两臂为寻,八尺也。"③在这棵大树下可以敷席而坐,饮酒赋诗,生活在流俗之外,与同道之人相互倡答,以此慰藉自己霜雪一样高洁的心灵。《东湖第三溪溪上皆史氏故第》则抒发了浮生一梦,繁华富贵不会久长的感慨:

---

① 〔元〕戴表元:《剡源戴先生文集》卷二十七,《四部丛刊》本。
② 〔元〕戴表元:《剡源戴先生文集》卷二十七,《四部丛刊》本。
③ 〔汉〕许慎:《说文解字》,浙江古籍出版社1998年版,第121页。

> 日晏霜浓十二月,林疏石瘦第三溪。
> 云沙有径萦寒烧,松屋无人鸣昼鸡。
> 几聚衣冠块作土,当年歌舞醉如泥。
> 早知涉世真成梦,不弃山田春雨犁。①

开篇描写了东湖第三溪的寂静凄清,日晚霜浓、林疏石瘦、寒烟萦绕、鸡鸣声声,一派冷色调的田园风光,而当年这里曾一片繁华,歌舞升平,纸醉金迷。往昔的繁华已难觅踪迹,名利、富贵不过是一场梦而已。因而诗人叹息:如果当年史氏知道辛辛苦苦攒下的基业会片瓦不存,那就会在山间伴着春雨犁田,过自由自在的日子了。

戴表元一些诗作中对隐逸生活的向往之情表现得非常鲜明,如:"陶然茅檐下,一笑生春阳。"(《九日在迩索居无聊,取"满城风雨近重阳"为韵赋七诗以自遣·阳字》)在茅檐之下陶然自乐,灿烂的笑容中就会生出大好的春光。"向来乘时士,亦有能奋飞。一朝权势歇,欲退无所归。不如行其素,辛苦奈寒饥。人生系天运,何用发深悲。"(《自居剡源少遇乐岁,辛巳之秋,山田可拟上熟,吾贫庶几得少安乎?乃和渊明贫士七首,与邻人歌而乐之》)诗人认为善于顺应时代潮流的人可能会谋取很好的职位,但有朝一日权势失落,便会进退失据,无所归依。因而不如保持自己的素洁之心,虽然忍受些饥寒之苦,也会顺随天运,心安理得。

三、对友人隐逸生活的赞美

戴表元一生交游丰富,在他所结交的友人中不乏一些看淡仕途的淡泊之士,他们超脱世俗,寄情山水,过着任真自得的生活。戴表元的一些作品中赞美了友人高洁的隐逸生活,如《赠上饶赵云仲》:

> 江上青云客,天边白马生。百年文物似,一席笑谈倾。
> 问旧能枚举,论财比芥轻。徘徊亦自好,可便濯尘缨。②

诗中赞美了友人赵云仲的超逸风范,开篇即描绘出了一个洒脱的文人形象,在江上与青云相伴,在天边骑着翩翩白马,生动地写出了友人超脱凡俗的生活状态。接下来表现了友人令人钦佩的才华及重义轻财的个性,酒席间谈笑自若,经史旧事烂熟于心,却不以自己的学识去换取功名富贵,把

---

① 〔元〕戴表元:《剡源戴先生文集》卷二十九,《四部丛刊》本。
② 〔元〕戴表元:《剡源戴先生文集》卷二十九,《四部丛刊》本。

钱财看得比草芥还轻贱。诗的结句表明这位友人是一位高洁的隐士，"濯缨"出自《孟子·离娄上》："沧浪之水清兮，可以濯我缨。"后以此比喻超世脱俗的隐者。又如《次韵王景阳寄轩》：

> 江湖犹觉气横行，羽褐藤冠学养生。
> 掣肘累轻天与福，欺心戒重鬼司盟。
> 行收耕稼闲勋业，别有吟哦好性情。
> 只恐蹊成似桃李，人来先识隐居名。①

这首诗描写了友人王景阳的隐逸生活。他辛勤稼穑，不以功业为重，并且性喜吟诗，有高雅的性情，而他的人格魅力如"桃李不言，下自成蹊"一样，隐士的芳名广为流传。《啄木行赠净珇上人》也赞美了一位隐者：

> 东园嘹嘹山剥剥，有鸟晨饥啄霜木。
> 天寒虫豸得几何，爪觜披猖良为腹。
> 华堂蝙蝠添毛衣，飞蚊净尽何处归。
> 海山野鹤亦有饥，饥绝不向人前飞。②

这首作品表面上是一首咏物诗，但在咏鸟中寄寓了深刻的内涵，以海山野鹤宁可忍饥也不向人前觅食来象征净珇上人高洁的人格。戴表元还有许多作品赞美了友人甘于淡泊的隐逸情怀，如："不如陈郎腹果然，日日闭门耕纸田。余粮尚许饷远客，植耒时和南风篇。"（《题陈贵白畲斋》）诗中描写了陈贵白无欲无求，闭门读书，躬耕陇亩的洒脱生活，"南风篇"典出《史记·乐书》："舜歌《南风》而天下治，《南风》者，生长之音也。舜乐好之，乐与天地同，意得万国之欢心，故天下治也。"《南风》表现了与天地同乐的一种和谐状态，也是陈贵白超脱尘俗心境的写照。《次韵任起潜谋隐之作》描写了友人的归隐情怀："千古浮云共归意，晓风城郭水花香。"摆脱浮华的仕途，退隐在山明水秀的大自然之中，别有一番诗情画意。

第四节　自然之趣

虽然人生中有诸多悲苦和无奈，但大自然永远都是诗人的一个精神避

---

① 〔元〕戴表元：《剡源戴先生文集》卷二十九，《四部丛刊》本。
② 〔元〕戴表元：《剡源戴先生文集》卷二十八，《四部丛刊》本。

难所,戴表元的诗中有浓郁的村野气息,描写了自然的清新与美好,也寄托了诗人热爱生活的积极情感和蓬勃向上的精神追求。宋王禹偁《桂阳罗君游太湖洞庭诗序》云:"造化之功,功大而不自伐,故山川之气出焉,为云泉,为草木,为鸟兽,必异其声色,怪其枝叶,奇其羽毛,所以彰造化之迹用也。山川之气,气形而不自名,故文藻之士作焉,为歌诗,为赋颂,为序引,必丽其词句,清其格态,幽其旨趣,所以状山川之梗概也。古人登高必赋,又由是乎?"(《小畜外集》卷一三)造化之功化成了山川、云泉、花草、鸟兽,吸引着文人墨客为之吟诗歌咏,描绘着自然的美好,也抒发着自己的内心世界。《剡源戴先生文集·自序》中说:"然性好山水,每杖策,东游西眺,远不十里,近才数百步,不求甚劳,意倦则止。"

一、自然是心灵的一片净土

戴表元生活在宋元易代之际,在乱离之世遭遇很多忧愤,因而其诗作也鲜明地体现出悲愤的特色,正如顾嗣立《元诗选》中的评价:"多伤时悯乱、悲忧感愤之辞。"但除了表现忧愤情感以外,戴表元还有许多诗歌表现出了文人士大夫的清雅之趣,如亲近自然,寄情山水,虽然面临着社会上的诸多压力,承受着人生中的苦难与挫折,但诗人仍然能感受到自然的美好,并能寄情诗书,体会到其中高雅的情趣。

诗人并没有在坎坷和压力面前丧失自我,进而产生悲观绝望的情绪或毁灭感,而是在千磨万击之下发现了自我存在的价值,并找到了愉悦自我的方式。有学者认为:"中国儒家哲学以自我成人为发端,'自'字在其中极具精湛深微含义。"①的确,自我存在、自我生活方式及生存状态是生命得以依托的基本要素,因此要使自我有一种积极的生存状态是人生非常重要的一个方面。《荀子·子道》中有:"君子其未得也,则乐其意,既已得之,又乐其治,是以有终身之乐,无一日之忧。小人者,其未得也,则忧不得,既已得之,又恐失之,是以有终身之忧,无一日之乐也。"这与《论语·述而》中所说:"君子坦荡荡,小人长戚戚"有相同的内涵。戴表元能够在沉重的人生境遇中找到自足自乐的因素,其中一个主要的方面就是感悟到了自然之趣,诗人能够在沉重的现实生活中找到一抹亮色,从而使自己的人生有了斑斓的色彩。

戴表元诗中体现出天地自然之趣,虽然身处压抑的社会环境之中,但自然山水仍以自己宽广的怀抱接纳着诗人,成为诗人栖息灵魂的一片圣土,并

---

① 胡晓明:《中国诗学之精神》,江西人民出版社 2001 年版,第 232 页。

为他的生命带来了许多欢悦。方东美认为："宇宙乃普遍生命流行的境界，天为大生，万物资始，地为广生，万物咸亨，合此天地生生之大德，遂成宇宙，其中生趣盎然充满，旁通纵贯，毫无窒碍，我们立足宇宙之中，与天地广大和谐，与人人同情感应，与物物均调浃合，所以无一处不能顺此普遍生命，而与之全体同流。"①戴表元诗歌之所以在乱世悲歌之余还能够体现出清雅旨趣，正是因为诗人有一颗与天地自然相通的心，在人世间遭遇的烦恼可以在大自然中进行消解，在对自然美景的欣赏中能够体会到与万物合一的洒脱与惬意。

　　自然之美往往会在游历中得到充分的体会。戴表元少时学诗，曾听前辈言学诗应先学游，但彼时不能游，因而诗人"时时取陆放翁《入蜀记》、范至能《吴传录》之类，张诸坐间，想象上下，计其往来，何止日行数千万里之为快"（《刘仲宽诗序》，《剡源戴先生文集》卷九）。可见诗人在年少时已然神游于文学作品之中，与自然山水进行了精神层面的交融。其后为参加科考离乡外出，"交接天下士大夫，谙其乡土风俗。已而得宦学江淮间，航浮洪流，车走巍坂，风驰雨奔，往往经见古今战争兴废处所。虽未能尽平生之大观，要自胸中潇潇然无复前时意态矣"（《刘仲宽诗序》）。在游学和仕宦的过程中，诗人游历了很多地方，眼界大开，心中酝酿的情感益加饱满，创作的作品也更加具有感染力。《刘仲宽诗序》中还有："及徐而考其诗，大抵其人之未游者，不如已游者之畅；游之狭者，不如游之广者之肆也。"认为是否在大自然中畅游直接关乎诗歌作品的优劣。

　　戴表元诗中对自然山水的描摹也得益于江山之助，他长期居住在剡源，《伯姒袁氏夫人迁葬志铭》云："自建康归，累迁徙，遂定居剡源榆林。"（《剡源戴先生文集》卷十六）《小方门戴氏居葬记》也曾记载自己的居所："兵毁无所归，己卯竟归剡源张村东二里榆林。"（《剡源戴先生文集》卷五）剡源山清水秀，可谓"东南形胜"，很多文人对剡源风光进行过描绘，如戴良《剡源记》："奉化之西六十里，有山夹溪而出，蓊然而深茂者，剡源山也。谓之剡源者，以其近越之剡县名之也。剡源之中，有水蜿蜿若白虹，西来益折而东流者，嵩溪也。"②全祖望《剡源九曲辞》中也有："奉化县西六十里，有山夹溪而出，蓊然深茂，曰剡源。盖剡水之源也。六朝以来，艳说剡中，而穷其源则在吾鄞。其水曰臼溪。迤逦南行，归于鄞江，曰南源。……第四曲曰臼溪，即榆

---

① 方东美：《生命理想与文化类型》，中国广播电视出版社1992年版，第83页。
② 〔元〕戴良：《九灵山房集》卷十一，《四库全书》本。

林,有净慈寺,戴帅初所居地,居人犹称帅初为剡源夫子。莲峰高百尺,臼溪深百里,榆林居其中,是为石穴藏神髓。泫然其深,耸然其秀。"①剡源的秀美风景激发了诗人的审美情感,是诸多优美诗歌得以产生的一个催化剂。

二、登临游览之乐

登临游览为诗人的创作提供了一个有力的媒介,李贽《焚书·杂说》中说:"且夫世之真能文者,比其初皆非有意于文也。其胸中有如许无状可怪之事,其喉间有如许欲吐而不敢吐之物,其口头又时时有许多欲语而莫可告语之处,蓄极积久,势不能遏。一旦见景生情,触目兴叹。"戴表元诗论中就曾提到"游"的乐趣,《千峰酬倡序》有:"风霜摇落,沙砾净尽,平生攀援驰逐之好,一切不以介意,乃相率俯首从事于山川篇翰间,一以逃喧远累,一以忘形遗老。"(《剡源戴先生文集》卷十一)自然山水与诗书能使人摆脱烦恼,"逃喧远累",沉浸于山水的明朗清净,陶醉于创作的欣然自得,因而产生精神上的愉悦。进而提出"好诗以游""游益广""诗益肆"的观点。诗与"游"是密切结合在一起的,而"游"也能给人带来审美的愉悦。戴表元很多诗歌表现出了游赏的乐趣,如《九日与儿辈游中溪》:

> 悠悠循涧行,磊磊据石坐。林垂短长云,山缀丹碧颖。
> 蓼花最无数,照水娇婀娜。何知是节序,风日自清妥。
> 群童竞时新,藕果间蔬蓏。欣然为之醉,乌帽危不堕。
> 此日山中怀,孟翁不如我。②

重阳佳节诗人与儿辈游赏,诗中描写了中溪明丽、秀美的景色,白云飘飘、山石磊磊,野果绚烂、蓼花婀娜,诗人与儿辈们赏景品果,沉醉于美好的自然风光之中。诗的结尾用孟嘉堕帽的典故来抒写自己的高雅情怀,典故出自《晋书·孟嘉传》:"九月九日,温燕龙山,僚佐毕集。时佐吏并着戎服。有风至,吹嘉帽堕落,嘉不之觉。温使左右勿言,欲观其举止。嘉良久如厕,温令取还之,命孙盛作文嘲嘉,著嘉坐处。嘉还见,即答之,其文甚美,四坐嗟叹。"后以"孟嘉堕帽"形容文人名士的风雅洒脱、才思敏捷。戴表元认为自己无需堕帽就显示出风雅与才华,因而有"孟翁不如我"的感慨。《晚秋游中溪》四首也描写了秋日游中溪的惬意与闲适,如其二:

---

① 〔清〕全祖望:《鲒埼亭集》卷五,《四部丛刊》本。
② 〔元〕戴表元:《剡源戴先生文集》卷二十七,《四部丛刊》本。

> 经秋溪水碧洄洄，无数晓山如镜台。
> 红叶流从龙吞出，白云飞向石门来。
> 亦逢纸户曾相识，尚有樵踪且莫回。
> 端为何人作风物，漫山漫谷野花开。①

　　溪水凝碧，晓山明净，水上漂着红叶，山间白云飘荡，满山满谷野花开放，虽然已是深秋季节，但中溪却充满了勃勃生机。《登新岭》也描写了登高赏景的美好过程：

> 荦荦确确白石溪，绵绵茫茫青草碛。
> 四山阴雪湿灰色，六月杜鹃深树啼。
> 田庐经漂有高下，麻豆满坞无东西。
> 隔岩飞流送人语，对面喧风吹马蹄。
> 只今莫辞椰粟杖，与子更上巉岏梯。
> 登高意远会有极，回首烟海令人迷。②

　　诗人渲染了山岭的苍翠与古朴，湿灰色的山岭，茂盛的树木，田地和茅庐高高低低，麻豆长满了山坞，飞瀑喧嚣，暖风习习。面对如此美景，诗人游兴大发，携杖与年轻人一起登上陡峭山岭的更高处，俯瞰烟雾迷蒙的大地。除了描写登山临水的美妙感受，四时的风物，晴雨的变化都会引起诗人敏锐的感觉，如《次韵和蔚师鉴师春怀》：

> 愁是云阴喜是晴，春游何处不关情。
> 黄鸡亭馆琴三弄，青果杯盘酒数行。
> 满砌雨添新笋密，隔墙风送落花轻。
> 鉴湖湖上樵山老，破帽枯藜过一生。③

　　这是一首与友人酬唱的作品，诗中描写了春游中欣赏到的美景，以及由此而带来的雅兴。满眼春光处处牵起诗人的情感，弹琴饮酒，感受雨后春笋的生机，欣赏风中落花的轻盈，诗人不由得羡慕隐居湖山之人了。游赏给诗人的生活增添了无穷的乐趣，也使他漂泊流离的生涯拥有了高雅与浪漫的气息。

---

① 〔元〕戴表元：《剡源戴先生文集》卷二十九，《四部丛刊》本。
② 〔元〕戴表元：《剡源戴先生文集》卷二十八，《四部丛刊》本。
③ 〔元〕戴表元：《剡源戴先生文集》卷二十九，《四部丛刊》本。

三、山村风物之美

景色秀美的山川在戴表元笔下展现出自己的妙境,平淡无奇的村庄也成为诗人作品中的美好景致,虽然现实生活中有许多愤懑和无奈,但在戴表元的心目中,山水田园永远是纯美安宁的。侯敏认为:"艺术家以自己的身心投向自然的怀抱,更将宇宙之奥妙摄入一己之灵台,拟构形象,缔造纯美。"①诗人以赤子之心拥抱自然,民风淳朴的山村在他的眼中充满了诗情画意,如《湖山村》:

> 老去生涯学钓鱼,溪山忽忆似湘湖。
> 风林四畔动竽瑟,烟雨一篙行画图。
> 小市篝明沽郭索,平园栅树备于菟。
> 偶然得住何妨住,是处人间足畏途。②

诗中描写了在湖山村垂钓的情景,林风悦耳,烟雨迷蒙,如梦似幻,又仿佛身在画中。《同诸子行上畈山》也描绘了平淡、安宁而优美的田园风光:

> 白石秋更洁,清溪寒自鸣。牛羊争道路,鸟雀聚柴荆。
> 野果高低熟,山田早晚耕。吾归任衰懒,儿辈托平生。③

明净的白石,汩汩流淌的溪水,成群的牛羊走在乡间小路中,鸟雀聚集在柴门之上,漫山遍野的野果成熟了,山坡上的田地有农夫在辛勤地耕种。诗人为我们展示了一幅世外桃源般的山村风物图。这一类作品又如《苕溪》:

> 六月苕溪路,人看似若耶。渔罾挂棕树,酒舫出荷花。
> 碧水千塍共,青山一道斜。人间无限事,不厌是桑麻。④

这首诗描写了苕溪边小村落的美好景色,渔罾挂在棕树之上,荷花丛中呈现出一家酒舫,碧水绕着田塍,青山斜立在村外。此情此景使诗人沉醉其中,因而感慨"人间无限事,不厌是桑麻",认为耕种之事是人生中一种美好的寄托。在诗人的眼中,乡村中的草屋也是一处美好的风景,如《茅斋》:

---

① 侯敏:《有根的诗学——现代新儒家文化诗学研究》,上海人民出版社 2003 年版,第180 页。
② 〔元〕戴表元:《剡源戴先生文集》卷三十,《四部丛刊》本。
③ 〔元〕戴表元:《剡源戴先生文集》卷二十九,《四部丛刊》本。
④ 〔元〕戴表元:《剡源戴先生文集》卷二十九,《四部丛刊》本。

> 红杏园林雨过花,远陂深草乱鸣蛙。
>
> 春风不问茅斋小,自向阶前长笋芽。①

雨后的红杏清新而绚烂,远处山坡青草深处传来阵阵蛙鸣,小小的茅斋春意盎然,雨后春笋在台阶前茁壮地生长,这样一番景色是在繁华的都市中无法寻觅的。《次韵答邻友况》六首也描写了小村庄淳朴而又生机勃勃的风情,如其四:"剡源田舍谁能识,只此桃源有路通。草长岸漫渔矬北,月明人语纸槽东。"这首小诗描写了剡源的宁静美好,犹如世外桃源般使人沉醉。其五:"三间瓦屋数弓园,旋学桑麻又一年。村酒沾唇频得醉,山歌出口即成篇。"在美好的自然风光和轻松的生活氛围之中,饮着自酿的醇酒,随口唱着山歌,这是多么优雅而闲适的生活。再如其六:"舍南舍北种田郎,唱得田歌曲曲长。莫学傍村游侠辈,茜红抹额臂擎苍。"诗中描写了种田郎的勤劳和快乐,并叮咛其要保持纯朴的本色。《次韵答邻友况》其一中也描写了乡村的优美:"十百琅玕接屋山,麦花淡白菜花斑",其三也有:"祝鸡归后放牛初,小立溪梁看打鱼",反映出一种闲适的生活乐趣。

戴表元这一类反映山村风物之美的作品大都意境淡远,情感质朴,如"数鸡啼远坞,一鸟起沧波。藤杖湿云石,笋鞋浓露莎。"(《晓行》)听着鸡鸣,看着鸟飞,携着藤杖,穿着笋鞋,这首诗描写了行走于村野之中的惬意。"稻地晴耕垡,瓜田书扑萤。吾诗不寂寞,细讽与君听。"(《下郝长塘小憩示陈养晦》)在稻田瓜地之中耕作、读书,别有一番风味。"识路牛羊缘坂过,通家燕雀下檐来。饥从野槛分蔬饭,渴指邻帘贳黍醅。"(《鄞塘田家》)牛羊自由自在地走过山坡,燕雀从屋檐下飞过,这是一幅乡村美好的画卷。同时诗人也描写了纯朴的民风,饥渴之时可以随意去哪一家吃饭、饮酒,流露出人与人之间和谐、温暖的气息。

第五节　诗书之娱

以诗自娱也是戴表元诗歌中的一个重要主题,这与他的诗学思想也有紧密关联。同大自然一样,诗书也是能够带给文人精神愉悦的重要媒介,是滋养文人心灵的永不枯竭的泉源。在古人心目中,读书、写诗作文主要是谋

---

① 〔元〕戴表元:《剡源戴先生文集》卷三十,《四部丛刊》本。

求功名利禄的一种方法,"学而优则仕""书中自有黄金屋"是文人们不变的信条。但戴表元却在很大程度上摒弃了诗歌的功利性目的,他的作品鲜明地体现出了以诗自娱的思想。

由于社会环境的原因,元初文人承受了更多压力,胸中有更多的愤懑和无奈,如何宣泄这种压抑的情绪也是文人们必须直面的一个问题。戴表元诗歌中明显地表现出以诗书自娱的思想。胡晓明认为中国诗人的特点是"对创作过程本身之一种欣悦之领悟"①。诗歌创作本身是一种愉悦的过程,并且能够给人以很多感悟。《庄子·让王篇》记载孔子问颜回:"家贫居卑,胡不仕乎?"颜回对曰:"回有郭外之田五十亩,足以给饘粥。郭内之田四十亩,足以为丝麻。鼓琴足以自娱。所学夫子之道者,足以自乐也。"贤者颜回以琴自娱,以书自乐,这也成为后世文人追求高雅生活的一种典范。

一、以诗自娱思想的渊源

虽然古人对读书、学习的功利性有鲜明的认识,但从诗书中得到乐趣也是人们很早就开始关注的一个话题。读书、写作无疑是一件艰苦的工作,不过这并不妨碍它能够使人疏泄压力、放松心情,从而达到心灵愉悦、心理平衡的一种状态。

"以诗自娱"的观点也是有其渊源的,《论语》中就有关于诗乐娱情的论述。《论语·阳货》提出"《诗》可以兴","兴"可以理解为感染、鼓励,具有感发意志之意。朱熹《四书章句集注》:"兴,起也。诗本性情,有邪有正,其为言既易知,而吟咏之间抑扬反复,其感人又易入。故学者之初,所以兴起好善恶恶之心而不能自已者,必于此而得之。""兴",可以兴起"好善恶恶之心",也即美好、积极的情感,可以愉悦心境,宣泄烦恼。《论语·泰伯》中还提出"兴于《诗》",这里的"兴"也有激发、振奋之意,认为《诗经》可以激发人们积极向上的情感,振奋读者的意志。《论语·述而》中也有:"子在齐闻《韶》,三月不知肉味,曰:'不图为乐之至于斯也。'"《韶》乐带来的精神愉悦如此强大,以至于完全湮没了物质上的享受,这一点与诗歌的审美感染力是相近的。孔子还认为"知之者不如乐之者,乐之者不如好之者",这也可以启迪人们在读书作文过程中愉悦感的重要性。

与此相关联的一种观点是司马迁在《史记》中提出的"发愤著书"说,认为先贤著述大都因"抑郁不得志,故述往事,思来者"(《报任安书》)。人心有

---

① 胡晓明:《中国诗学之精神》,江西人民出版社 2001 年版,第 234 页。

所郁闷不得抒发,因而诉诸文字,以消解胸中块垒,泄导烦闷的情绪。

戴表元结合自己的生活与创作经历整合了这两种观点,一方面强调"书是解烦资"(《喜王承病较》),认为诗书可以解烦消忧,又如"时可间关憔悴,犹日为诗自娱"(《李时可诗序》)。体验到每日作诗自娱可以消解现实生活带来的磨难,这方面继承了"诗可以兴"的观点,提倡诗书娱情;另一方面提出"作诗唯宜老与穷"(《周公谨弁阳诗序》),承袭了"发愤著书"说。看似矛盾的两方面在戴表元这里完美地统一起来,因而戴表元的以诗自娱思想包含了两方面含义:一是以诗自遣。刘飞认为:"尽管诗歌与文同等重要,但戴表元同时又指出,并不要就此把诗歌看成是博取功名的手段。"①在戴表元看来,诗歌并不可以带来荣华富贵,却有比荣华富贵更重要的价值,它可以带给人愉悦的心态、高雅的情怀。二是借诗泄忧。有研究者这样分析:"诗歌为文的一部分,其地位功用同于文章,不应加以轻视。也正因为此,诗歌之作就不应当如江湖派那样局限于僧、竹、茶、酒,而当'缘于人情时务',且所作也是'不得已而发',出自肺腑,内容充实生动,无虚矫空洞之弊。"②这段文字阐明了诗歌的抒情功能,这种情感出自肺腑,穷愁悲忧之感得以抒发。戴表元很多诗歌表达了出自肺腑的悲忧之情,使胸中的块垒得以宣泄。

戴表元诗中鲜明的诗书自娱主题与南宋末年和元代的社会环境有密切的联系。戴表元认为,社会太平时期,文人的主要精力用在修齐治平之上。《胡天放诗序》中说:"然当是时,诸公之文章,方期于用世,无有肯刳心洞形、沉埋穷伏而为诗者。山川虽佳,其烟云鱼鸟,朝夕真趣,不过散弃为渔人、樵客之娱而已。兵戈以来,游宦事息,乃始稍稍与之相接。"(《剡源戴先生文集》卷八)南宋末年兵戈相接,文人仕途动荡,因而用世之心渐息,方能接近自然,写诗为文,抒发真性情,怡养心灵。诗人身处乱世,体验了家国之痛,遭遇了人世坎坷,唯有大自然中烟云鱼鸟,寓目成画,着笔成诗,能使遭遇乱离、饱经沧桑的心得到一丝慰藉。

戴表元也分析了科举制度对诗歌创作的影响,《陈晦父诗序》认为唐人之所以"能攻诗",主要因为唐代科举"设此以备科目,人不能诗,自无以行其名,故不得不攻耳"(《剡源戴先生文集》卷九)。而宋代科举却"非明经则词赋,固无有以诗进者"。宋代科举中诗歌不受重视导致了文人创作激情的减退,但在戴表元心目中,诗歌仍然是他疏泄情怀的最佳形式。《陈晦父诗序》

---

① 刘飞:《戴表元及其文学研究》,安徽大学出版社 2008 年版,第 238 页。
② 顾易生、蒋凡、刘明今:《宋金元文学批评史》,上海古籍出版社 1996 年版,第 957 页。

中有言："惟天台阆风舒东野，及余数人辈，而成进士早，得以闲暇习之。然亦自以不切之务，每遇情思感动，吟哦成章，即私藏箱筐，不敢以传诸人。譬之方士烧丹炼气，单门秘诀，虽甚珍惜，往往非人间所通爱。"(《剡源戴先生文集》卷九)写诗不能换来功名利禄，然而却是由"情思感动"吟哦而成，虽不被世人认可，但自珍非常。

到了元代，"科举场屋之弊俱革，诗始大出"(《陈晦父诗序》)。科举废止，而诗却"大出"，这与唐代"设此以备科目"而唐人"能攻诗"正相反，看似违背文学发展规律，但仔细分析便能发现其内在的合理性。唐代以诗取士，文人们的大部分精力用来写诗，诗歌自然会兴盛。宋代科举则注重明经词赋，文人主要寄托于此，不能专注于诗歌。及至元代科举废止，文人不必在科举的束缚下写应试文章，而以诗抒写自己的真情实感。袁桷《戴先生墓志铭》中有："先生在建康时，先处州通守是邦，朝夕互往还。先生眉目炯耸，慷慨自奋，欲以言语笔札为己任。尝曰：'科举取士，弊不复可改。幸得仕矣，宜濯然自异，斯可也。'"①表明了戴表元以不为应对科举考试而写文章为幸事。

元代长期废止科举，从表面来看会使诗歌创作衰退，但实质上却使诗歌创作得到了解放。有研究者认为："取消科举却正是元代诗歌繁荣的重要原因之一。"②戴表元在这方面也有鲜明的认识，他认为："诠改举废，诗事渐出"(《张仲实诗序》)，"科举学废，人人得纵意无所累"(《陈无逸诗序》)，没有了科举的束缚，文人们不必迎合考官的审美趣味，因而创作达到了自由的状态。在很大程度上写诗是作为一种审美体验来完成的，或表现自己生活中的雅兴，或抒发自己内心的无奈和哀愁，描写的是自己真实的内心世界。《张君信诗集序》也对这种情形有所分析：

> 余少时多好，好仙、好侠、好医药卜筮，以至方技博弈、蹴鞠击刺、戏弄之类，几无所不好。翰墨几案间事，固不言而知也。然皆不精，惟于攻诗最久。而异时以科举取士，余当治词赋，其法难精。一精词赋，则力不能及他学。……余既早成进士，去，益为诗。君信虽精词赋，遇大进取，辄不利。然亦数数为诗。尝以赞见其乡先生陈性善学士。陈学士戏曰："子欲持是上春官乎？"君信惭之，弃其诗，复专攻词赋，而科举

---

① 〔元〕袁桷：《清容居士集》卷二十八，《四部丛刊》本。

② 杨镰：《元诗史》，人民文学出版社2003年版，第29页。

废矣。于是君信若愠若狂,始放意为诗,不复如前时却行顾忌。①

诗人表述了自己爱好颇多,然最执着于诗。张君信科考受阻,亦常常写诗,却为人所嘲笑而放弃诗歌,专攻词赋。及科举废止,君信方可肆意为诗,无所顾忌。可见元代科举废止后,文人反而能够以诗自娱,尽情地抒写自我情怀。

除科举制度的影响而外,宋末元初的乱离社会也是以诗自娱思想产生的重要背景。元初诗人大都目睹了国家败亡的过程,心中充满了易代之悲,顾易生、蒋凡、刘明今《宋金元文学批评史》认为:"宋末元初,诗人中如谢翱、方凤、郑思肖、周密、仇远等,目睹邦国倾危,生民涂炭,己身亦备尝颠沛流离之苦,于是诗风发生巨大变化,惨恫悲愤,多清苦之音。"②戴表元也认同这些元初诗人的作品,并分析了"穷"与诗歌创作的关系。他在《周公谨弁阳诗序》中说:"人尝言,作诗惟宜老与穷。彼老也穷也,事之尝其心者多矣,故其诗工。"(《剡源戴先生文集》卷八)人生到了老的阶段、穷的境地,自然感慨良多,以诗泄忧的动力也就愈大,作品的感染力因而愈强。戴表元的诗歌亦如此,顾嗣立《元诗选》评戴表元诗歌"多伤时悯乱、悲忧感愤之辞"。"悲忧感愤之辞"即来自于对宋元易代之悲的宣泄。

戴表元认为诗歌创作是生命中重要的一部分,它无关功名利禄,是可以栖息灵魂的和谐家园,也是可以消融痛苦的宁静港湾。可以说,诗歌是他人生中的一方净土,于此他可以暂离现实的喧嚣和无奈。古代文人有各种隐逸方式,有研究者把隐逸分为"道隐、心隐、朝隐、林泉之隐、酒隐、壶天之隐等"③,笔者以为诗书之隐也是文人一种重要的隐居方式,文人们"学而优"却不得仕,或虽身在仕途却不能实现自己的政治理想,抑或仕途的束缚使之心力憔悴不得自由,因而寄情于诗书,以诗自娱,以诗销忧。隐于诗歌是一种高雅的隐居方式,有学者认为:"南宋遗民群体成员无论是放浪山水、啸傲田园,还是寄身佛寺、栖隐道观,隐逸抗争则是他们共同的特征。那些以设帐授徒自娱或隐于学官者,他们所走的也可以看成是一条特殊的隐逸之途。"④"设帐授徒自娱或隐于学官者",他们生活中非常重要的一部分是寄托于

① 〔元〕戴表元:《剡源戴先生文集》卷八,《四部丛刊》本。
② 顾易生、蒋凡、刘明今:《宋金元文学批评史》,上海古籍出版社1996年版,第957页。
③ 兰毅:《试论隐逸思想的流变及影响》,《成都教育学院学报》2006年第12期,第116页。
④ 方勇:《南宋遗民诗人群体研究》,人民出版社2000年版,第197页。

诗书。

隐于诗书这种方式常与其他方式相结合,如陶渊明隐居田园,"种豆南山下"(《归园田居》其三)、"春秫作美酒"(《和郭主簿二首》其一),躬耕而食,酿酒而饮,怡然自乐。但真正让田园生活变得高雅的还是与诗书相伴,"既耕亦已种,时还读我书"(《读山海经》),"诗书敦素好,林园无世情"(《辛丑岁七月赴假还江陵夜行涂口》),如果仅有田园而无诗书,那隐居生活就变得黯然失色了。

二、戴表元诗论中的诗书自娱思想

戴表元诗中所表现出的诗书自娱思想与他的诗学观点也有密切的关系,"以诗自娱",这是戴表元诗论中一个鲜明而独特的观点,他在《仇仁近诗序》中说:"时余虽学诗,方从事进取,每每为人所厌薄,以为兹技乃天之所以畀于穷退之人,使其吟谣山林,以泄其无聊,非涉世者之所得兼。"(《剡源戴先生文集》卷八)虽然世人认为学诗不能带来世俗的功名富贵,但戴表元深谙诗中真味,因而在他的文章中鲜明地体现出诗书自娱的思想,诗歌对作者心灵的影响主要包括以下两个方面:

第一,文人在仕途遭遇坎坷时难免失意落寞,大部分人以寄情山水田园来排遣自己胸中的忧愤之情,戴表元却从诗书中找到了心灵的栖居之地,获得了灵魂的闲适和安宁。如《王承公避地编序》:"当是时,两家生产赤立,徒有六经诸史、先秦以来古文奇刻、处士之书,合数百千卷。每闲暇时,留连聚论,日至五六返。间又为歌词韵语,以发其燕居之娱。私心甚幸,以为吾徒虽不得志于世,固有以乐矣。"(《剡源戴先生文集》卷十一)写诗人与王承公在平淡之中诗书往来、自得其乐的生活,二人虽仕途不得志,却在读书写诗、交游酬唱中寻找到了人生的乐趣。又如《王敬叔诗序》云:"敬叔亦尝与余言:'吾人学诗,如烧丹道人,劳形内悦,或能以余力取给朝暮。若王公大人,则不必待是而乐。'"(《剡源戴先生文集》卷十一)"劳形内悦"表明通过辛苦的诗歌创作可以产生内心的愉悦,这也是戴表元在诗论中表现得比较鲜明的一个观点。失意落寞的文人借助诗歌来宣泄胸中的块垒,愤懑不平之气一吐为快,这是王公大人体会不到的一种感觉。《许长卿诗序》中也有:"余自垂髫学诗,以至皓首,其间涉历荣枯得丧之变,是不一态。诗之难易精粗深浅,亦不一致。虽不敢自谓已有所就,然不可谓之不勤其事也。方其勤之之初,謇呻蹙缩,经营转折,几亦自厌其劳苦。及为之之久,积之之熟,则又幡然资以为乐。"(《剡源戴先生文集》卷九)戴表元自叙其学诗、写诗的经历,其中有一个质的飞跃,从初以为苦到"幡然为乐",表明通过长期的创作,诗人深刻体会到了诗歌创作带给他的乐趣。当代研究者认为:"文学能够满足人的自我观照、自我宣泄、自我实现的心理需求,具有调节人的心理状态、维持人的心理平衡的客观效果。"①戴表元的诗论中也体现出了这一点。

游览自然美景也总要有诗相伴,《千峰酬倡序》云:"风霜摇落,沙砾净尽,平生攀援驰逐之好,一切不以介意,乃相率俯首从事于山川篇翰间,一以逃喧远累,一以忘形遗老。"(《剡源戴先生文集》卷十一)在大自然中陶冶性情,在诗歌创作中获得愉悦,诗能使人摆脱烦恼,"劳形内悦""逃喧远累",陶醉于创作的欣然自得,沉浸于山水的明朗清净,因而产生精神上的愉悦,追名逐利的欲望也逐渐变得淡泊。

第二,诗歌创作可以使诗人产生一种欣悦的情怀,同时也能在忧愁怨怼时宣泄心中的块垒。戴表元赞誉郑若晦"性喜作诗,以江西葛处士庆龙为师,得其法。当意酣气适,信笔取纸自书,山僧道人见之,欢欣爱悦,更下榻致馔食,留连不听去,用是益无他人羁栖旅顿、乏绝憔悴之色。"(《送郑若晦游建业序》)郑若晦因以诗会友,受到他人的敬重喜爱,避免了羁旅之中的孤寂困顿,诗歌消解了漂泊天涯的愁绪,给他带来了人生的愉悦。《朱伊叟诗序》中也有:"戊戌己亥岁,余与乡友朱伊叟相遇于钱塘逆旅。白发苍髯,皆老矣,皆穷,皆能以文字自乐。"(《剡源戴先生文集》卷九)在老且穷的境遇中以文字自乐,这是诗人的一种人生境界。

诗人曾描写与友人陈养晦之间唱和的情形:"每见余狂歌剧饮,叩壶击筑,为沉酣痛快之适,未尝不欢然与余和答以相乐。及思极愁生,阖门拥衾,为呻吟憔悴之作,又未尝不抚然与余同忧也。"(《送陈养晦远游序》)痛快时的酣饮高歌可以使人精神振奋,穷愁时的憔悴低吟也能宣泄抑郁愁怀,诗歌能够引导人的积极情感的抒发,摆脱负面情绪的困扰。在《送张叔夏西游序》中戴表元评价张叔夏:"少焉饮酣气张,取平生所自为乐府词自歌之。噫呜宛抑,流丽清畅,不惟高情旷度不可袭企,而一时听之,亦能令人忘去穷达得丧所在。"(《剡源戴先生文集》卷十三)张叔夏歌唱自己的诗作,高逸超群的风度使人们忘却了现实中的烦恼。

苦学之人甚至能以歌吟古圣先贤作品来抵御饥寒暑热,《送邓善之序》中说:"方善之清修苦学于隐约之中,蓬门缊袍,笔砚尔汝。顾单力不可与饥

---

①　李春青:《在文本与历史之间——中国古代诗学意义生成模式探微》,北京大学出版社 2005 年版,第 182 页。

寒抗,则日与其徒歌吟古圣贤之说以自壮。至于寒岩永夜,声出风雨,赤日流汗,而挟书不知。此其坚忍强志欲何为耶?当是时,有无故而与之千金,度善之能辞,卒然而加之连成列乘之贵,较其乐,亦未易以彼而易此也。"(《剡源戴先生文集》卷十四)读书吟诗之乐远远超过了千金之富、华轩之贵带来的享乐。

先贤的诗文能够化解穷愁的际遇,悲戚之情可以通过诗歌来宣泄,情感是诗歌的灵魂,戴表元诗论提倡"宗唐得古",这主要表现在崇尚在诗中表达真性情之上。有研究者认为:"戴表元之'宗唐得古',在诗歌的本质上强调吟咏性情,在创作上则致力于对'无迹之迹'的神化境界的追求。"①"吟咏性情"是戴表元诗歌创作的一个重要标准。

三、戴表元诗歌中的以诗自娱思想

戴表元很多诗歌中表现出以诗自娱的思想,而自娱的内涵主要包括两方面,一是表明诗书为解烦之资,二是体现出了文人的高雅之趣。

戴表元很多诗歌作品反映出诗书消忧解烦的力量,通过读诗、写诗可以化解人的烦恼忧虑。诗人的忧烦主要来自两大方面,一方面与国家乱离紧密相连,山河变色,万民同悲,诗人于流离之中感受到了人生的沉重,只能以诗记录自己的遭际,抒发自己的忧情。如《又作散愁》:

> 说穷不人信,欲说更何为。日永书肠觉,霜浓病骨知。
> 家亡兵溃后,交绝廪空时。头白风尘境,消磨尚有诗。②

诗人描写了自己遭遇乱世,饱受穷愁之苦的煎熬,贫病交加,白头之人奔波于风尘雾露之中,有颇多的感伤和无奈,但唯一可聊作安慰的是尚有诗相伴。一句"消磨尚有诗",道出了在逆境之中诗歌体现出的精神力量。再如《秋尽》:

> 秋尽空山无处寻,西风吹入鬓华深。
> 十年世事同纨扇,一夜交情到楮衾。
> 骨警如医知冷热,诗多当历记晴阴。
> 无聊最苦梧桐树,搅动江湖万里心。③

---

① 刘飞:《元初戴表元诗论及其现代意义》,《文艺理论与批评》2005 年第 3 期,第 133 页。

② 〔元〕戴表元:《剡源戴先生文集》卷二十九,《四部丛刊》本。

③ 〔元〕戴表元:《剡源戴先生文集》卷三十,《四部丛刊》本。

在秋尽天寒之际,西风吹动华发,诗人想起多年的坎坷经历,不禁感慨万千,而这些年来自己一直以诗来抒写悲欢,"诗多当历记晴阴"一句点明了诗歌在自己人生中的重要作用。《丁丑岁初归鄞城》也描写了乱世中饱经忧患的感伤以及以诗泄忧的经历:

> 城郭三年别,风霜两鬓新。穷多违意事,拙作背时人。
> 雁迹沙场信,龙腥瀚海尘。独歌心未已,笔砚且相亲。①

这首诗在国破家亡的背景下展开,写出了自己在乱离社会中的穷愁悲戚,事多违意,每每背运,心境固然抑郁,因而"独歌心未已,笔砚且相亲",则表现出悲不能已,找出笔砚,以诗抒发自己的愤懑之情。

戴表元另外一方面烦忧主要来自于对自己穷愁不得志际遇的感慨,也即他在《周公谨弁阳诗序》中所说"作诗惟宜老与穷",人生历尽沧桑,老来感慨无限,如《少年行赠袁养直》:

> 我昔如君初冠时,见君垂角儿童嬉。
> 君今长大一如我,但少头上斑斑丝。
> 诵书如流日千纸,更出清言洗纨绮。
> 明珠在侧真自失,挟册茫洋吾老矣。
> 人言四十当著书,春风半负黄公垆。
> 僮奴哂笑妻子骂,一字不给饥寒躯。
> 儒学无成农已惰,履穷始悔知无奈。
> 人生少年还易过,请君努力无如我。②

诗人目睹了袁养直从垂髫年少到长大成人的过程,看着如今长成的青年勤学苦思,且"更出清言洗纨绮",能够写出清丽可喜的诗句,便有无限的欣慰之情。同时对比自己不如意的境遇,有"挟册茫洋吾老矣""一字不给饥寒躯"的感慨,认为自己还不够努力,辜负了平生。诗的结尾勉励袁养直努力进取,争取学有所成。这首诗以袁养直勤奋读书、写诗的昂扬的精神状态衬托出自己的失意之情,但青年人这种积极的状态也是诗人的安慰和寄托,因而作品依然表明了诗人的一种思想,即诗书可以解烦泄忧。《余既题畲斋有闻纸田之说而笑者复作长篇》中也有:"学农无年尤可待,学儒无成只益

---

① 〔元〕戴表元:《剡源戴先生文集》卷二十九,《四部丛刊》本。
② 〔元〕戴表元:《剡源戴先生文集》卷二十八,《四部丛刊》本。

馁。羡君终岁作书痴,聚室嗷嗷穷不悔。客来问计何所出,一饱自悬饘粥外。平生据案眠亩心,汗简为犁笔为耒。糵芽百氏草避耨,膏泽群经泉赴浍。日高洛诵乌鸟飞,夜半吴吟风雨会。世间梁谷何足道,开卷穰穰心欲醉。"戴表元写这首诗之前曾有《题陈贵白畲斋》一诗,其中有赞美陈贵白的诗句"日日闭门耕纸田""植耒时和南风篇",写出了陈淡泊名利,潜心写作的精神境界。这首诗写出后也因而有了"纸田"之说,作者又"复作长篇",在"长篇"中,戴表元写自己学儒无成,只增添了饥馁,不免失落。但看到陈贵白沉醉于诗书之中,"汗简为犁笔为耒",怡然自乐,便从中得到了安慰,以诗解烦之意非常鲜明。又如《夜坐示友》:

> 夜久烛花落,凄声生远林。有怀嫌会浅,无事又秋深。
> 黄叶归田梦,白头行路吟。山中亦可乐,不似此同襟。①

诗中渲染了一种落寞失意之情,正因忧伤落寞,而有"白头行路吟"之句,吟诗也是苦闷情绪的泄导,故诗人有了"山中亦可乐"的感慨。再如《客钱塘赠鲜于伯机、邓善之诸君,兼托善之书剧达寄赵子昂》:"一日歌一诗,十日一举觞。客来问如何,寸肠悲欢并。欢颜欲相见,悲缘数平生。"一日作一诗,诗歌是诗人不得志时的心灵寄托,也即诗人在《喜王丞病较》中所说:"饭为扶寿本,书是解烦资。"总之,戴表元诗歌中鲜明地体现出了以诗自娱的主题,诗人在乱世之中颠沛流离、穷愁失意,同时又有与文人雅士交游的愉悦与欣慰,以及寄情诗书的沉醉与自足。一切欢乐和悲愁都表现在诗中,以诗泄导烦忧和抒发雅兴,因而他的作品情感充沛,具有很强的感染力。

戴表元诗歌在思想内容上体现出充实而深刻的特色,其中既有对乱离社会人民生活状态的反映,也有个人遭际与心态的描摹,并且有代表性地表现出宋末元初文人群体的生存态势。但后人对其评价也并非都是赞美的声音,如章士钊《柳文指要》上卷二讥其"流入伪朝,无从计划定国安民之业,而仅以无聊之文墨自娱"。章士钊认为戴表元其人没有忧国忧民思想,其作品浅薄无聊,这种评价对戴表元来讲是不公允的。当代研究者深入地分析了人们对戴氏有片面评价的原因:"他追求的是一种顺其自然,随世俯仰,不排斥功名而又不刻意追求功名的生活。这就难免招来一些理学家的非议。"②

---

① 〔元〕戴表元:《剡源戴先生文集》卷二十九,《四部丛刊》本。
② 罗永忠:《元初诗人戴表元的诗歌创作》,《西华师范大学学报》(哲学社会科学版)2007年第1期,第12页。

戴表元诗歌中虽然有大量描写文人流连山水、以诗自娱的作品,但结合时代环境深刻体会其内涵,会品味出在宋末元初那个特殊的时期文人所感受到的沉重压力与内心深处的悲凉和无奈,因而其在思想内涵上具有丰富而厚重的一面。

第四章　戴表元诗歌的艺术风貌

　　在元诗总体上逊色于唐诗、宋诗的大背景之下，戴表元虽然不能称为诗歌史上第一流诗人，但他的诗歌作品也因为具有独特的艺术感染力而为世人所赞许。钱基博评戴表元诗歌："清深雅遒，其中七言古、五七言律，律切而能健爽，跌宕以为沉郁，犹是杜陵矩矱，不为江西之生拗，亦无东坡之容易，已为返宋入唐。而五言古则以高朗为古淡，体物入微，寓兴于旷，由陈子昂、李白以出入阮籍、陶潜，抑更以晋参唐。"①戴表元诗歌从艺术风貌而言呈现出多样化的特点，有些作品清逸而遒劲，有些作品悲凉而旷达，还有一些作品具有温文尔雅的风范。多种风格在诗歌中交织共存，体现出诗人创作道路的开阔和技巧的娴熟。

第一节　清而遒

　　戴表元诗学思想中有鲜明的"尚清"主张，这一主张也在他的诗歌创作中得到了实践（关于"尚清"的诗学理论在第二章已经进行了梳理，此处不再赘述）。他的一部分诗歌作品具有清逸而刚健的特点，清逸和刚健完美的结合使戴表元诗歌体现出独特的风采与气骨，成为宋末元初诗坛上不可忽视的一道风景。

　　戴表元诗歌在清逸中充满了遒劲之力，所谓"清逸"指诗歌在艺术风格

---

　　①　钱基博：《中国文学史》，中华书局 1993 年版，第 782 页。

上给人以轻灵而不重浊的感受,使人读之有超脱、飘逸之感。这种风格是古代文人非常欣赏的,司空图《二十四诗品》中"清奇""洗炼"与"自然"三品都在一定程度上体现出清逸的特色,如"清奇"品云:"娟娟群松,下有漪流。晴雪满竹,隔溪渔舟。可人如玉,步屧寻幽。载瞻载止,空碧悠悠。神出古异,淡不可收。如月之曙,如气之秋。""清奇"风格如苍松映照清流,白雪辉映绿竹,如隔溪渔舟之轻盈,如可人寻幽之静谧,如曙月之清灵,如秋气之爽洁,司空图以轻灵自然的意象象征"清奇"风格给人带来的审美效应。"洗炼"一品云:"空潭泻春,古镜照神。体素储洁,乘月返真。载瞻星辰,载歌幽人。流水今日,明月前身。"诗歌的洗炼风格带给人的美感如同春潭之水、古镜之光,如皓月繁星之素洁,如幽人高士之清雅。"自然"品亦云:"俯拾即是,不取诸邻。俱道适往,着手成春。如逢花开,如瞻岁新。真与不夺,强得易贫。幽人空山,过雨采萍。薄言情悟,悠悠天钧。"美的至境是自然天成,清新无痕,无须辛苦经营锻造,信手拈来。司空图认为自然之境如花开岁新般适时而行,是天道使然,没有人为造作;如幽人与空山相融,雨后浮萍生满池塘,是人与天地万物之间的和谐共生、浑融一体,体现出天地之间的清韵与大美。戴表元诗歌清逸的风格特色与《二十四诗品》中"清奇""洗炼"与"自然"三品所形象阐释的风格特色相似,诗人将眼前之景物或所写之人物的清韵逸态自然地展现出来。

　　戴表元诗歌的清逸特色主要表现在两方面:一是写景状物注重景物的轻灵之美,塑造余韵悠长的诗境。二是描写人物注重其精神世界的清逸与超脱。戴表元诗歌中所描写的人物大都是与其交游的文人,戴氏所欣赏的文人皆能超脱于世俗功名利禄之上,通达于大道,在自然山水中寻找到精神寄托。戴表元常用古代隐士如段干木、范蠡、梁鸿、严光、陶渊明等人与其友人进行类比,来突出友人清逸高洁的品质。袁桷《祭戴先生》载戴表元失仕后的隐居生活:"篝灯蓬发,支筇耸肩,抉拾天巧,落其华妍。"①这种落拓不羁的隐者形象正如戴表元《题方壶水竹幽居横幅》所言:"茶灶依岩广,渔竿插水湄。支筇一长啸,犹足傲当时。"②隐士顺随自然地生活在天地之间,依岩煮茶,临水垂钓,倚仗长啸,傲世自足。这种无欲无求、自由自在的生活方式是戴表元内心深处所欣赏的。元代张雨《读戴帅初集》云:"剡源诗卷落吾

① 〔元〕袁桷:《清容居士集》卷四十三,《四部丛刊》本。
② 繆荃孙香簬抄本《剡源逸稿》卷六。

手,便似移家太白峰。……空山乐书有遗谱,白日天马无留踪。"①戴氏的一些诗作也具有洒脱清逸的风格。

戴表元诗歌一些作品中清逸的特色常常与遒劲刚健相结合,形成清逸而不飘忽,充满生命力量的风格特色。因而笔者将戴氏诗歌艺术风格之一概括为"清而遒","遒"即遒劲、刚健的艺术风格。刚健风格也是中国古代诗论所推崇的,钟嵘《诗品序》认为优秀的诗人创作诗歌应"干之以风力,润之以丹彩",这样作品才能有感人的力量,"使味之者无极,闻之者动心"。其评曹植诗歌:"骨气奇高,辞彩华茂",评刘桢之诗:"仗气爱奇,动多振绝。真骨凌霜,高风跨俗。""风力""骨气""真骨"都是指诗歌风格的刚健有力,表明钟嵘对风骨的崇尚。唐代诗人将"风骨"作为诗歌精髓,"初唐四杰"在诗歌创作中已经明显地体现出刚健雄浑的风骨,盛唐诗人陈子昂力主恢复汉魏风骨,其《与东方左使虬修竹篇序》认为诗歌的典范应该是刚健有力的作品:"骨气端翔,音情顿挫,光英朗练,有金石声。"大诗人李白、杜甫在诗歌理论和创作实践中都标举风骨,李白《宣州谢朓楼饯别校书叔云》有"蓬莱文章建安骨"之句,表明其对"建安风骨"的赞誉,杜甫亦崇尚刚健之美,欣赏"凌云健笔意纵横"(《戏为六绝句》)的气势。殷璠《河岳英灵集》云:"开元十五年以后,声律风骨始备矣。"表明其声律和风骨并重的诗学思想。晚唐诗人、诗论家司空图也推崇诗歌的劲健之美,《二十四诗品》"劲健"品云:"行神如空,行气如虹。巫峡千寻,走云连风。饮真茹强,蓄素守中。喻彼行健,是谓存雄。"具有劲健风格的诗歌给人以精神充盈、气势贯通之感,这一风格类型很受唐人的推崇。

相比唐代而言,宋元时期对诗歌风骨的提倡略显力衰,但也有诗论家强调诗歌刚健之风,如宋代严羽《沧浪诗话·诗辨》云:"诗之法有五:曰体制、曰格力、曰气象、曰兴趣、曰音节。"其中"格力"即指刚健有力的风格,《诗辨》中将诗歌分为九品:"诗之品有九:曰高、曰古、曰深、曰远、曰长、曰雄浑、曰飘逸、曰悲壮、曰凄婉。""雄浑"也是风格遒劲之意。宋代范温《潜溪诗眼》推崇建安诗歌,认为其"得风雅骚人之气骨,最为近古者。"并评建安诗:"辨而不华,质而不俚,风调高雅,格力遒劲。"元代方回也强调诗歌风骨的重要性,认为:"诗以格高为第一",力主"气格高古,瘦硬枯劲"的诗歌风格。戴表元诗论中也有对诗歌遒劲风格的崇尚,《魁师诗序》云:"读其诗,繁者锵遥音,简者涵淳风。究而讯其能,奔驹纵鹘,搴拔俊笋,飞丹幻宝,闪烁迅发。"戴氏

---

① 〔元〕张雨:《句曲外史集》卷中,《四库全书》本。

欣赏魁师刚健而淳厚的诗歌风格,以"奔驹纵鹘"形容其诗歌强劲的气势和骨力。

　　宋末诗坛气骨萎顿,当时影响较大的江湖诗派、"四灵诗人"皆不以诗歌风骨为创作追求,在这种背景之下戴表元的诗歌创作为当时诗坛注入了一股力量,对诗歌境界的开阔和情绪的昂扬起了积极的促进作用。钱基博评戴表元诗:"力祛雕琢凡近之气,而亦不为犷猰驰骤之语,吐属婉惬,寄趣旷真,庶几晋宋之遗音乎?"①戴表元诗歌不事雕琢,然而亦不粗陋,给人以自然清新、遒劲有力之感。

　　戴表元诗歌中很大一部分作品具有清新而遒劲的特点,在诗歌体裁上五言和七言古诗具有这方面特色的较多。"清而遒"的特色主要表现在诗歌所描写的内容、思想内涵及意境塑造等方面,诗人描写的对象无论是风景或者人物都给人以清拔有力之感,这种艺术效果的产生与诗人对意象的选择和意境的塑造有密切关系,同时也与诗中所描写的风景与人物的特点相关。

　　戴表元描写的景物往往具有清幽明净的特点,人与自然环境融为一体,形成超脱于尘世俗流之上的清逸境界,并且蕴涵着一种蓬勃向上的生命力量,如《宿福海寺》:

> 斫岩苍龙角,汲流紫云根。道人不绝俗,自然无耳喧。
> 屋脊挂修岭,一日过千辕。此中但高卧,松风有清言。
> 听之亦无有,风定松在门。炊成我欲去,独鹤鸣朝暾。②

　　诗人以清拔健朗的笔调描写了留宿寺院的情景,福海寺的环境清净脱俗,房屋建在悬崖峭壁,屋脊好似挂在山岭上一般,猿猱往来穿梭其间,是一处与自然融为一体的清静修行之地。寺中的道人与松鹤相伴,听松风之"清言",感受"风定松在门"的笃定,体会着大自然传达出的与道合一的思想。戴表元在对福海寺环境及风景的描写中充盈着清刚之气,在意象选取上也有清逸超拔的特点,苍龙角、紫云根、道人、猿猱、松鹤等等,这些意象都高于尘俗之上、蕴含自然伟力及自由的生命精神。这首诗的意象组合、景物描写及情感抒发上都体现出清逸、超脱而刚健的特色。再如《邻友陈养直请赋山心楼,楼乃余入剡旧寓也》:

---

①　钱基博:《中国文学史》,中华书局 1993 年版,第 784 页。
②　〔元〕戴表元:《剡源戴先生文集》卷二十七,《四部丛刊》本。

　　诸峰何盘盘,四起如帷墙。试问客主谁,兹楼山中央。

　　面势既环合,结构欲飞翔。我来名山心,一笑借胡床。

　　左手南风弦,右手北斗浆。山灵亦我笑,夜梦车两厢。

　　一坐三十秋,林篁郁相望。花鸟天语默,烟云野行藏。①

　　诗人描写了自己的剡源旧居山心楼清幽的景色,山心楼建在山中,山峰壁立如围墙般环绕,楼宇有着飞扬的气势,遒劲有力。诗人写自己在楼中弹琴饮酒,生活洒脱清逸。青山为友,竹林相伴,鸟语花香,烟云缭绕。这首诗以青山为背景展开景物描写,青山衬托出山心楼的幽静与高远,楼的形态飞扬点缀出山的灵动,周围以竹林、花鸟、烟岚等景物加以渲染,烘托出清新而蕴含着生命力量的诗境。戴表元的一些写景绝句也有这样的特点,如《丙午清明日青塘道中》:“三里五里沙路平,一番两番溪雨声。无奈春风动人处,紫荆青李满林生。”(《剡源戴先生文集》卷三十)平沙漫漫,清溪淙淙,春风拂动之处,“紫荆青李”生机勃勃,在明媚、清丽的春色中展现出强大的生命力量,这首小诗也体现出清丽而遒劲的特色。又如《过姑苏》:“水天弥望接青芜,云气漫漫近又无。一色好风三百里,挂帆安坐过姑苏。”(《剡源戴先生文集》卷三十)远望水天相融一片苍青,诗人顺风扬帆而行,一路无阻。水天一色的清明,好风扬帆的力量,使读者体会到诗歌“清而遒”的艺术感染力。《八月十五夜雨中微有月色》也具有这样的特色:

　　雨色今夜别,映门白鲜鲜。隃知万古月,自在最高天。

　　天高无阴晴,月亦无亏圆。中间隔云雾,顷刻变态千。

　　惟当自作乐,上界岂我怜。接竹风撼郭,倒尊水号川。

　　狂歌眺渺莽,恐有浮槎仙。②

　　诗人中秋赏月有感而发,情景交融。秋雨清冽,遮住了月光,但诗人想象中万古不变的明月在云层上面一样清圆,月色清辉充溢着诗人的幻想空间。接下来抒情部分诗人描写了雨中赏月时旷达爽朗的心境,接竹引泉,痛饮狂歌,想象着杳渺的远方水天相接之处,恐怕有乘槎而游的仙人吧。诗人以丰富的联想将雨中月色描写得清丽而开阔,虽然月色微茫,但赏月的心情不曾因此有半分衰减,这首诗也具有清朗的意境和健朗积极的情绪基调。《八月十六张园玩月得一字》是一首与此意境相似的作品:

---

① 〔元〕戴表元:《剡源戴先生文集》卷二十七,《四部丛刊》本。

② 〔元〕戴表元:《剡源戴先生文集》卷二十七,《四部丛刊》本。

明河荡残云，青海收晚日。婆娑林端月，为我良久出。
洗杯问劳苦，天女笑肵肵。月行虚空中，万古无损失。
且可娱今宵，勿复思昨日。歌情天水遥，坐影入树密。
嗔醒有微酒，徼诗或呼笔。仲容欢入林，怀祖娇在膝。
初犹整袤褐，久乃忘冠帻。趋锵翻弈盘，笑傲惊帐室。
宁来共喧呶，不许私暇逸。蚩蚩复扰扰，醉态不可一。
情知此月下，此乐节无匹。月光本天性，清莹本其质。
动定极淳涵，声沉转萧瑟。匆忙寄醉语，悟迟已难述。①

　　这两首诗的创作时间也是连续的，诗人在中秋节雨中赏月后意犹未尽，因而八月十六与诸友相聚于清河张仲实园圃饮酒赏月，创作此诗。这首诗描写了诗人与诸友在清朗的月光之下歌啸吟咏、诗酒弈棋的欢愉景象，在清逸的意境中体现出高朗的情怀。诗歌开篇描写残云退去、月挂林梢，隐在云层之后的一轮明月终于抛洒出清辉。在一片清辉之中诗人似乎听到了仙女清脆的笑声，诗人与诸友在月色下遥望苍穹、俯视树影，享受月光带来的美好风景，在月下尽情欢愉，不拘小节。诗人写自己与友人情致极高，以"趋锵翻弈盘，笑傲惊帐室"来形容其率真性情，月光的皎洁清莹与赏月人的昂扬情绪相融合，形成一幅清丽、遒劲、蕴涵深远的画面。诗中既有形象的景物描写，又表达了诗人对人与自然的关系以及人生哲理的思考。从这两首赏月诗可以看出，无论月光朦胧还是清辉一片，诗人都能塑造出清朗的意境，并将放达不羁的人格精神蕴含其中。戴表元写景状物的诗歌大都以清新之景抒发洒脱自在、不受世俗羁绊的傲世情怀，如"游人自游春自暮，从翁问花花不语。且当向花日日醉，醉倒花前学花舞"（《飞花行赠马衢州时马在建岙别业》）。暮春时节赏花饮酒，人与自然合一，花飞人舞，表现出一种生命的力量。又如"荒城日暮秋江长，耀稑野熟秋风香。青天茫茫不知处，扁舟卧入孤蒲乡。波深浪静鱼鸭乐，遥林堕影同飞扬"（《江行杂书》）。秋江日暮、稻谷飘香，诗人乘坐一叶扁舟，在风平浪静的江面与鱼鸭同乐，远方林影与水波相映，轻灵而渺远。

　　戴表元诗歌所描写的人物形象也体现出"清而遒"特色，这一特色主要表现在人物品格的清逸刚健、不合俗流之上。诗人赞美友人不慕名利、甘于淡泊，流连于山水之间，过一种不受羁绊、自由自在的生活，有把握住自己人

---

① 〔元〕戴表元：《剡源戴先生文集》卷二十七，《四部丛刊》本。

生的能力。一些诗歌作品中有一种豪侠之气,如《古诗十五韵送胡天放西游》:

> 有铁莫妄熔,熔作侠士椎。有帛莫妄缝,缝作山人衣。
> 君看天放翁,气貌绝清羸。濩落七尺身,仁义充肤肌。
> 无家救人穷,无田恤人饥。江湖三十秋,白头转岖崎。
> 余情尚洒洒,不吐酸寒辞。事慕古豪杰,诸儿那得知。
> 或云有仙骨,深中愈难窥。趫腾华佗戏,偃蹇梁鸿噫。
> 世态贵反覆,口语澜翻飞。夫子顾之笑,百触不发机。
> 宁当待沟壑,西山古谁悲。佩君珊瑚钩,酌以玻璃卮。
> 相知岂云无,去去勿得疑。①

这首送别诗描写了戴表元友人胡天放这一高洁而有气骨的文人,《胡天放诗序》云:"盖夫天放生二千石之家,而甘箪瓢之操;怀四方万里之志,而存丘壑之好。自其童年,厌薄世禄,疏摈举子,已耽为诗。"(《剡源戴先生文集》卷八)胡天放生于富贵之家,却不注重物质享受而甘于箪食瓢饮,亦不屑于谋求科举功名,流连于山水之间,以写诗为乐事。戴表元欣赏胡天放的人格,在这首诗中描写了胡天放清逸脱俗、风骨峭峻的人格特质。诗歌开篇以"侠士""山人"形容胡天放,描写天放外貌"气貌绝清羸",突出其清逸俊朗的气质。接下来诗人写胡天放充满积极力量的人格精神,他扶危救困,有侠肝义胆,虽然人生中经历了波折,但依然不改洒脱豪情。《韩君美经历,赋孟夏木长五诗示仆,因写鄙怀通呈阮使君,君美时与诸公讲易》也描写了二位友人不为世俗羁绊的高洁、洒脱的情怀:

> 吾评陶渊明,略似段干木。诗文虽满家,不饱妻子腹。
> 仰瞻清风柯,俯窥白云谷。谁能为升斗,辛苦受羁束。②

戴表元以陶渊明与段干木类比友人韩君美和阮使君,表达对二位友人高洁人品的赞誉之意。这首诗的创作源于韩君美赋拟陶诗《孟夏草木长》五首赠予戴氏,戴氏因而与之唱和,并将此诗赠予另一友人阮使君。戴氏与两位友人同声相应、同气相求,以此诗表达了共同的人生追求。《大名元复初郎中携示感遇五言八章,次韵并简东平曹子贞编修、蓟丘曹克明教授》也抒

---

① 〔元〕戴表元:《剡源戴先生文集》卷二十七,《四部丛刊》本。
② 〔元〕戴表元:《剡源戴先生文集》卷二十七,《四部丛刊》本。

发了友人之间美好的情感：

> 美人乘天风，手吹玉参差。我有龙门桐，缀之冰蚕丝。
> 空中一倡答，闻者为忘机。神马已出河，凤皇且鸣岐。
> 悠悠百年内，傥有相逢时。①

　　这首诗只是寻常与友人倡答之作，但在意象选择上却有超出凡尘之感。诗人用乘风来去的仙人象征友人，吹奏着镶玉的排箫，等待知音欣赏。诗人写自己与友人呼应以点缀着冰蚕丝的古琴，以天籁之音唱和，清响超尘。诗中以象征的手法表达了与友人之间超脱尘俗的情谊。诗中神马出河、凤鸣岐山象征友人事业蓬勃兴起，充满积极的力量。戴表元诗歌之清逸内涵也表现在对世俗功名利禄的淡然和对与自然合一的人生境界的追求之上。如《醉歌赠袁茂才》：

> 君休咕嗫语，我欲颠狂歌。
> 君语虽工不可多，我歌颠狂如我何。
> 君不见苏季子，腰横六印车如水，奇祸一朝生口齿。
> 又不见朱买臣，朱绶煌煌不庇身，不如会稽喑哑人。
> 南山山头北山下，亦有骑牛唱歌者。
> 行人不诃官不问，歌罢牛归卧牛舍。
> 我歌属君君为歌，桃花醉面春风和。
> 君歌不成春亦老，虚客江城车马道。
> 明日酒醒应难绝倒，剡源溪上看芳草。②

　　这首七言古诗也体现出清逸刚健的特色，七古形式自由，比较适合表达奔放、不受拘束的情感，朱庭珍云："七古以长短句为最难，其伸缩长短，参差错综，本无一定之法。及其成篇，一归自然，不啻天造地设，又若有定法焉。非天才人力，不能入妙。"③这首醉歌以醉语道出了诗人清高而遒劲的人格内涵，身处宋元易代之际，诗人更加感悟到高官厚禄并不长久，以历史人物苏秦和朱买臣为例来表达努力追求高官厚禄遗患无穷这一思想，表现了对世俗中的束缚的深刻感悟。戴表元崇尚摆脱羁绊、与自然合一的生活，南山北山骑牛唱歌，无欲无求，听溪水声，看芳草绿，这是诗人所追求的一种理想

---

① 〔元〕戴表元：《剡源戴先生文集》卷二十七，《四部丛刊》本。
② 〔元〕戴表元：《剡源戴先生文集》卷二十八，《四部丛刊》本。
③ 〔清〕朱庭珍：《筱园诗话》，《清诗话续编》，上海古籍出版社1983年版，第2387页。

的生活状态。《辛卯除夜》亦云："腊月今冬只今夕,春风明日是明年。狂歌把酒屠苏地,醉眼看梅雾淞天。"(《剡源戴先生文集》卷二十九)虽然人到中年诸事不顺,但诗人通过文字表达出的心境没有丝毫浊重的感觉,辞旧迎新,狂歌痛饮,在晶莹的雾淞中赏梅,诗人笔下的除夜展现出一幅清逸的画卷,并充满了遒劲的感情色彩。《孙使君飞蓬亭》也抒发了诗人的人生感受:

> 江南泽国多烟水,年少轻身作游子。
> 适来衰懒畏奔驰,忽见飞蓬平地起。
> 飞蓬主人人中仙,曾乘千斛凌风船。
> 船头画鼓催行酒,船尾红妆歌采莲。
> 收篙卷纶今尚乐,却悔从前风浪恶。
> 青云裘褐一鸥身,白发山林五湖客。
> 我来花雾红霏霏,此蓬如山何处飞。
> 但当共坐索酪酊,溪塘过雨春鱼肥。
> 君不见,鸱夷名成沧海去,富贵畏人如脱兔。
> 又不见,羊裘钓客桐江上,一出张皇动星象。
> 何如飞蓬主人亭上饮,醒与客论酣即寝。
> 寝酣忽作江湖梦,风雨漂摇蓬不动。①

这首诗从题目看似以歌咏友人孙使君的亭台——飞蓬亭为中心,但实际上并没有描写飞蓬亭的建筑特点、形态特色等,飞蓬亭是一个具有象征意蕴的意象,其蕴含了人生漂泊如转蓬之意,但此处飞蓬亭却能"风雨漂摇蓬不动",表达了诗人处世不惊的人生态度。诗中主要描写了飞蓬亭主人孙使君清俊高逸的人格,戴表元认为其像仙人般超脱飘逸,曾乘千斛大船扬帆远航,鼓声催行,莲歌唱晚,富有仙境般的乐趣。经历过奢华的人生享乐之后,如今裘褐为衣,在山林之中过着闲云野鹤般的生活。诗人表达了对孙使君不慕名利的人格和超脱清逸的生活状态的赞誉之情,并以范蠡建立功业后泛舟五湖、严光在刘秀成为光武帝后衣羊裘隐居垂钓二典,表明功名利禄不可久居,人生理想的状态是达到无欲则刚的境界。《题王敬仲野亭》也通过对野亭环境和亭主人的描写抒发了对人生自然、洒脱境界的追求:

---

① 〔元〕戴表元:《剡源戴先生文集》卷二十八,《四部丛刊》本。

> 王家野亭苍翠边，秋山万叠相钩连。
> 披衣晓霁伴云坐，散发夜凉须月眠。
> 主人清豪亦好客，常有车盖来翩翩。
> 门间无烦鹤通谒，酒散有时风扫筵。
> 问君生涯几何许，笑指渺漠沧洲烟。
> 朱门千础启婵娟，豪弦急管争喧妍。
> 何曾一日能免俗，稍来对谈山爽然。
> 古人去远吾不识，今日汨没难为贤。
> 长公高谈少公和，鲁山伯鸾相后先。
> 名成但恐累隐趣，莫遣妙语人间传。①

　　建在山中的野亭成为主客休憩娱乐的好去处，晨起看云，夜眠伴月，与具有"清豪"之气的主人王敬仲在亭中谈古论今，颇有清趣。诗人感慨人生苦短，朱门富贵奢华的生活使人落入世俗的禁锢之中，来野亭之中畅谈才感觉神清气爽。诗人仰慕汉代梁鸿这样的隐士，崇尚一种超脱于物质和名利之上的、精神世界非常充盈的生活。《谢李仲宾墨竹》通过描写画家画竹过程赞美其高洁的人格精神：

> 君不见，李侯笔端如渭川，顷刻匹纸生琅玕。
> 霜柯雪干铁石色，忽作小山烟雨寒。
> 问君何从得此本，湖州嫌浓眉州软。
> 风轩月槛一相逢，妙处不与人意远。
> 人言学画先学影，此君风骨青云并。
> 林深有路鸟声真，日高无人山气静。
> 平生见此我不疏，逢侯得画两有余。
> 从今洗眼空山底，更读人间潇洒书。②

　　这首诗描写了李仲宾画竹的高明技法以及画中之竹的高情逸态，并赞美了画家清俊的风骨。开篇诗人以渭川比喻李仲宾洋洋洒洒的画笔，挥洒间顷刻竹生纸上。以"霜柯雪干"表现墨竹的清逸姿态，这也是画家人格精神的象征。诗人叙述李仲宾寻找所画之竹的过程，刻意寻求难以觅得，机缘巧合自然而然相遇于风轩月槛，烘托了人与竹合一的自由境界。诗中也突

---

① 〔元〕戴表元：《剡源戴先生文集》卷二十八，《四部丛刊》本。
② 〔元〕戴表元：《剡源戴先生文集》卷二十八，《四部丛刊》本。

出了墨竹和画家的"风骨","此君风骨青云并"一句中"此君"一语双关,既指李仲宾,也指李仲宾所画之竹。诗人在欣赏墨竹的过程中心灵受到了陶冶,能够不以世俗为累,不受名利羁绊,赏景读书,品味洒脱自如的人生。戴表元与世外高人往来酬唱的诗歌也体现出清逸遒劲的特色,如《赠天台潘山人》:

> 老潘双眸如绀珠,带以秋阳朝露之清腴。
> 山形水态出没千百变,经君指顾不得藏锱铢。
> 我昔少年好狂走,风餐雨沐逐逐忘朝晡。
> 至今卧游想其处,但觉云涛烟瘴千里行须臾。
> 匡庐春风钟阜云,彭浪之矶大小飞来孤。
> 秦淮震泽洞庭野,峨眉缥缈南接五岭东苍梧。
> 归来把锄刬山下,有时一竿钓月贺家湖。
> 笼鹰枥马困羁束,每逢风鸣草惊动号呼。
> 闻君谈诊到骨髓,褰衣振迅恨不六翮生形躯。
> 寻牛卜龙古所有,君家祖孙三叶传青乌。
> 人言河流可移山可凿,秦皇汉武已类愚公愚。
> 相留徘徊山南山北一百里,胜处忽然开酒壶。
> 问渠刘伶一童一锸欲何用,且可从我日日醉倒黄公垆。①

这首诗中景物描写笔力雄健,有风起云涌之感。开篇描写了潘山人清腴的外貌,以"秋阳朝露"形容其双眸之清美。并摹写山人流连山水、与自然合一的生活状态。之后戴表元回忆自己年少时游历名山大川的经历,云涛明灭,烟雾迷蒙,庐山的春风、紫金山的云岚、彭浪矶的山峰以及太湖、洞庭、峨眉、五岭,天下美景在须臾之间涌入脑海,和潘山人指顾之间穷尽山形水态的状态极为相似。诗人笔下的风景开阔、遒劲,回忆年少时期壮游后,诗人笔锋一转,写自己隐居剡源的平淡而清逸的生活,山前把锄,月下垂钓,但心中依然有一股力量在涌动,潘山人相留山中饮酒,抒发落拓不平之气。

戴表元诗中描写的人物形象不仅限于与自己交往的当世文人高士,也有对与自己并无交集的受人敬仰的人士的描写,甚至赞美敢于与命运抗争的高洁不屈的女性形象,如《浴蚕沙溪水一首为陈烈妇作》:

---

① 〔元〕戴表元:《剡源戴先生文集》卷二十八,《四部丛刊》本。

浴蚕沙溪水,采桑玉山巅。丝成白棱棱,胶作烈妇弦。
烈妇何所言,弦中意缠绵。一说鸾影孤,二诉雏巢穿。
巢穿尚可葺,影孤恨终天。有食不自肥,众禽仰喉咽。
真宰悯其疲,劳役尽驰躐。及今雏长成,雏群亦蹁跹。
朝阳照岩林,枯槁生光妍。黄蘖谁谓苦,铁石谁谓坚。
请君屏俗耳,听我沙溪篇。①

　　这首诗在题目中概括介绍了陈烈妇的身世经历,从其表述中可见诗人欣赏陈烈妇两方面的品格:其一是贞洁自守抚养幼儿,体现了女性节操;其二是不仅徒守闺门贞行,而且能够在战乱年代扶困救危,知大节,有大丈夫气概。通过诗题可见戴表元欣赏陈烈妇贞洁而刚健有力的人格精神。诗歌的行文也从这两方面展开,开篇以比兴手法描写了陈烈妇谋生、养家的方法:养蚕、采桑,同时也以蚕丝的洁白象征陈烈妇的高洁。之后赞美其"有食不自肥"的义举,能够以一己之力帮助贫苦百姓在兵乱中度过难关,体现出弱小生命在关键时刻发挥出的巨大力量。

　　戴表元诗歌中很多作品具有清逸而遒劲的特色,"清而遒"的特色表现在人物的生活状态、精神气质和景物的清丽明秀之上,这是诗人的内心追求与精神力量在诗歌中的体现。

第二节　悲而旷

　　戴表元诗歌中部分作品有悲郁与旷达相结合的情绪特征,这一特征的形成与社会环境的影响和诗人主观追求及情绪状态都有密切关系。宋元易代之际,战乱频仍,不仅百姓流离失所,文人们也在纷飞的战火中辗转奔逃。目之所触,心之所感,无非悲凉二字,因而悲慨成为戴表元诗歌中很多作品的主旋律。但诗人在面对命运的坎坷波折时能够保持一种平和的心态,并以旷达的心境来对待人生中的磨难,因而他的一部分诗歌作品体现出悲慨而旷达的艺术特色。

---

① 〔元〕戴表元:《剡源戴先生文集》卷二十七,《四部丛刊》本。

在中国古代诗文理论中存在着明显的"以悲为美"的倾向,司马迁曾明确地提出"发愤著书"说,遭遇李陵之祸后,著述《史记》是他延续生命的最大动力。而且,他也从古人创作经历中找到了共鸣,认为《周易》《春秋》《离骚》《国语》《诗经》等创作成功都源于"此人皆意有所郁结,不得通其道也,故述往事,思来者"。史迁有感于此,在著述之中宣泄了自己怨怼的情绪,也获得了生命的力量,同时也使作品产生了巨大的感染力。人生中的一些挫折和压抑往往能成为文学创作的动力,钟嵘《诗品序》中列举的种种感荡心灵之事大都与悲戚相关:"嘉会寄诗以兴,离群托诗以怨。至于楚臣去境,汉妾辞宫。或骨横朔野,魂逐飞蓬。或负戈外戍,杀气雄边。塞客衣单,孀闺泪尽。或士有解佩出朝,一去忘反。女有扬蛾入宠,再盼倾国。"此处所描述的情境大多属于穷愁惨淡、哀伤无奈之类。人生中的困顿和悲伤在很多时候偏偏能成为文学创作的推动力。正如钟嵘在《诗品序》中所说:"非陈诗何以展其义?非长歌何以骋其情?"这种文学理论观点一直延续到后世,韩愈进一步指出:"夫和平之音淡薄,而愁思之声要妙;欢愉之辞难工,而穷苦之言易好也。"(《荆潭唱和诗序》)司空图《二十四诗品》中有"悲慨"一品,形象地表现了悲之美的震撼力:"大风卷水,林木为摧。适苦欲死,招憩不来。百岁如流,富贵冷灰。大道日丧,若为雄才。壮士拂剑,浩然弥哀。萧萧落叶,漏雨苍苔。"悲情有一种铺天盖地的力量,如暴风骤雨、惊涛骇浪给人带来的震撼,其中蕴含着深刻的思想。对时光流逝的悲叹,对大道衰颓的沉痛,对英雄失路的感伤……诸如此类的情怀一泄无余,故而能拨动读者心灵深处的琴弦,使人产生共鸣。陆游《澹斋居士诗序》云:"盖人之情,悲愤积于中而无言,始发为诗。不然,无诗矣。苏武、李陵、陶潜、谢灵运、杜甫、李白,激于不能自已,故其诗为百代法。"清代叶申芗《本事词·自序》中罗列了种种诗词创作的情绪,而后概括道:"斯皆悲离恨之有天,欲埋愁而无地。但留怨什,宜播吟坛。"人有时面临着无限的愁苦,空悲离恨之天,而无埋愁之地,只能把愁思诉诸笔端,以求倾倒胸中的愤懑。

人世间的凄伤不平之事会催生出一批优秀的文学艺术作品,而人们在欣赏作品时往往也注重体会作者的愁怀与怨情。如钟嵘《诗品》品评入品诗人的作品,大都在抒情上与"凄""怨"有关,上品中评古诗"意悲而远""多哀怨",李陵"文多凄怆,怨者之流",班婕妤"怨深文绮";中品评秦嘉、徐淑"文亦凄怨",刘琨、卢谌"善为凄戾之词""善叙丧乱,多感恨之词",郭泰机"孤怨宜恨",沈约"长于清怨";下品中评曹操"有悲凉之句",毛伯成"文多惆怅",

等等。曹旭认为《诗品》"代表了汉魏以来以悲为美的思想"①,可见钟嵘《诗品》是非常推崇悲情美的。不独《诗品》,刘勰《文心雕龙》也对凄美这一审美风格持欣赏的态度。如《隐秀》篇中说:"古诗之离别,乐府之长城,词怨旨深",并认为班婕妤《怨歌行》"常恐秋节至,凉飙夺炎热"是"意凄而词婉",感人至深。"怨""凄""深""婉"也是刘勰所崇尚的风格特色。不仅品赏诗歌如此,后人论词也常常以"凄"为美。如陈廷焯《白雨斋词话》中认为:"南唐中宗山花子云:'还与韶光共憔悴,不堪看。'沉之至,郁之至,凄然欲绝。"此处评李璟词因凄伤怨悱而产生的艺术感染力,其评价李煜和冯延巳的词作亦如此,"后主词思路凄婉""正中词极凄婉之致",此二位词人的作品因为被乱离之世的凄凉氛围所浸染而表现出不同寻常的"凄婉"韵致。

　　旷达也是中国古代文人非常崇尚的一种诗歌意境,同时也是人生境界,早在人们对《诗经》的欣赏中就体现出这一点。《左传·襄公二十九年》载:"吴公子札来聘……请观于周乐。……为之歌邶、鄘、卫,曰:美哉,渊乎!忧而不困者也。"吴公子对《邶风》《鄘风》《卫风》的评价是"忧而不困",也即忧伤而不困顿,能够跳出忧伤的氛围,达到洒脱旷达的境界。《庄子·天下》也有对这种境界的阐述:"独与天地精神往来,而不傲倪于万物,不谴是非,以与世俗处。"旷达之人与天地相融相通而不凌驾于万物之上,不以世俗的是非成败标准束缚自己的人生,这种人格精神表达在诗歌之中就形成旷达的境界。有旷达的人格精神之人也被称作"达人",关于"达人",葛洪认为:"顺通塞而一情,任性命而不滞者,达人也。"(《抱朴子·行品》)"达人"无论运势阻遏或者顺畅都是一样的心情,能把握住自己的人生而不被命运滞困,王勃《滕王阁序》亦云"所赖君子见机,达人知命","达人"能够顺应天命,不为世俗荣辱是非所束缚。旷达是人的一种精神品格,而文学创作与人的精神品格有密切关系,因而诗歌中有"旷达"这一非常具有感染力的风格特征,司空图《二十四诗品》"旷达"品形象地描写了诗歌中旷达的境界:

> 生者百岁,相去几何。欢乐苦短,忧愁实多。
> 何如尊酒,日往烟萝。花覆茅檐,疏雨相过。
> 倒酒既尽,杖藜行歌。孰不有古,南山峨峨。

　　人生短暂而多忧,不如饮酒消愁、幽居养性,游赏自然,司空图以"疏雨相过""杖藜行歌"形容旷达风格具有一种疏落闲散的特色。茅檐覆盖着鲜

---

　　①　曹旭:《诗品研究》,上海古籍出版社1998年版,第137页。

花给人以华丽喧嚣之感,疏雨滴落则平添了清冷的氛围,象征着在鲜花锦簇中亦能保持淡然的心态;壶已倾、酒饮尽会有落寞之情,但杖藜出行,且行且歌,完全摆脱了无酒的落寞,眼前展现出开阔的境界,体现了豁达乐观的情怀。有研究者分析"旷达"一品云:"就此品看,旷达主要是指人的一种生命意识、人生态度和人的胸襟格调,具体说,即人在面对人生诸多困境时,以旷放通达的胸襟态度超越之,转而进入一种审美化的人生,在对美的自由观赏中优游卒岁。以此精神入诗,即呈现旷达诗风。"①

"悲而旷"是戴表元诗歌的一个鲜明特色,戴表元在个性上也有旷达的一面,周汝砺评其:"至世之升沈晦显、倏忽变态之当其前,一视如飞霞飘风,归于乌有也。以故赵孟頫、黄文献诸公,一称先生为江南夫子,一乐道先生不辍。及郡国志乘所纪载,先生高标逸韵,如丹霄紫霞中人,不啻古所称田子方、鲁连之匹尔。先生于仕进既澹如,又不喜标揭为名高,遂令旷世后无知先生者。"(《剡源戴先生文集》卷首,民国七年孙锵校刻本)戴表元一些作品有浓郁的怀才不遇的感伤,以及时光流逝、人生短暂的慨叹,这些主题都是中国古代诗文中的传统题材。但戴氏并不仅仅抒发悲慨,而是能够在宣泄悲情的同时找到让自己豁然开朗的一条通路,虽然忧伤但不失旷达。戴表元这一类作品有很多,如《赋意未畅,复拾前韵之余者,作广坐隐辞》表现了对人生艰难的悲叹,但诗人并没有沉浸在悲凉之中无法摆脱,而是发现了"默坐养心"为人生带来的开阔境界与平静愉悦:

> 我作坐隐辞,客来问我坐隐方。
> 开门进客还复坐,为客历落言其详。
> 隐朝市,我不能冲尘冒暑走遑遑。
> 隐江湖,我不能披蓑戴笠操舟航。
> 隐山林,山林白昼行虎狼。
> 隐田里,田里赤立无资粮。
> 穷观六合内,投隐几无乡。
> 是以古来人,失路多猖狂。
> 或隐伶官侠客,或隐药肆僧房。
> 或为君平隐卖卜,或称陶朱隐行商。

---

① 张国庆:《〈二十四诗品〉诗歌美学》,《云南民族大学学报》(哲学社会科学版)2007年第4期,第133页。

虽能逃世网，于事未为良。

况我难携一身隐，二亲白发垂高堂。

神仙拔宅古亦有，无翼不得高飞飏。

不然少自屈，归去隐耕桑。

随佣竭作既无一夫力，买田筑室又乏千金装。

僮奴揶揄亲友弃，往往人厄非天殃。

悲来俯仰寻隐处，欲亲书册依杯觞。

引酒未一酌，狂风郁律冲肝肠。

读书未一卷，噫呜感慨泪浪浪。

酒能触人生愤激，书能览古知兴亡。

非徒不足充隐具，反缘二物来自伐。

覆杯掩卷且默坐，气定始觉如平常。

因思世上百千事，是非荣辱俱可忘。

杨朱墨翟悲泣两无益，伯夷叔齐浪死埋首阳。

不如随缘委运只块坐，冥心径往游黄唐。

不论辨，不忧弹射相摧伤。

不还往，不忧风露沾衣裳。

人生衣食分已定，登途役役空自忙。

不见啄木鸟，终朝一饱如不偿。

不见守著龟，穷年引息泥中藏。

目前伸屈君莫问，此鸟孰与龟年长。

坐谈自笑客亦叹，烟炉暗室生天光。[①]

"坐隐"一词出自《颜氏家训·杂艺》："围棋有手谈、坐隐之目，颇为雅戏。""坐隐"本指围棋，在这首诗中是隐居之意。戴表元在另一首同类题材的诗歌《坐隐辞》小序中说："'坐隐'字出颜黄门《家训》，而其义非也。余虽移家棠岙，居犹未定，每往城南寓舍。城中无所营，交游益疏，或至坚坐逾旬不出。遂取二字榜其室，而作《坐隐辞》以徼之。"（《剡源戴先生文集》卷二十八）南宋灭亡后，戴表元三十四岁携家归鄞，其在《剡源先生自序》中说："鄞居度亦不可久，遂买榆林之地而庐焉。"在剡源榆林居住之前，他曾在棠岙暂居，《坐隐辞》及《赋意未畅，复拾前韵之余者，作广坐隐辞》皆为这一时期生

---

① 〔元〕戴表元:《剡源戴先生文集》卷二十八，《四部丛刊》本。

活的写照。

　　这两首诗在主题上是有密切联系的,风格上也有共同之处,都描写了人生的悲凉,但诗的结尾都摆脱了悲凉的氛围,体现出旷达的心态。《坐隐辞》云:"高冈峻谷久亦变,青天白日昼夜行。茫茫胡为忧愁浪自苦,百年齿发谁得长坚强。不如掩关扫迹成坐隐,清斋永日一炉香。"(《剡源戴先生文集》卷二十八)世间万物皆难以久持,何况人生有如此多的忧愁无奈,诗人敢于直面现实的悲凉,但他最终找到了消解忧愁之法——坐隐,于清斋之中焚香静坐,远离尘世的烦恼,达到平和淡然的状态。"坐隐"是诗人在乱世之中全身避害的方法,也是能够给人带来豁达心境的一种修为。戴表元在《赋意未畅,复拾前韵之余者,作广坐隐辞》中为客人详说隐居种种情形,如隐于江湖山林大自然之中,隐于远离仕途的特殊行当,如伶官、侠客、僧人、卜者,隐于农耕,隐于修仙,隐于书,隐于酒,等等。诗人分析了种种隐居方式对自己的局限,字里行间流露出忧伤无奈的情绪,然而在诗的后半部分诗人找到了可以使心态平衡的方法,"覆杯掩卷且默坐,气定始觉如平常"。凝神安坐,平心静气,尘世中的荣辱是非皆忘。"随缘委运只块坐"是诗人在饱尝亡国之痛、流离之苦后自我疗伤的一种方式,并由此摆脱悲痛的笼罩,笑对访客,有一种坦然面对人生的达观心态,暗室也因此而生辉。

　　整首诗的情绪有一个逐渐转变的过程,开篇阐释了各种隐居方式,同时针对自己的实际情况对这些方式一一进行了否定,字里行间流露出悲凉的情绪。这种情绪的表达一直到"非徒不足充隐具,反缘二物来自伐"二句,诗人用较长的篇幅抒发了对人生的悲慨,但并没有沉湎于悲情之中不能自拔,而是在静默中体会到"人生衣食分已定,登途役役空自忙",因而心情豁然开朗,展现出达观的一面。《达观亭歌为建康徐氏作》也是这种风格的作品:"高亭一区尤绝尘,沧浪捧足芙蓉云。凭危醉歌敞花气,九衢尘土何纷纷。客来问名名达观,对此心情转萧散。想见千秋争战场,只把云霞眼中换。浮名绊人兹可怜,飞鸦落日钓窗前。何时真脱尘缨去,我自网鱼君刺船。"(《剡源戴先生文集》卷二十八)建康徐氏一亭名"达观",戴表元以此为由表达了对人生的感悟。登上亭台,凭栏醉歌,看到满眼尘土纷纷,此处"尘土"象征世上的污浊不平之事,体现了诗人对现实不满的愤懑、悲慨情绪。但得知此亭名为"达观"之后,诗人的心情便转而萧散淡然,想到浮名只不过是过眼云烟,不如摆脱尘世是非恩怨的束缚,自由自在地垂钓于江湖之间。《次韵答朱侯招游海山》也表现出悲慨之后的旷达情怀:

> 江南春草黄,江北秋雁飞。穷居念还往,故物悉已非。
> 我有青云交,山林可同归。十年学抚琴,对客辄累欷。
> 岂不愿和悦,调苦心易悲。青天无古今,白日相因依。
> 向来炎炎人,所得一何微。成者化埃尘,不成翻祸机。
> 玉美受雕镌,马良遭绊靮。所以旷达士,但贵知我希。
> 请休接舆歌,且急梁鸿噫。名微少士责,身闲免官讥。
> 宁无一日力,相寻尽崎岖。霜鱼碧玉脍,冰菊黄金晖。
> 君歌我执筑,我舞君搅衣。此日为君欢,醉游敞船扉。①

　　这是戴表元与友人唱和的一首诗,起调悲凉,山河变化,故物难寻,虽有知己,终难摆脱悲凉之意,因而抚琴也会"调苦心易悲"。诗人感慨人在天地之间显得何其渺小,在社会的复杂纷争之中,成功者也会最终化为尘土,失败者更会带来无尽的祸端。诗人以"美玉""良马"象征有才之士,而以"受雕镌""遭绊靮"比喻有才之士所遭遇的磨难和受到的束缚。才华不能换取功名利禄,反而会带来祸患,这是诗人产生深重悲忧的一个原因。但诗歌后半部分诗人感悟到虽然功名不可求,人世间还有知音可遇,"所以旷达士,但贵知我希"一句,笔锋一转,从旷达之士身上学到了人生智慧。认为古今旷达之士皆以难寻的知音为贵,因而放弃对功名的谋求,学习古代隐士风范,做一个闲散之人,享受轻松自在的人生,"名微少士责,身闲免官讥"鲜明地体现出诗人达观的情怀。诗的结尾描写了与知音相伴饮酒高歌、游赏美景的愉悦场景。《酬陈茂阳书监赴史氏塾教学》也是一首悲忧中蕴含了旷达之情的作品:

> 青天碎浮云,飘落随长风。当年江海心,聚散岂谓同。
> 我发春霰白,君颜秋树红。各将飞腾具,坐受穷困攻。
> 怀书更何罪,暴客岁不容。数夕稍振发,共语凉月中。
> 天明换颜色,囊舣赴群童。此事本下策,改道无所从。
> 犹胜古侠士,侩牛市墙东。②

　　友人陈茂阳赴史氏塾教学,戴表元以此诗相赠。诗中抒发了对自己和友人生活现状的悲叹,同时表达了对友人的安慰之意。二人的生活现状是无奈的,如浮云随风飘荡,不得自主,况且已界晚年,仍然饱受贫穷之苦,这

---

① 〔元〕戴表元:《剡源戴先生文集》卷二十七,《四部丛刊》本。
② 〔元〕戴表元:《剡源戴先生文集》卷二十七,《四部丛刊》本。

使诗人深刻地体会到了人生的困顿悲忧。但知己之间的相互勉励使彼此心境变得开朗，"数夕稍振发，共语凉月中"，经过月下畅谈，陈茂阳振奋了精神，"天明换颜色"一句表现出陈精神状态的改变，诗人又以古代隐士作比，使友人得到更大的安慰。"侩牛"意谓做买卖牛的中间人，典出《后汉书·逸民传·蓬萌》，云东汉王君公"遭乱独不去，侩牛自隐。时人谓之论曰：'避世墙东王君公。'"王君公于乱世之中隐居，不得已以"侩牛"糊口，相比之下以讲学为生要好过"侩牛"，因而也能感到些许的慰藉了。戴表元兵乱后隐居也主要以讲学授徒为生，深知其中的艰难之处，但诗人总能想到自我开解的方法，在困顿的生活中保持一种达观的心态。这种心态既能让自己获得积极的力量，也感染着与之生活状态相似的友人，他的诗歌体现出悲慨而旷达的艺术风貌。

戴表元不仅在与友人唱和的作品中感慨困顿现实的同时表达出旷达开朗的情绪，在写景状物的诗歌中依然有这种特色，如《兵后见三江口木芙蓉盛开》：

江上秋花无数生，红红白白照江明。
当年茂苑看曾厌，今日荒村望急惊。
泣雨羁臣愁去阙，歌风艳女惜倾城。
萧条欲别那拼得，移向东篱配菊英。①

宋末兵乱之后，江南大地经历战火摧残一片萧条，但秋江边木芙蓉依然艳丽地开放。诗人以"今日荒村望急惊""泣雨羁臣愁去阙"抒发目睹战后满目疮痍的三江口而产生的悲凉情绪。但诗人并没有沉浸在这种情绪之中不能自拔，看到明媚的秋芙蓉绽放在江边，心情转而开朗，有了移花院中的兴致。《斑溪》写斑溪秋色：

我爱斑溪斑，斑斑为谁好。于时九秋晚，霜叶红不扫。
石摇未归云，水映欲衰草。累累牛羊队，洒洒鱼龙道。
崇丘尚多菜，残村几经潦。故物一若斯，今我胡不老。
过从幸相狎，聊坐畅怀抱。②

深秋的斑溪有艳丽的红叶、飘荡的白云、明净的溪水以及成群的牛羊，

①　〔元〕戴表元：《剡源戴先生文集》卷三十，《四部丛刊》本。
②　〔元〕戴表元：《剡源戴先生文集》卷二十七，《四部丛刊》本。

这些景物体现了斑溪安静、美好的一面,但"衰草""残村"意象却流露出其经历战乱的痕迹,表现出诗人内心深处的悲凉。诗人接下来感慨物是人非、自己已然衰老,这更是悲伤情绪的直接抒发,但诗的结句却摆脱了忧伤,描写了斑溪给自己带来的愉悦与满足。诗人的情绪收放自如,使诗歌抒情并不单一化,情绪饱满而丰富。《山苕行》也是这样一首作品:

> 苕花如云色如雪,万垅千溪看不绝。
>
> 风吹日炙自鲜明,弃在空云谁爱悦。
>
> 遭逢偶入山人手,缚作蓬松扫尘帚。
>
> 鬈疏发落已萧然,时对西风一回首。
>
> 人间贵贱不须论,此物何如他物尊。
>
> 犹胜长抛霜露里,秋虫野燐愁枯根。①

　　这是一首咏物诗,洁白轻盈的山苕花开满原野溪边,无人赏识,偶然有山人将其捆做笤帚,洒扫庭除,日久衰残,似有不甘。诗人以山苕花的遭际象征怀才不遇之人,是对人生的一种悲叹。但这首诗所抒发的情感却不止于悲叹,山苕花虽然作为笤帚地位卑微,但毕竟为人所用,强于闲置在霜露中无人问津。因而诗人在悲慨之中流露了旷达的情绪,表明诗人对生活没有太高的要求,只要能发挥出自己弱小的力量即可。《山中》也抒发了在严峻的现实中随遇而安的情怀:"野水晴犹涨,春雷晚始鸣。地闲无堠逻,山远有蚕耕。身世通寒暑,交游半死生。方知一杯酒,真胜百年名。"(《剡源戴先生文集》卷二十九)诗人虽然描写生机勃勃的春光,但其中蕴含了对身世飘零及生活孤独落寞的悲慨,诗的结尾表现出诗人淡看名利、向往适意随性生活的思想。《九日在迩,索居无聊,取满城风雨近重阳为韵,赋七诗以自遣》是组诗,诗人抒发了在秋风萧瑟的重阳节的感慨,这七首诗在情绪特征上都有悲凉的起调,但皆能以旷达之情结尾,下面选取其中三首作一分析,先看《城字》:

> 忧患与寒暑,攻人如五兵。中年学养道,严于守坚城。
>
> 秋风不相贷,白发日夜生。白尽会须止,阅熟已不惊。②

　　人世的坎坷忧患与自然界的风霜寒暑如敌兵一样侵袭着人的身体,因

---

① 〔元〕戴表元:《剡源戴先生文集》卷二十八,《四部丛刊》本。

② 〔元〕戴表元:《剡源戴先生文集》卷二十七,《四部丛刊》本。

而诗人深知养生的重要性,但养生也不能阻止衰老的到来。秋风不会宽待人们,白发日夜不停地生长,这是人力无法改变的现实。但诗人能够坦然面对,头发尽白之后自然会停止变白的进程,而且见惯白发也并不惊异了。在这首诗中诗人抒发了人类共同的情感,即面对衰老的悲哀与无奈,但诗人所要表达的情感不仅仅是悲伤,还有面对现实的坦然,这是这首诗歌之所以感人的原因。《风字》也有"悲而旷"的特色:"秋风一以深,四野嘶严风。晨兴视庭树,今昨所不同。超腾谅无术,俯仰此世中。作诗欲何为,赠子以固穷。"(《剡源戴先生文集》卷二十七)秋风呼啸袭来,摧残着万物,想逃脱它的侵袭是无能为力的,只能在此世间周旋应对。诗人以秋风象征当时险恶的社会环境,表现了对生存面临压力的悲忧之情。但诗歌结句表达了写诗的本意,要与友朋以"君子固穷"共勉,跳出悲忧的束缚,以豁达的心胸和高洁的姿态生活在世上。再如《阳字》:"雁雁西北来,亦复东南翔。动物各有时,吾当谨行藏。厚堀违严风,密袂御凛霜。陶然茅檐下,一笑生春阳。"(《剡源戴先生文集》卷二十七)重阳秋意渐浓,北雁南翔,动物都知晓躲避秋寒,人亦应行动谨慎,修房加衣,以御风霜。这首诗中也渲染了秋的清冷悲凉,秋风或有象征意义,与国破家亡的社会现实相关,诗歌起调抑郁悲凉,但诗人最终找到了应付寒冷的办法,因而可以安然生活于茅檐之下,"一笑生春阳"。这组诗歌都在秋的背景之下倾诉了悲忧之情,但也表现出凌驾于悲忧之上的旷达情怀。

抒发悲忧之情的同时表现一种逾越悲忧的力量,即坦然面对、接受现实的勇气和在困顿的现实生活中找到心理平衡的能力,这主要是诗人旷达的人格风范的表现。旷达人格成为诗歌的精髓,因而诗人虽然在宋元易代之际经历了非常多的坎坷波折,感受到难以排遣的悲忧愤慨,诗中抒发了浓重的悲忧情绪,但诗歌的风格却不是一味的灰暗色调,而是在结尾能表达出诗人不被悲忧所压制和束缚的精神追求,体现出超越悲忧的旷达特色。

第三节　温而雅

与"清而遒""悲而旷"特色相并列,戴表元一部分诗歌作品具有温润典雅的特色,这些作品在选材上突出文人生活的清雅特色,在情感表达上也有温柔敦厚的特点,淡泊、平和、和缓纡徐。《论语·雍也》云:"质胜文则野,文胜质则史,文质彬彬,然后君子。"戴表元诗歌中有些作品也可以用"文质彬彬"来形容,内容高雅,情感温和含蓄。

　　"温"与"雅"也是中国古代诗论中比较重要的范畴,尤其是"雅",在历代诗论中都占有重要地位。"温"是温和、温柔之意,关于"温",《尚书·尧典》载:"帝曰:夔!命女典乐,教胄子:直而温,宽而栗,刚而无虐,简而无傲。"舜帝吩咐乐师夔以音乐教育子弟,培养其美好的品性,其中之一是"直而温",可见正直而温和是《尚书》所崇尚的人格特质。《礼记·经解》中也有:"孔子曰:'入其国,其教可知也。其为人也,温柔敦厚,诗教也。'"孔子认为国人"温柔敦厚"是《诗经》产生的教化作用。可见在先秦时期"温"主要指文学艺术对人的熏陶而产生的效果。到汉代,"温"才作为一种文学风格被提出,班固《汉书·扬雄传》载:"先是时,蜀有司马相如,作赋甚弘丽温雅,雄心壮之,每作赋,常拟之以为式。"班固以"温雅"评价司马相如大赋的风格,赞美司马相如典雅含蓄的特色。王符《潜夫论·务本》云:"诗赋者,所以颂善丑之德,泄哀乐之情也,故温雅以广文,兴喻以尽意。"认为诗赋所表达的内容决定了其应该具有温雅的特色。班固与王符都将"温"与"雅"并用,因其在风格特色上是比较相近的,"温"在汉代是文人们推崇的一种诗赋风格。

　　"雅"是古代文人非常重视的人格修养和诗文品评标准,"雅"有中正之义,《毛诗序》云:"雅者,正也。"扬雄《法言·吾子》曰:"中正则雅,多哇则郑。"认为中正是雅的特质。同时,雅有脱俗之意,刘熙载《艺概·文概》云:"气有清浊厚薄,格有高低雅俗。"对雅的追求表现了人们在繁重的现实生活中对精神愉悦和心灵自由的重视,雅体现着人们对更高层次生命精神的向往。在文学理论中也有鲜明的尚雅倾向,钟嵘《诗品》评曹植诗"情兼雅怨",刘勰《文心雕龙·体性》云:"典雅者,熔式经诰,方轨儒门者也。"可见钟嵘和刘勰都将典雅作为优秀文学作品的主要特质。司空图《二十四诗品》中"典雅"一品云:"玉壶买春,赏雨茅屋。坐中佳士,左右修竹。白云初晴,幽鸟相逐。眠琴绿荫,上有飞瀑。落花无言,人淡如菊,书之岁华,其曰可读。"这一品描写了优美的自然环境和清雅的人文景观,玉壶盛酒,载酒游春,在茅屋中赏雨,坐中皆高雅之士,左右的景物是雅致的修竹。人为雅士,景为清景,将典雅的氛围描述得生动形象。司空图又以白云、幽鸟、横琴、飞瀑、落花等突出了清静和淡雅的特点,他认为将这美好的情景表现出来,是非常值得玩味的。

　　戴表元诗歌雅正温润的特色与宋元时期文人的艺术追求也有密切联系,宋元文人崇尚典雅的诗文风格,朱熹曾评李白诗:"李太白诗不专是豪放,亦有雍容和缓底。如首篇'大雅久不作',多少和缓!"①朱熹从雍容和缓处着眼欣赏李白诗歌的妙趣。宋人不仅注重诗文风格的典雅特色,也崇尚与典雅诗文风格相关的温柔敦厚的人格风范。程颐评价程颢:"先生资禀既异,而充养有道。纯粹如精金,温润如良玉。宽而有制,和而不流。忠诚贯于金石,孝悌通于神明。视其色,其接物也如春阳之温;听其言,其入人也如时雨之润。"②程颐认为程颢为人温和宽容,如春阳之暖、春雨之润。范祖禹评价程颢人格魅力:"貌肃而气和,志定而言厉。望之可畏,即之可亲,叩之者无穷,从容以应之,其出愈新,真学者之师也。"③认为程颢恭谨谦和、渊博可亲,有学者之师的风度。宋人在文品与人品上皆推崇温润典雅的特质与风范。

　　元代文人也重视对典雅风格的阐释,胡炳文认为诗歌的功用:"盖平其心以排遣其凝滞,和其气以消释其鄙暴,攻温柔敦厚之教而触其易直子谅之天,是诗学者能之,歌咏之,嗟叹之,机动籁鸣,手舞足蹈,悠然跃然,有不知其所以然者,变化气质,涵养德性,思无邪之功居多。"④诗歌对人精神的影响力是巨大的,可以使人平心静气,消解鄙陋粗暴的心性,涵养品德,达到平和雅正的境界。元代危素评戴表元之友黄溍之文:"根本乎六艺而以羽翼圣道为先务,然其为体,布置谨严,援据精切,俯仰雍容,不大声色。譬之澄湖不波,一碧万顷,鼋鼍蛟龙,潜伏而不动,渊然之色,自不可犯。"(黄溍《日损斋笔记》附录危素《文献黄公神道碑》)认为黄溍文章严谨、典雅,平和雍容而蕴涵深远。戴表元与黄溍交好,宋濂《戴剡源先生文集序》记载了黄溍对戴表元的评价:"濂尝学文于黄文献公,公于宋季词章之士乐道之而弗已者,唯剡源先生为然。"黄溍文章风格雍容典雅,他所称道的戴表元也有与之相似的诗文风格。

　　戴表元诗文风格之温雅是得到很多同时代文人公认的,如袁桷《戴先生墓志铭》评其作品:"清深整雅,蓄而始发。间事摹画,而隅角不露。"袁桷认为戴表元诗文清新雅正、含蓄蕴藉。宋濂《戴剡源先生文集序》评其:"新而不刊,清而不露,如青峦出云,姿态横逸,而连翩弗断;如通川萦纡,十步九

---

①　〔宋〕朱熹:《朱子语类》卷一百四十,《四库全书》本。
②　〔宋〕程颐:《二程文集》卷十一,程颐《明道先生行状》,《四库全书》本。
③　〔宋〕范祖禹:《范太史集》卷三十七《明道先生哀辞》,《四库全书》本。
④　〔元〕胡炳文:《云峰集》卷三《程草庭学稿序》,《四库全书》本。

折,而无直泻怒奔之失。"①戴表元诗文清新而不雕琢、直露,如山之绵延、水之潆洄,情感表达含蓄雅正。翁方纲《石洲诗话》卷五选取了戴表元经典诗句:"戴帅初诗'寒起松鸣星,吟圆月上身';'老树背风深拓地,野云依海细分天';'乡山云淡龙移久,湖市春寒鹞下迟';皆佳句也。"翁方纲所选的诗句恰好体现出戴表元诗歌温雅的风格,诗中意象高雅,如松、云、海、鹞、星月等,体现出诗人超脱了世俗物欲的羁绊,寄情于大自然之中的高情逸趣,在情感表达上也有温润典雅的特色。戴表元诗歌中一部分作品在抒情上是温和而深沉的,并没有情绪非常激荡或者大起大落,而是内敛、含蓄,这是宋元文人非常推崇的典雅诗风。有研究者认为"雅"是"指其艺术成就很高,格调高雅,境界高远或蕴藉,体现了当时士大夫心态和趣味,语言也经过精心锤炼,没有一定的文化素养是很难解读的作品"②。温润雅正既是一种笃定淡泊的人格魅力的体现,也是诗歌通过意象、情感和语言表达出来的风格特色。

　　戴表元诗歌中温润典雅的特色在题材的选择上鲜明地体现出来,诗人许多作品以温和舒缓的笔触描写与友人交游时的高雅气氛,表现出文人尚雅的情趣,也表明诗人在人世的纷扰忧患中努力寻找解脱的方法,而会友、酬唱、赏景、吟诗等高雅的活动正是诗人摆脱痛苦和消解心中愤懑的渠道。温雅特色在诗歌体裁上也有集中的表现,主要体现在五言古诗和五、七言律诗之上。因为在体裁的表现上比较显而易见,下面主要从题材着手分析一下戴表元诗歌的温雅特色。

　　戴表元交游题材的诗歌非常丰富,而文人之间的交游活动是最能够体现他们在日常生活中的兴趣爱好以及审美倾向的。温柔敦厚、含蓄典雅是中国古代文人较普遍的一种审美追求,宋末元初文人对此又有更明显的关注,戴表元诗歌中一些作品鲜明地体现出"温而雅"的特色。他的作品中常常提及与友人聚会吟诗、作诗的情景,如《七月初五夜养正堂示诸友》:

> 客里犹多事,秋来又一旬。青天星斗净,白露稻粱新。
> 留落空存节,炎凉莫问人。儒堂得佳伴,吟讽动比邻。③

　　这首诗描写了与友人雅集赏景吟诗的高雅情怀,在清凉的秋夜,星斗满天,白露沾衣,稻粱新熟。虽然心中充满了对世态炎凉的感慨,但在这清爽

---

① 《剡源集》卷首,民国七年孙锵校刻本。
② 朱志荣:《中国文学艺术论》,山西教育出版社 2000 年版,第 69 页。
③ 〔元〕戴表元:《剡源戴先生文集》卷二十九,《四部丛刊》本。

的秋日里诗人还有雅兴与"佳伴"相聚"儒堂",吟咏诗歌,忘情之处,惊动了比邻。诗中描写了诗人与友人沉浸在赏景吟诗之中,注重精神愉悦的高雅生活状态。《次韵答寄阆风舒先生》描写了舒岳祥让人羡慕的生活状态:"闻说芝岩花,风情不减前。菊盘秋熟蟹,竹枕晚凉蝉。碑碣僧频谒,诗囊客自编。梅花紫溪路,一别又三年。"(《剡源戴先生文集》卷二十九)阆风先生舒岳祥与戴表元是亦师亦友的关系,两人之间有学问的传承和诗书的唱和。这首与阆风先生唱和的作品以纡徐温雅的笔调描写了舒岳祥日常生活的清雅,秋蟹盛以菊盘,蝉鸣枕上倾听,僧人、诗客常常往来,诗人选择了既富有生活气息又雅致脱俗的意象描写了一种文人所崇尚的生活方式。《阆风舒先生客居棠溪袁仲素家见示竹帘诗戏作》也表现了文人相会,诗文酬倡的高雅情趣:

> 何物非可邻,聿向翁户设。翁好诗更佳,萧然得三绝。
> 他家少年丛,徒尔歌舞热。正如阅优场,未久意先辍。
> 翁今一室老,高卧百念灭。汤炉松林风,纸帐梅花雪。
> 时时有佳客,文字送日月。①

　　这是一首与朋友阆风舒岳祥唱和的诗篇,舒岳祥客居友人家中,写了竹帘诗赠戴表元,戴表元便写了这首"戏作"。这首诗描写了友人淡泊平静的生活,结句"时时有佳客,文字送日月"体现出诗书自娱的洒脱和闲适。戴表元还有《送陈养晦谒阆风舒先生》四首,也描写了舒岳祥的高雅生活,表现了诗歌在文人生活中的重要地位,这里选其中两首:

> 无诗莫入阆风里,到却阆风那有诗。
> 拾取松风作新曲,归来时向梦中吹。
>
> 嚼雪餐冰二十年,空山日月自风烟。
> 从君识尽搜诗法,不透芝岩不是仙。②

　　这两首诗描写了阆风舒岳祥先生清逸超群的人格特色及其府上清丽雅致、超凡脱俗的环境,并强调了拜访阆风一定要携诗前往,而舒先生的居所松风、明月、空山处处充满诗意,"从君识尽搜诗法",表现出文人雅士之间以

---

① 〔元〕戴表元:《剡源戴先生文集》卷二十七,《四部丛刊》本。
② 〔元〕戴表元:《剡源戴先生文集》卷三十,《四部丛刊》本。

诗会友的愉悦之情。《久客鹿顶承张景山寄诗次韵奉答》："但得无拘束,身轻处处仙。清谈煨芋夜,陈梦种花年。水窦羊肠折,山篱鹿眼编。诗来正清绝,松下忽闻鹃。"(《剡源戴先生文集》卷二十九)诗人在与张景山的唱和中描写了自己所居之处古朴雅致的环境,自在、安然、无拘无束,夜晚煨着芋头与友人清谈,梦中呈现的是种花的场景。水道如弯曲的羊肠,篱笆编成鹿眼样花纹,在如此清新古雅的环境中常常诗兴大发,松下杜鹃鸟的鸣叫声更增添了诗情画意。诗中描写了在清幽的风景中会客、吟诗的高雅。戴表元还有许多作品都体现出诗书相伴的高雅情怀,如"看书亦渐懒,意到或成诗"(《老态》),表现出随意读书,信笔写诗的自在状态;"苜蓿穷诗味,芭蕉醉墨痕"(《闻应德茂先离裳溪有作》),描写了吟诗赏景如痴如醉;"荒斋竟日无人事,自作长歌寄好声"(《江海》),描摹了宁静时光以诗自娱的场景;"从今洗眼空山底,更读人间潇洒书"(《谢李仲宾墨竹》),洗去眼中俗物,体会读书的闲适畅快;"高高山顶寺,更有最高人。定起松鸣屋,吟圆月上身"(《寄雪窦同长老尝许画兰不至》),山寺之中,幽人修身养性,吟诗作画,自得其乐。

戴表元的送别诗也别有一番雅致韵味,忧伤的离情别绪并不是诗人主要想表达的感情,而是代之以对友人即将迎来的新的生活环境充满憧憬,如《送陈养晦教谕之象山》:

> 闻说横经处,潭潭坐翠微。开窗见日出,指席有云飞。
> 药市山山古,鱼餐水水肥。新篇应烂熳,休遣递筒稀。①

诗中描写了明净、清丽而又古朴的景色,诗人想象友人陈养晦生活在这种环境中应该诗性盎然,新篇佳作迭出,因而希望自己能够分享。《送穹上人还里》也是这样一首诗作:"但得扁舟便,春风处处行。定中三竺月,禅外五言城。海角雕胡饭,山畦玉版羹。清缘倘相就,谈笑解尘缨。"(《剡源戴先生文集》卷二十九)诗人送友人回归故里,与大多数送别诗写依依惜别之情不同,诗中描写了穹上人乘一叶扁舟在春风中踏上归程的轻松和惬意,以及灵隐三竺寺院的清静、修禅之外创作五言诗的淡然,美食有雕胡饭和竹笋羹,诗人向往有缘拜访穹上人,与之谈笑而忘记尘世烦恼。诗人以纡徐舒缓的笔调描写了想象中穹上人的水上行程以及回到故里之后的温馨场面,塑造了诗歌典雅而又充满温情的境界。《送程敬叔教谕赴建平》与此相似:

---

① 〔元〕戴表元:《剡源戴先生文集》卷二十九,《四部丛刊》本。

> 此邦固是吴楚会,风淳土朴衣冠稠。
> 亦闻岩谷多古迹,最喜道途稀使骊。
> 公堂讲罢看山坐,香篆茶铛相劝酬。
> 热官千骑岂不好,白日公庭愁督邮。
> 饮冰茹檗善自爱,岁晚相期钓沧州。①

诗人描写了吴楚故地建平的古朴风情以及想象程敬叔赴建平之后的清雅生活,认为教谕虽为清贫之官,但讲学之余有闲暇静坐看山、焚香品茶,这种高雅的生活是诗人所欣赏的。诗的结尾戴表元与友人相约晚年共同垂钓沧州,余韵悠长。戴表元诗中鲜明地体现出重视精神生活的丰富性,而并不在意物质上的清贫,他将炙手可热、权重位高的"热官"与教谕作对比,认为"热官"的生活难以脱俗,"白日公庭愁督邮",不能达到精神上的轻松和自在。戴表元自身长期担任学官,他对这一并无权势的清寒职位情有独钟,主要因为这一职业可以生活得比较高雅,讲学授徒,并无过多尘俗之事牵绊。《杜子问赴建康南轩祠长》也描写了这种场景:"一席清溪上,深衣雪鬓翁。挥犀谈孔氏,释菜礼宣公。"(《剡源戴先生文集》卷二十九)友人杜子问赴任建康南轩祠长,戴表元想象杜子问讲学时洒脱自如的情景,《褚叔豪赴山阴和靖祠长》也表现了对褚叔豪以讲学、读书为中心的生活的羡慕之情:"讲鼓惊云动,书船载月间。可无容席地,容我了跻攀。"(《剡源戴先生文集》卷二十九)诗人非常向往讲鼓雷动、书载满船的生活。

戴表元诗歌中对文人所居环境的描写也突出了高雅的情调,自然环境山明水润、风和日暖、鸟语花香,人为布置的环境则一般都有诗书画作为衬托,这种温馨、雅致、美好的环境可能是彼时彼地的真实写照,也表现了诗人对理想生活的追求。如《题陈秀才溪山佳趣》:

> 城郭寻寻尽,溪山宛宛来。同谁迁蜡屐,为子破苍苔。
> 书欲斓斑设,花须烂熳开。赵郎题墨妙,烟雾眼中开。②

诗中描写了陈秀才清雅的生活环境,城郭尽处溪山温婉,友人结伴来探访,"迁蜡屐""破苍苔"用典故含蓄地写出了寻访的过程。诗人以"蜡屐"表达了雅兴,典出刘义庆《世说新语·雅量》:"或有诣阮,见自吹火蜡屐,因叹曰:'未知一生当着几量屐!'神色闲畅。"阮孚亲自吹火使蜡融化并以蜡油涂

---

① 〔元〕戴表元:《剡源戴先生文集》卷二十八,《四部丛刊》本。
② 〔元〕戴表元:《剡源戴先生文集》卷二十九,《四部丛刊》本。

屐,神色悠闲舒畅,这一典故蕴含了对闲雅生活方式的追求。"破苍苔"也是化用前人用法,杜甫《醉时歌》有"石田茅屋荒苍苔",南宋叶绍翁《游园不值》有"应怜屐齿印苍苔",此处诗人以"破苍苔"表达拜访友人一路留下的足迹,侧面烘托了遍地绿茵的美好景致。诗人接下来描写了陈秀才的居所藏书丰富,鲜花烂漫,体现出高雅的生活情趣。戴表元在《渡长泖投小蒸邵教授宿》中描写自己访友的过程与此诗异曲同工:"清晓浮双桨,黄昏值一飧。风鸣长泖浪,云掩小蒸村。馋极知鲈美,惊还觉雁喧。同袍恩有爱,灯火细温存。"(《剡源戴先生文集》卷二十九)诗人行舟一日拜访友人邵教授,到了古朴清丽的小村庄,品尝美味的鲈鱼,听着大雁的鸣叫,知交相会,在灯火下回忆过往。诗中生动地描写了与老友见面的温馨场景,在访友中体现出诗人追求雅趣的情怀。《逢翁舜咨》也是这样一首作品:

> 相逢浑不觉,只似宛陵贫。袅袅花骄客,潇潇雨净春。
> 借书消茗困,索句写梅真。此去青云上,知君有几人。①

虽然与翁舜咨在清贫中相逢,但友情的真诚和对高情雅趣的追求是不受经济条件制约的,有春花春雨相伴,借读书来提神消遣,斟酌诗句描写梅花的美丽,诗人与友人相逢的场面温馨而高雅。再如《再招奕世》:"雷晚还多雨,山寒只似春。野榴开向客,篱笋长过人。一寸书看懒,三叉路走频。王郎肯来否,谈笑共南邻。"(《剡源戴先生文集》卷二十九)诗人想念友人王奕世,写此诗邀请,描写自己居处清雅的环境,寒山在雨中显露出春意,野外有石榴迎客,篱中竹笋已高过人头。诗人在如此宁静优美的环境中读书、游赏,因而招奕世前来与之共同清谈、读书、赏景。戴表元以与友人共享生活中的温情雅趣为乐事,他见到美好的景物常常写诗与友人分享,如《铜山寺口初见梅花书寄何则颜二首》(其二):"沙疏石瘦水涓涓,折得梅花费两年。更与何人说潇洒,香中行坐影中眠。"(《剡源戴先生文集》卷三十)疏沙、瘦石、清水与梅花组成一幅清雅的图画,诗人行坐在花香梅影之间,体会到大自然赠予的洒脱清雅的意境,便写在诗中寄与友人何则颜。

戴表元描写自然景物的诗歌除了上文所提到的"清而遒"的特色而外,有一部分作品也有"温而雅"的风格。诗人以舒缓的笔调娓娓道来,表现了对安闲生活和优雅景致的欣赏与眷恋,如《游西峰余儿时读书其旁》:

---

① 〔元〕戴表元:《剡源戴先生文集》卷二十九,《四部丛刊》本。

　　　　　山回水抱西峰寺，二十年前日日来。

　　　　　一出居然负丘壑，深藏还此远风尘。

　　　　　农樵识面逢多问，鱼鸟知心见不猜。

　　　　　家世剡人须住剡，相寻未厌百千回。①

　　诗中描写了儿时读书处西峰寺，抒发了背井离乡在世俗中漂泊流离的无奈和对亲近自然的高雅生活的渴望。诗人离开故乡西峰二十年复还，发现这里仍然是一处可以让自己躲避风尘的港湾，有农夫樵人温暖的问候，有鱼和鸟自在的陪伴，人在故土体会到的轻松和惬意溢于言表。《客游》则描写了诗人客居吴楚时见到的清雅景致："客游吴楚地，最好是秋天。三泖团脐蟹，双溪缩项鳊。桂林云顶寺，芦荡月中船。酒醒看飞雁，犹胜听杜鹃。"（《剡源戴先生文集》卷二十九）诗人在秋天客游吴楚，品尝到有地方特色的海鲜美食，欣赏着吴楚之地秋天的美景，自在悠闲，虽难以摆脱思乡之情，但这种生活也满足了诗人尚雅的情趣。《东离湖州七十里泊南浔佳聚落》也描写了清丽优雅的自然风光："画屋芦花净，红桥柳树深。鱼艘寒满港，橘市昼成林。"（《剡源戴先生文集》卷二十九）素净的芦花开在精美的画屋旁，碧绿的柳树掩映着红桥，诗人泊船之地是一个清雅去处。

　　戴表元诗歌在艺术风格上具有多样性，但总体概括而言有三种突出风格特征，即"清而遒""悲而旷""温而雅"，清逸中渗透着遒劲的力量，悲凉中流露出旷达的情怀，温润与高雅完美地结合在一起。因而戴表元的诗歌作品虽然产生于宋末元初社会大变动的时代，体现出诗人内心深处的尖锐矛盾和不平之气，但他在情感抒发和语言表达上都是有所节制的。正是因为对激烈的情感有所约束和节制，戴表元诗歌更加具有情感的张力，也产生了与众不同的艺术效果。

---

　　① 〔元〕戴表元：《剡源戴先生文集》卷三十，《四部丛刊》本。

第五章　戴表元的散文成就

　　戴表元现存散文 477 篇,他的散文成就是被当时和后代文人一致认可
的,袁桷《戴先生刻遗文疏》云:"剡源子少负奇志,晚成大名。漱六艺之菁
华,穷百氏之源委。如得温璞,以成连城之璧;若裒吉金,以合四悬之镛。世
方尊崇,老益平实。夫既人慕其学,是宜家有其书。"①对戴表元的人品、学识
都做了很高的评价。《元史·儒学传》则评之:"其文清深雅洁,化陈腐为神
奇,蓄而始发,间事摹画,而隅角不露,"并认为:"至元、大德间,东南以文章
大家名重一时者,唯表元而已。"②这些评价对戴表元的散文特色及其文学地
位进行了准确的概括。

　　明代宋濂《戴剡源先生文集序》云:"辞章至于宋季,其敝甚矣。公卿大
夫视应用为急,俳谐以为体,偶俪以为奇,靦然自负其名。……及览先生之
作,新而不刊,清而不露。如晴岚出云,姿态横逸,而连翩弗断;如通川萦迂,
十步九折,而无直泻怒奔之失。呜呼! 此非近于所谓豪杰之士耶!"又云:
"初,先生既擢第,悯宋季词章之陋,即濯然自异。久之,四方人士争相师法,
故至元、大德间,东南文章大家,皆归先生无异词。"③宋濂的评价强调了戴表
元文章在宋季浮躁文风中独树一帜,以其超然不群的艺术魅力赢得了四方
人士的景仰。清代王士禛分析历代文章:"唐末之文,吾喜杜牧、孙樵;宋南
渡之文,吾喜陆游、罗愿;元文,吾喜戴表元;明初之文,吾喜徐一夔;明季之

---

　　①　〔元〕袁桷:《清容居士集》卷四十,《四部丛刊》本。
　　②　〔明〕宋濂:《元史》卷一百九十,中华书局 1976 年版,第 4337 页。
　　③　《剡源集》卷首,民国七年孙锵校刻本。

文,吾喜嘉定娄坚、临川傅占衡、余姚黄宗羲。"(《古夫于亭杂录》卷五)王士禛将戴表元之文与其他朝代优秀作家的文章并举,并且在元代只选出戴表元一人,可见其对戴表元散文的认可程度。

第一节　戴表元散文的题材特色

　　戴表元散文题材丰富,其中既有对江南景物细致生动的描摹,也有对家国状况的真实记录,还有对文人个体生活状态的表现以及对文学思想的阐释。因而,可以说戴表元散文的题材来自于鲜活、广阔的社会生活,这一点矫正了当时大多数文人的弊端。卢文弨《剡源集跋》云:"余旧读苏伯修所辑《元文类》、刘钦谟所辑《中州文表》,略识元人所为文。古辞奥句,礌砢斑驳,大率取材于先秦两汉,其体裁则昌黎之《曹成王碑》、柳州之《晋问》,庶几近之。当宋之末年,其文多流于漫衍苶弱,啴缓骫骳而不振,若元阆静轩、王秋涧、姚牧庵、许圭塘诸人之文,差可矫其弊矣。然古于文者,不必皆古于辞也。如第以辞之古为古文,则又恐以形貌求之,而非精神命脉之所在。是乃赝古,非真古也。继得黄梨洲所录《剡源文钞》,则大好之。剡源者,奉化戴表元帅初也。其文和易而不流,谨严而不局,质直而不俚,华腴而不淫,此非从古于字句之末者也。"①卢文弨认为元人文章在题材上脱离现实生活,语言一味求古,缺乏形象生动之美,而戴表元散文则平易而不散漫,严谨而不局促,质朴而不俚俗,丰美而不淫艳,体现出丰盈充沛的文学关注现实人生的精神。

一、宋末元初文人生活题材

　　宋末元初文人生活在动荡的社会环境之中,不仅仕进之路受到严重阻碍,还要为躲避战乱而流离失所,身心交困。这一时期的文人虽然处于困顿的人生状态之中,但他们也表现出鲜明的个性和充盈丰富的精神生活,戴表元散文中一些作品有对当时文人生活的生动描摹。

　　许多文人在乱世中选择了隐居作为全身避祸的生活方式,虽然避世隐居的生活与文人修齐治平的思想背道而驰,但这也是在乱世中一种无奈的选择。戴表元的散文中也表达了对隐逸之士、出世高人的仰慕,如《崇胜寺

---

　　① 〔清〕卢文弨:《抱经堂文集》卷十四,《四部丛刊》本。

长生灯油局记》云:"迩来驱驰五十年,科名利禄,出入是非之关;兵革饥荒,呼吸存亡之歧。可谓沉酣餍饫,心欲休而迹不宁者数矣。乃始时时邂逅山林方外长往之流,虽不能为其学,见其逍遥自在,意不能无感动。"(《剡源戴先生文集》卷四)自己经历了世俗的纷争与波折之后,更加羡慕山林方外之士的洒脱人生。《送子仪上人北游序》也有:"故余穷居二纪以来,多喜与山林世外、若为浮屠氏之学者,相往还以为乐。"(《剡源戴先生文集》卷十四)诗人二十年来历尽磨难,因而喜与世外高人相往来,而自己也具有超凡脱俗的隐士风范。戴表元本人一生中大部分时间也过着隐居生活,周仪《重辑戴剡源先生文集序》云:"知先生者,惟赵孟频氏,以'江南夫子'归先生耳,他何能,尚可俾世流布也耶? 此先生甘心穷约,屡迁居止为避地计,而终不肯以文字猎名人间,其先生不得已之意乎?"①认为"江南夫子"戴表元甘心清贫,虽然为避乱屡次搬迁住所,但也没有因为生活困顿而以文学才能谋求功名。当时许多有才之士与戴表元境况相似,戴表元散文中有很多这一方面的描写,如《蕺隐记》记载儒者王廷吉隐居蕺山脚下的情形:

> 越之为州……而蕺山附州城之东偏,虽越人未尝有知而游者。问山之所以得名,盖昔者越王勾践常于此采蕺焉。既而王内史逸少居之,既而为戒珠寺,则越人虽有游者,而亦已忘其为蕺山久矣。有儒者王廷吉,家于其山之阳,而名读书之斋曰"蕺隐"。余闻而异之。又他日过之,则蕺山者,去其家尚半里。然郊原旷空,旁无蔽遮,自其家望之,适如承尘负扆。凡山中之云烟卉木,花鸟阴晴,寒暑昏旦,百物之变,揽之如屏帷之饰、几席之玩,是诚可以逃喧嚣、遗荣辱而隐焉。②

文中描写王廷吉隐居越州城东蕺山,在山之南半里之处安家,以"蕺隐"为书斋之名,鲜明地表现出他的避世思想。蕺山在越地声名不显,却是风景清丽、草木葱茏的隐居好去处。戴表元形象地描写了于半里之外王廷吉家中远望蕺山所见之景,山体恰如王家的屏风帷帐,而山中景物则好似屏帷的装饰和几席上的摆设,大自然融入了王廷吉的日常生活之中。戴表元接下来对王廷吉的身世做了介绍:"而廷吉于越州为故家清门。自其先文昌公以进士第一起家,子孙累叶,轻轩裳而重名节,薄田园而厚文墨。故如廷吉之年华器干,皆非可以无用于世,而方谦谦然慕为山人处士之事,宜乎数千

---

① 《剡源集》卷首,民国七年孙锵校刻本。
② 〔元〕戴表元:《剡源戴先生文集》卷四,《四部丛刊》本。

年之遗欢坠赏,日千万人过之而不顾者,一日闭门而能居有之也。呜呼乐哉!虽然,廷吉之乐,必有以养之也。夫隐之至者无名,而蕺山之为廷吉隐,亦将几为廷吉而显也。"(《蕺隐记》)王廷吉出身于书香门第,祖上曾考取进士,子孙累世有高雅的精神追求而看淡功名利禄和物质享受。因而廷吉虽有可以为世所用的才华却不汲汲于名利,而隐居山间,闭门修身,陶然自乐。戴表元认为王廷吉隐居蕺山乃大幸之事,隐者既体会到人生的自在,蕺山也将因之而名显。这篇散文描写了文人隐居山中与大自然同乐的和谐场景。

　　文人在乱世中选择隐居是为了避患与求得心安,然而这种目的也不是能够轻易实现的,只有达到了一定境界的文人才能在隐居中实现心灵的自由。《董可伯隐居记》中戴表元开篇便分析了通过隐居求得心安并非易事的原因:"世之为高者,多托隐于山林。山林之去人甚近,贫贱而居之,则累于身;富贵而居之,则累于名。是二者非所以安也。于是又有逃踪绝俗之士,求超然于事物之表以为安,而终不免于累者,心迹异焉故也。"(《剡源戴先生文集》卷四)戴表元认为为求高名而隐居山林者难免受到世俗的牵制,无论贫穷还是富有都会使身心受累。即使深藏行踪,表面超然物外,也会因为刻意逃离尘世而累心。总之作者认为文人刻意追求隐居反而会增加心灵的负担,而董可伯隐居则摆脱了刻意为之的束缚,因而更加随性、自然,使身心均得到休憩,文中对董可伯优雅的居处环境和闲逸生活状态进行了描写:

　　　　友人董可伯之居,在连山万竹冈之阳。余尝过而熟之,熟而知其说。盖其居之左右前后,一以竹为藩屏,傍寝规小轩,间植荷花,则名之曰"深静"。少东豁一亭,老梅交加,则名之曰"清白"。折而少西,筑凌虚之斋曰"点易"。折而益西,瞰潏山之池曰"蒙泉"。经营位置,闲远回僻,若无丝发与世事相接者。而可伯资性从容,言动详重,懒未尝废江湖交,宂不至忘客主礼。遇好风良时,幅巾野服,或班荆共酌,或临流杂咏,优游偃仰,有称情之安,而兼及物之乐。及乎觞休席散,庭静幕举,浮云在空,流水绕磴,或焚香凝伫,或展卷遐想,人间爱憎喜怒休戚之感,是非荣辱得丧之役,亦不能入也。持是而隐于山林,可谓心迹俱超,而身名无累矣。①

　　董可伯在居所四周营造了四个景点,"深静""清白""点易"及"蒙泉",植以翠竹、清荷、老梅,有斋凌空,有池辉映。这处居所可谓超然世外,不沾染

---

①　〔元〕戴表元:《剡源戴先生文集》卷四,《四部丛刊》本。

半点尘俗之气,但居所的主人董可伯却没有刻意回避与尘世的联系,有江湖交游,主客往还,饮酒赋诗,乐在其中。客散酒醒之后,也并不沉浸于人情世故之中而扰乱了心神,戴氏认为这是一种隐者应该具有的心态。

戴表元认为能够安然隐居的文人最重要的特点是清心寡欲,不为世俗社会的繁华生活、功名利禄所诱惑,以安居一隅、清静淡泊为乐事。《居清堂记》云:"自余归榆林,交游益离。有故人子单允涵来,辄密穷坐移日,客情萧然。时时取架上书,相与据炉隐几,席苴茭、薪炭廖,岸接蓠而哦之以为乐。"戴表元归隐榆林后与友人单允涵在简陋的环境中读书吟哦,深感萧散自然的生活乐趣,《居清堂记》中对此有形象的描写:

> 一日得东汉《仲长统传》,至欲卜居清旷之说,欣然会心。允涵曰:"若旷则吾不能,抑愿得清者居焉。其庶乎。"因归而名其庐曰"居清"之堂。盖允涵家世儒窭,自先君子以觚椠为资,积俸钱馈粟之入,稍归山中,增庸广室,问师里胥,已从而指目其后。故但有慕于清,以为衣食取给而不求丰余,起居取适而不至纵逸。浮沉以玩世,优游以毕齿,而不翅志愿足矣。①

单允涵有感于古人"卜居清旷"之说,命名自己的居所为"居清堂",允涵清儒之家,父辈皆发奋苦读而谋得官职俸禄,但并不眷恋仕途的繁华与享乐,有了一定生活物质积累之后归隐山中,开地建屋,远离世俗纷争。不追求经济上的富贵丰饶,只崇尚悠游自在、清静淡泊的生活。"清"作为这一家族的精神追求一直延续下来,允涵更是将其进行明确的标举。戴氏认为"清"的精髓在于超脱名利的束缚,心灵回归清灵与自在。《居清堂记》赞美了单允涵孜孜不倦地追求"清"的态度:"今吾允涵,居有图史之娱,出无简书之忧。闭门奉养,仰力于农圃;登山游眺,杂坐于渔牧。为之不止,将天机日深,世累日远,而犹惧不足于清,何耶? 天惟清,故能藏光景,神变化;海惟清,故能容蛟龙,兴宝藏。古之君子,至清如伯夷,方能与人无怨。"允涵日常起居与诗书相伴,衣食之资依托于农耕,闲暇时登高游赏,与渔夫樵者为友,如此超逸脱俗的生活方式尚且唯恐不足于清,因而要以"居清堂"为居所之名以明志。戴氏认为宇宙自然因"清"而成就其神奇的伟力,人的精神之"清"也能成就举世仰慕的人格力量,因而对于勤于修身的文人来讲,对"清"的追求是无止境的。

---

① 〔元〕戴表元:《剡源戴先生文集》卷二,《四部丛刊》本。

　　宋末元初文人隐居现象非常普遍,除了乱世纷争和改朝易代的影响之外,文人自身的经历和对生活的感悟也是一个重要因素,戴表元散文中也分析了文人隐居的内在原因。淡看功名利禄的文人大都经历了一个曲折复杂的心路历程,中国古代文人受儒家"修身、齐家、治国、平天下"的思想影响深刻,期望一生之中能够有所作为,同时荣华富贵的生活也能给人带来虚荣心的满足。能够放下进取之心而甘于平淡的隐居生活,一般都要经历价值取向的转变,如《水心云意楼记》描写胡天放隐居黄滩的情形:"淳安胡天放,尝为余言黄滩之美也,曰:黄滩南于淳安之治二十里所,背崇岭,面双溪,岩林涧壑之所萦盘,风烟鱼鸟之所凑泊。自曾大父岳阳公以上世居之。岳阳公既贵,而徙居邑之西塘。大父桐川公继贵,莫之有易也。然时时念念不忘黄滩焉。迨今西塘之庐且四世。当承平时,人情以宦游为乐。虽西塘阛阓中不得久处,而暇数数远顾黄滩乎?迩来名宦事息,邑虚于兵,庐烬于毁,吾将返吾初而隐焉。丁丑之春,既披荆伐翳,架楼十余楹于黄滩之上,取杜子美语,名之曰'水心云意',而子为我记之。"(《剡源戴先生文集》卷二)黄滩背山面水,风景优美,有岩林涧壑、风烟鱼鸟,天放先人曾居于此,后因显贵而搬迁。宋末兵患兴起,入仕之想亦受阻碍,胡天放于黄滩之上建屋居住,名其居曰"水心云意"。戴表元形象地分析了此名所蕴含的自己与胡天放的心路变化过程:

　　　　余闻而叹曰:嗟乎贤哉!胡君之归黄滩,信美矣,而何以有取于水与云乎?夫水无心,人之习于动者得之以为心;云无意,人之习于静者得之以为意。及乎渊停坎蓄,风起雨作,动者未尝不静,静者未尝无动,而二者卒不自知其然也。今吾与天放,以其蒍然之身,三十年行乎世故之江河,而生物之息,日夜更起而嘘之,陷深而莫辞,险数而不悟。故方其盛时,视人间之可歆艳爱悦者,莫如名第官爵,车马挥诃于门途,僮妓笑歌于馆榭,……此如水之方波,云之初族,虽欲不动而不可得矣。洎夫心疲意倦而当休也,则畎亩荣于禄食,徒步安于驱御。禽虫之歌吟,不俭于钟鼓之考击;丘原之陟降,不烦于箠楚之奔走。子朝出而游于黄滩,黄滩之渔者,将与子分矶而坐;黄滩之牧者,将与子同川而饮。暮归而休乎兹楼,黄滩之寸妍尺媚,将横纵自献于几席之下。如此暝云归山,冬潦返宅,虽欲不静,亦不可得也。①

----

① 〔元〕戴表元:《剡源戴先生文集》卷二,《四部丛刊》本。

　　戴氏认为胡天放居黄滩而以"水心云意"命名其住所,是因为"水"与"云"象征了胡天放行走江湖三十年的心理状态。在家道兴盛之时热衷于人间的功名与繁华,正如水波兴澜、风起云涌,内心的躁动无法平息。而一朝感受到追求功名带来的疲惫,便产生了对山野田园的好尚之情。徒步徘徊于田间,品味禽鸣虫吟,便觉胜于车马、钟鼓带来的享乐。胡天放在僻远静谧的黄滩建屋居住,白天与渔人牧者为友,傍晚登楼眺望,黄滩美景尽收眼底,此时心境好比宁静的晚云与冬水,自然而然摆脱了浮华与烦躁,安心处于静谧之中。大多文人对于仕与隐的选择都经历了一个复杂的过程,从热衷于进取,到经历仕途的波折与疲惫,最后心态平和地安居一隅,实现自我的心灵自由。

　　虽然宋末元初社会大变动之际选择隐居生活是文人中较普遍的一种现象,但也有一些文人在朝廷中谋得一席用武之地,可是他们即使身居要位也不留恋于显赫与繁华,反而向往着远离仕途的清闲自在的生活,戴表元散文中对这种现象也有记载与描绘。如《遗安堂记》中对于马德昌的描写:"辛卯之春,余遇阳马德昌于松江之上。于时浙西水,德昌以台僚衔命发粟赈饥。所至州县,吏负弩矢,郊迎前驱,候官箨涂,厮师秣骑。德昌巾褐坐治事,声烨烨甚。余深叹羡,以为大丈夫如用于世,固当如此矣。"(《剡源戴先生文集》卷二)马德昌作为朝中官员在饥荒之年代表朝廷向灾民发救济粮,所到之处受到民众热情拥戴。这应该是一种令人羡慕的生活状态,既实现了自身价值,又能上佐天子,下安黎民,但马德昌却有自己的苦衷:

　　　一日少闲,愀然谓余曰:"吾无乐于是。吾家故农夫,聚族滏阳,世世以耕田读书为乐,无肯去乡井者。至今大木十围,累累然马氏族葬处也。自吾先大夫尝遇一隐君子,教之曰:'子异日必不免仕。吾见世人仕者多贪,子能不贪而有以及物,即甚善。'先大夫异其不凡也。既而果不免一出,仕为州典签。寻弃归,享上寿,浮沉以终。先大夫性本廉,在官以事活千百人,亦如其所云。既归,筑一堂,用庞德公语,名之以'遗安',曰:'我不免于隐君子之言。若吾子孙,自当如我志也。'洎吾之身与吾昆弟,则皆不得如先大夫之言。孚家南来,驱驰霜露,冲冒暑潦,所乐能几何?孰与吾滏阳田里间,岁时豚酒相征逐,临流坐树,歌呼散步之为快哉?且先大夫遗吾以安,吾廉吾勤,吾慈吾俭,吾不敢惭吾先,庶几不辱先大夫之身。至于吾心,其何以安乎?"①

令人艳羡的仕宦生涯并不能给马德昌带来心情的愉悦,其先人世代居住滏阳以耕读为乐,自其先父出仕为官,清正廉洁,弃官归隐后筑"遗安堂"以激励后世子孙要淡泊守志,不慕容华。"遗安"一典出自《后汉书·逸民传》:"(庞公)因释耕于垄上,而妻子耘于前。表指而问曰:'先生苦居畎亩而不肯官禄,后世何以遗子孙乎?'庞公曰:'世人皆遗之以危,今独遗之以安;虽所遗不同,未为无所遗也。'"庞公以淡泊处世、不求功名的人生态度为子孙留下安然自足的生活空间,马德昌之父正是效法于此,希望子孙后代能够远离入仕带来的纷争与祸患,过上平静淡泊的日子。而马德昌及其兄弟皆踏入仕途,不能如先人所愿。马德昌深感仕途奔波之疲惫,渴望回归乡里,生活在淳朴而雅致的乡间。但身在仕途不能如愿,只能恭谨自守以求无愧于先人,仕宦生涯中确无一片净土使其真正心安。戴表元这篇散文细腻而深刻地反映了宋末元初一部分文人的心理特征,他们即便官运通达,也不愿将自己生命价值的实现寄托于此,而是追求真正属于自己的使心灵得到自由与陶冶的生活方式。

戴表元有些散文描写了当时文人高雅的情趣、开阔的心胸及良好的社会适应性,文人的才华、人品使其在出仕与隐居之间寻找到平衡点。文人隐逸与农人渔者有所不同,主要体现在对日常生活中的高情雅韵的追求之上,他们于青山绿水中弹琴赋诗,在同样的生活环境中,隐逸的文人能够营造优雅的氛围。《陶庄记》云:"古之言隐者,谓其材可以仕,而时不用,志不屑就,而去放于山林垄亩之间,然后己无所愧,而人有闻焉。故仲尼以礼乐称野人,而史官评大夫之材,曰'登高能赋'。苟使野人而无礼乐,登高而不能赋,徒庐栖谷饮,蛩蛩然氓耳,何隐为? 余尝与番阳吴熙载纵论此事,为之三叹。"(《剡源戴先生文集》卷四)高洁正直的文人的才华与胸怀使其可出仕为官,亦可隐居独善。不遇于世则隐居于山野田间,以礼法自守,登高赏景,吟诗作赋,展现出不俗的人生境界。若能逢时而出仕,则能尽其心力谨奉职守,并时时期待退隐之后的洒脱生活。《陶庄记》中生动地描写了番阳吴熙载无论隐居于陶庄还是出仕于官府都时时体现出对高雅情趣的追求:

既而熙载出其所居陶庄诸诗读之。盖陶庄者,在番阳西山下,涧泉潆潆,林樾蓊焉。自其初,不过庄之旁有业农而氏陶者,以为场圃。癸

---

① 〔元〕戴表元:《剡源戴先生文集》卷二,《四部丛刊》本。

卯冬,熙载由钱塘归,望而乐之,屋其坳窪,以为居游之墅。因而疏翦流之波以为池,莳秀蔚之丛以为苑,而横一楼以操琴,其额曰"清音"。楼之北为室,藏书册砚笔壶筋之属,曰"集雅"。中为堂,深沉旷廓,曰"燕超"。燕超之西为斋,陈三代以来石碑铜器,洎古今法书名画,曰"玩古"。东为轩临泉,曰"观鱼"。北陵虚为二亭,曰"看云""御风"。门之南为径,曰"五柳",桥曰"双桧",而总其墅名曰"陶庄"。熙载既为其名与其诗,番阳又多故家遗儒,人人皆能诗,日相饮集唱酬以为欢,由是陶庄日闻于人。而熙载方盛年强仕,以词章器业行名当途,凡四迁而来通守吾州。陶庄虽佳,不得安而居也。嗟夫! 若熙载者,岂非余所谓其材可以仕、可以隐,而内无愧于己、外可闻于人也乎哉?①

戴表元对吴熙载在陶庄的居所进行了详细描写,其屋室筑于洼奓之处,借自然之势建造池苑,书斋、琴房、画室、观景亭都有清雅的命名,吴熙载悠然自乐生活于其间,与友人饮酒雅集、酬唱赋诗,陶庄因而名声益显。后来吴熙载在盛年出仕,不得在陶庄静谧、雅致的环境中安度时光。但他能在仕途中展现自己的才华,正如《陶庄记》中所云:"熙载志虽不屑,而方用于时者也。熙载驱驰四方,北居庸,南昆仑,东溟渤,西岷峨,风霜道路之危,若犹未厌。"吴熙载虽无心谋求高官厚禄,却有机遇步入仕途,身负使命奔走四方,不以为苦。但其内心深处依然向往陶庄隐居的生活,因而戴表元为之设想未来的生活:"俟他日功成名就,洁身来归,问园池花木固无恙,徐与番阳诸老,或过客如余辈,婆娑笑咏,以偿陶庄隐居之乐,尚未晚也。"待仕宦生涯结束,吴熙载依然可以回归陶庄,与友人在花木丛中谈笑歌吟,共享隐居之乐。

戴表元散文中也有对当时文人不合俗流、孤高傲世的性格的描写,有些文人即使身在仕途也不会为谋求自身的利益而阿谀逢迎,表现出与官场的处世之道相乖离的特点,但这正是文人敢于抵抗世俗、保全自己人格的勇气的体现,如《困学斋记》中所描写的鲜于伯几:

> 丁亥之春,余识渔阳鲜于伯几于杭。方是时,伯几以材选为三司史掾,意气雄豪。每晨出,则载笔椟,与其长廷争是非,一语不合,辄飘飘然欲置章绶去,渔猎山泽间而后为快。轩骑所过,父老环聚指目曰:"此我鲜于公也。"及日晏归,焚香弄翰,取数十百年古鼎彝器,陈诸阶除,搜抉断文废款,若明日急有所须而为之者。门无褒宾,至则相对吟讽松竹

_____

① 〔元〕戴表元:《剡源戴先生文集》卷四,《四部丛刊》本。

之间。或命觞径醉,醉极作放歌怪字,亦有足悦。余虽龌龊,骤见伯几如此,真以为世外奇崛不凡人也。①

"困学斋"是元代大书法家鲜于枢在杭州的居所,这段文字形象地描写了官至三司史掾的鲜于枢的人格特色,他敢于蔑视权贵,淡看功名利禄,以把玩文章、古董为乐事,常常在家中与个性相投的友人吟诗、写字、饮酒,松竹掩映,怡然自得。戴氏因而佩服其奇崛不俗的人格精神。

戴表元散文中也有赞美当时文人至善至美的品德的作品,虽然身处不如意的社会环境之中,但有些文人依然没有局限于困顿的世情中无暇他顾,而保有君子成人之美的素质,如《敷山记》中描写的将敷山慷慨赠予姚子敬的曹君:

> 庚寅之冬,遇吴兴姚子敬于杭,子敬倾然为予道敷山之事。敷山者,西于吴兴十有余里。……子敬之邻有曹君者,始售而有之,既克有之,则以予子敬。初子敬欲窥一区之地以居久矣,而不敢望如敷山之美也。曹君曰:"敷山之美,我幸有之,子贫而贤,我以成子。"子敬曰:"我诚不敢望敷山之美也,而不敢不成曹君之义。且吾亲年高,他日倘幸以为寿藏,而筑室读书于其侧,耕渔以给口,藏修以养体,咏歌以舒志,洋洋乎曹君之赐,吾事毕矣。"吾闻之惊喜。夫子敬之所以得于曹君,与曹君之所以知子敬,视古人何远哉。②

吴兴姚子敬意欲觅一处久居之地,邻人曹君便将自己买得的敷山赠予子敬,相赠的缘由非常单纯,是因为子敬"贫而贤"。子敬有年迈高堂,敷山是奉养双亲的佳地,子敬设想在高堂天年之后安葬于此,自己则在其侧读书以养心,渔耕以自给。由于曹君的善举,子敬后半生得以安顿,曹君能够完全超脱于世俗的利益之外而成全一位贫寒而贤能的书生,而子敬也能领会曹君赠山的义举而淡泊自守,二人可谓精神上能产生共鸣的知己。

宋末元初的社会现实虽然给文人的生活带来困顿,但文人们并没有因此而放弃对美好事物的追求,隐居者以营造高雅的隐居环境为乐,入仕者以清廉自守自勉,能够以一己之力助人者也不吝惜自己的财物以成人之美。

文人之间的雅集交流也是当时文人向往美好人生的一种表现,戴表元散文中也有描写文人雅集场景的作品,如《杨氏池塘燕集诗序》描写文人三

---

① 〔元〕戴表元:《剡源戴先生文集》卷二,《四部丛刊》本。
② 〔元〕戴表元:《剡源戴先生文集》卷五,《四部丛刊》本。

月三日在杭州周密府上聚会宴饮的情形,"公谨以三月三日将修兰亭故事,合居游之士凡十有四人,共燕于曲水"。当时参加宴会的文人有戴表元、仇远、白珽、屠约、张槚、孙晋、曹良史、朱菜等八人,邀约的十四人中有六人缺席,众人在近于池塘的曲水边宴饮,主人周密安排,待客十分周到:

> 公谨大出所蓄古器物享客为好,或膝琴而弦,或手矢而壶,或目图与书,而口歌以呼。醉醒庄谐,骈哗竞狎,各不知人世之有盛衰今古,而穷达壮老之历乎其身也。酒半,有作而叹曰:"兹游乐哉! 其有思乎? 抑亦知夫兹游之所起乎? 盖夫兹游者,兰亭之变;兰亭者,郑《国风》'溱洧'之变也。郑之'溱洧',在当时小人知惭之;而晋之兰亭,在后世君子以为善也。虽然,人生感哀乐之情,犹天时之不能废寒暑。其发之有节,而导之有故。苟使变而不失其正,则岁时游乐,以尽人事之适。岂惟君子,虽先王张弛之道,其孰能废之。方晋之未迁,故都之氓,处五方之中,而习累世之盛。男袿女袪,春游而祓焉,固其闾阎委巷之所通行也。晋之既迁,名士大夫,侨居而露宿,愁苦而嗟咨,有愿为盛时故都之氓,不可得矣。故且'驾言出游,以写我忧',而何择于禊之有。吾观兰亭一时临流援笔之作,率嗫嚅喑黯,如长沮荷蓧,冥然而远怀。其能言者,不过达生捐累,如庄周翛翛然美死灰枯骼之适。若是者,谓之乐乎非耶? 今吾人之集于斯也,宜又不得视晋人而乐于晋人,何耶?"于是坐中之壮者茫然以思,长者愀然以悲,向之叹者欲幡然以辞。①

戴氏这篇散文描写了一次由周密倡导的文人雅集活动,对活动过程和参与者的心理变化都进行了细腻的描写,突出了宋末文人典型的心理特征。文人在心理变化层面上体现出三个阶段:开始时宾主尽情欢饮游乐,弹琴、读书、投壶、吟啸、鉴赏古玩器物,雅俗共赏,乐而忘忧。但这只是短暂的欢愉,酒至半酣,有人由此次雅集想到了东晋兰亭雅集,因而发出深刻的感慨,认为西晋时期被禊盛事男女华装盛服,尽情游赏,一派繁华景象。而晋世东迁之后,文人流离失所,忧愁苦闷,即使出游也只是泄忧之举。因而兰亭雅集亦非欢宴,《兰亭集》中的诗作则抒发了满怀的忧思与愁苦。联想到自身所处的时代状况,比之东晋尚且不如,表面的欢愉掩饰的是内心的苦闷。在这种慨叹的影响之下在座文人皆愀然悲伤,这是心理变化的第二个阶段。为了缓解气氛,有人便劝慰大家:"事适有所寄也。今日之事,知饮酒而已,

---

① 〔元〕戴表元:《剡源戴先生文集》卷十,《四部丛刊》本。

非所叹也。且我何用远知古人,盍各为辞以达其志。"于是在座文人摆脱了悲伤的氛围,纷纷写诗言志,这是心理变化的第三个阶段。可见在宋末元初那个特殊的时代,文人的心理状态是复杂而敏感的,即使在雅集欢聚这样的场景之下也难以掩饰自己的伤怀。

文人雅集大都围绕一个具有诗意的核心活动,游园、玩月、赏花、观水、登山等等都可以成为雅集发起的原因,游赏过程中一个重要的环节是写诗来抒发情怀,戴表元也因而写了多篇诗序,用以记载游览观赏的过程以及诗歌创作的情形。如《八月十六日张园玩月诗序》载:"大德戊戌岁八月十五夜,望舒掩其明,游者缺焉,乃以次夕合燕于'君子轩'之圃。圃主清河张模仲实,其族焴如晦、烈景忠,客剡源戴表元帅初、钱塘屠约存博、龙泉陈康祖无逸、会稽王润之德玉、戴锡祖禹、嘉兴顾文琛伯玉,侍游者仲实之子炬、燧、如晦之子奎、无逸之子绎曾。是夕也,云河豁舒,风露娟爽,客主诸人谈谑庄谐,啸歌起止,各尽其趣。"这篇散文记载了由于八月十五天阴不能尽情赏月而专门在第二天晚上举办的一次赏月雅集,主人清河张模在"君子轩"大宴宾客,有些文人携子前往,宾主品酒赏月,歌啸谈咏,弥补了八月十五夜阴雨无法赏月的遗憾。这说明当时文人非常珍惜人生中美好的事物,不忍错过可以带来心情愉悦和审美感受的任何一种自然景物,这也是他们在残酷的社会现实下所能得到的些许慰藉。《牡丹燕集诗序》记载了循王孙张功父之贤孙邀请宾客赏牡丹的场景:"大德戊戌春,功父诸孙之贤而文者国器甫复寻坠典,自天目山致名本牡丹百余归第中,以三月九日,大享客。瓶罍设张,屏筵绚辉,衣冠之华,诙谐之欢,咸曰'自多事以来所未易有是乐也,不可以无述'。"名花美酒和华美的宴席使文人们尽情享受春天的美好,因而感受到了乱离社会中难得的欢愉。无论曲水流觞还是赏月、观花,文人们通过雅集的方式来欣赏景物,增强了分享的美感,得到了精神上的相互交流与支持。

戴表元散文除了描写其他文人的生活状况之外,对自己个人衣食住行方面的小事也有生动的描写,如《充安阁记》描写了自己晚年的日常生活状态及心态:

> 剡源翁居不能二十楹,界其中之后,垂蔽之以为阁。冬舒其帘,夏达其牖,温凉晦明,则时阖辟之,以趋便焉。人皆不堪其隘且劳,而翁居之弥安。家无浃辰之储,兼金之值,而有书一车,悉取而陈诸阁之四旁,坐阅而卧讽之。左右纵横,充然无不满之处,因命之曰"充安"。……余行四方,而不知田畴稼穑之事。今始力而为之,而筋骸已疲,不可勉强。

顾吾居之左右前后,无非农者,而余安得偃然独辞其劳?呻吟伛偻,一年而知其候,二年而通其业,三年而寒暑燥湿欲与之俱化。每至释锄解笠之暇,入休乎充安,意挟一册而披之。见古之高人胜士,如鸱夷子皮、张子房之徒,辛苦兵革之中,晚暮脱乎不测之险,遗其千金相印,几无所适,欲如余之徜徉乡井,栖伏原圃,翛然为无名布衣而不可得也。①

戴表元晚年在自家居室旁依势建了"充安阁",此阁空间狭小,但戴氏在此读书养性,感受到心灵的充实和安然。戴氏解释充安含义为"君子以道充为富,身安为贵",这也体现出阁主的精神追求。文中描写了戴表元晚年的经济状况,虽然家中没有余粮和存钱,但"有书一车"足以使其安享晚年。作者也描写了自己晚年的谋生之道,早年行走四方无暇顾及稼穑之事,晚年隐居故里与农人为邻,便力行田畸耕种之事,虽然辛苦,但逐渐掌握了耕种要领,聊以谋生养家。农事之暇,便入充安阁休息、读书,戴氏很享受这样一种生活状态。他以范蠡、张良晚年漂泊流离的生活与自己做对比,能够安居于乡井,对晚年的戴表元是一种莫大的安慰,"而余于是阁,心无远驰,业不他慕,时勤而作,遇倦而息。欠伸偃仰,以舒吾体;周旋涉历,以散吾目"。"充安阁"虽然狭小,却是能够让戴氏俯仰自如的舒适之地,使他身得以寄、心得以安。在《质野堂记》中戴表元描写了其晚年建造"质野堂"的情形:"剡源先生幼而嚣居,长而浪游,老而羁栖。独常常以为异时倘得余闲,营一区之宅于山林间,则将名之曰'质野',以遂吾志。自为斯言,憧憧然往来于心者五十年而不能成也。"戴表元一生在宋末元初社会大变动的现实中辗转漂泊,晚年回归故里,实现了他一个深藏心中五十年的心愿,建造了"质野堂":

乃大德丙午之孟冬,归自上饶,于是筋骸倦衰,世念益薄。而眼前子息各以长大,平生婚嫁,渐就清简。发橐中装,舟车薪米、傭赁杂费之余,尚留三千缗,以为陆贾分金则不给,以为萧何买田则难多。且专议兴筑,伐材于近冈,聚土于后麓,役工以券而使之自食,烦邻于暇而量予之直。不三月,质野堂成。以次充安阁、岿嶪亭、缩轩、雪镜诸役,仍旧名而增新构,前后左右,凡一百三十六楹。溪山面势,烟云情貌,无不欣合;桑蔬径术,禾麦行伍,无不周密。②

戴氏写自己大德十年自信州归剡源,深感人生奔波之疲累,儿女婚嫁完

① 〔元〕戴表元:《剡源戴先生文集》卷三,《四部丛刊》本。
② 〔元〕戴表元:《剡源戴先生文集》卷二,《四部丛刊》本。

毕,家中稍有盈余,便计划营造新居。经过周详的安排,伐木聚土,雇佣役工,烦劳邻人,历经三月"质野堂"方建成,与其他亭轩台阁相映成趣。四周景色清幽,种植了桑蔬禾麦,充满浓郁的生活气息。这篇散文详细地描写了建屋过程和建成之后的满足和愉悦之感,作者感慨:"以余之区区,持衰穷之身,托于山川,群于草木虫鱼羽毛之属,以为居游,顾五十年欲成一质野堂不能得。而今也晚暮,幸得成之,而得自名之。"戴表元在乱离社会中浮沉一世,晚年终于得以完成建造"质野堂"的心愿,这也是其坎坷人生中的一种慰藉。《芷屋记》在描写乡友范云仲之居"芷屋"同时,戴表元还表达了自己的一个设想:"余近所居山麓,旁多闲壤,颇欲规数十百弓之地为一药畦,聚众芳而环莳之。四时攀玩葩条,搜摘根实,以遗老寄穷于其间。"不仅种植禾麦桑蔬,戴氏也想开辟药畦种植药材,既可观赏又能实用,这说明戴表元对现实生活中的点滴小事也很关注,表现了其既超脱于功名之外又生活于世俗之中的特点。

戴表元散文中描写宋末元初文人生活题材的作品具有很重要的现实意义,他揭示了那一时期大部分文人的生活特色及心理状态,描写了文人在社会极度动荡的情况之下对人生的寄托和理想的追求,向世人展示了文人超逸的心灵境界、丰富的人生憧憬和对美好事物的敏锐感受。

二、文化教育题材

戴表元散文中很多作品涉及文化教育领域,其《奉川驿记》云:"夫纪当世贤大夫之功行,而推考其里俗、山川、风土之盛衰兴废,此儒者之职也。"认为儒者应记录自己所居之地的风俗特点、山川特色、风土盛衰兴废的状况,并且记载士大夫在兴建必要设施、造福百姓上的功绩。文化教育方面的发展就是戴表元重点关注并记录的一项内容,这主要表现在对书院及寺庙观庵的描写上。戴氏关注人民的思想教化,而书院及寺庙观庵是具有强大的教化功能的场所,其兴废与教化的兴衰、民风的正邪有着直接的联系。

戴表元非常重视书院的兴建,他的散文中有许多作品描写了书院兴建的经过,并大力赞美主持兴建书院的官员。如《仁寿殿记》《奉化州学兴筑记》《和靖书院记》《美化书院记》《稼轩书院兴造记》《银峰义塾记》《洛阳独乐书堂记》及《临池亭记》,等等。

戴氏对家乡奉化的教育状况尤为关注,《仁寿殿记》和《奉化州学兴筑记》两篇散文记载了家乡县学和州学的兴建过程,可见作者对学校教育在家乡发展方面所起作用的重视。元世祖忽必烈至元二十九年壬辰岁(1292),

奉化县学仁寿殿建成，戴表元代庆元路同知总管府事阮麟翁写了《仁寿殿记》，记载了仁寿殿修建的过程，赞美了这一造福子孙的业绩："今又因斯民休养之余力，不烦尺符寸筮，而斯宫鼎成，以彰尊君报本之意，麟翁安敢不发扬而褒侈之乎？若夫作为一代声歌，以追继风雅，使天子仁声令闻，无疆无极，则学馆诸生必有美其事者，麟翁愿窃有俟焉。"（《剡源戴先生文集》卷一）奉化县学仁寿殿在官府的支持下兴建成功，庆元路同知总管府事阮麟翁欲写文记载此事，戴表元凭借其人品学识得以代阮侯写成《仁寿殿记》，这篇文章也表达了戴氏自己对县学兴建的欣喜与感激之情。但县学建成不到十年便因失修而破败不堪，在这段时间中奉化已从县升级为州，有贤能的官员主持兴办州学，戴表元在元大德五年（1301）冬写成的《奉化州学兴筑记》，记载了奉化从县到州、学校从废到兴的始末。奉化作为县的时候，学校因为战乱而荒废，丁济当县尹时重新修葺。县后来升为州，不到十年，学校已然废弃，因而就有废后兴建的大任需要完成：

> 县既升为州，相距不十年，而垣簿不修，卫防旷空，荆芜被之，蹊隧生焉。某郡王公某来为守，恺然叹曰："兹非吾职乎？"即与同僚议兴之。计其役赋板栽，均丈仞，章逢乐输，胥徒欢从，不累旬百堵齐立。于是增绘象，施蔽帷，鼓箧之堂，嵩呼之殿，风雩之亭，童衿之舍，缺完仆兴，罅补隙塞。闾游有禁，观眺有节，偃憩有适，瞻展有敬。重扃穹屏，修衢清浸，于于相仍，云行星辉。噫乎美哉！州之耆老，遂相与燕乐，而谋勒文以颂公之贤、著公之惠。①

十年间学校再度荒弃后，某郡王公来奉化州为太守，即与同僚共议兴校大计，计算资金花费与建筑用材，计划安排款项及人工，儒者乐于捐款，服徭役的百姓也情愿出力，因而学校很快得以建成。校内有举办开学仪式击鼓开箧之堂，祝颂帝王嵩呼万岁之殿，浴沂风雩、鼓瑟咏歌之亭及学生读书之舍。各处亭堂殿舍分工明晰，学校的设置非常完备，奉化耆老感恩某郡王公的功德，因而商议写文记录其贤德，于是戴表元"因为摭实记载如右，而并缀所闻见一二，以励吾党，亦务谨重修饬，以称官府见厚之意云"。学校不只是一县一州之根本，更能代表一个国家的前途，从办学兴废，便可检测一个国家的现状，预知一个国家的未来吉凶。

书院的兴建往往体现出深厚的历史传承，古圣先贤的影响在学校教育

---

① 〔元〕戴表元：《剡源戴先生文集》卷一，《四部丛刊》本。

中明显地体现出来。《和靖书院记》叙述会稽五云乡和靖书院建成始末。
"和靖"之名源于南宋和靖先生尹焞(1071—1142)。尹焞,洛人,字彦明,一
字德充,靖康初召至京师,不欲留,赐号和靖处士。绍兴四年授左宣教郎,充
崇政殿说书,八年权礼部侍郎,兼侍讲。正如戴表元在文中所说:"艰关俫载
而南,盖晚年遂寓居越,死又葬越,越人慕而祠之也宜。"尹焞为避国难来到
南方,百年之后葬于会稽五云乡石帆里。元成宗元贞二年丙申(1296)冬,部
使者曹南完颜公贞来越地考察,有人去拜见他并提出建议:"越虽山州,而多
儒先故实,属时兴文,郡国有名贤者,许即祠建塾。……有如肃公生依死葬
于越,乃祠而不塾,非缺欤?前使者河南狄公,尝草创筹度,不果就,惟公图
之。"和靖先生尹肃公之祠是可以依凭建塾的重要地点,于是曹南公吩咐学
官准备建塾事宜,经过层层上报,终于得以批准。书院选址在肃公墓附近,
文中描写周围风光:"冈溪萦环,墟聚绵密,越之名碛,秦皇酒甓、射的玉笥、
阳明洞天之属,一一在目,咸曰'蔚乎佳哉'。"此处山峦秀丽,溪流环绕,周围
几处越地名胜更为此地增添了文化氛围,因而书院选址于此,并开始兴建:

> 乃以大德丁酉季春起工,讫明年戊戌仲秋,日才五百有奇。锄荒起
> 废,而成祭室讲堂、藏修之庐、庖湢之舍,凡为楹一百有六十。祭器昔所
> 无有,而新冶铜、陶土、劚竹木制之者,为事九十四通。塾之址及田土之
> 隶于塾者,为亩二伯。其役之速而民不病其劳,其费之巨而士不知所
> 出。塾成,扁之曰"和靖书院",而相与伐石,愿记其始末。余惟天下之
> 事,虽有皆知其尽善者,必人与时相值而始能成。①

元成宗大德元年丁酉(1297)春动工,第二年仲秋完工。书院设施完备,
适应学子读书修为、饮食起居方方面面的需求。这是一项顺应民心之举,因
而也得到百姓大力支持。作者认为这是一件尽善尽美之事,是人心之所向
与时机成熟的完美结合。戴氏对主持兴建书院的官员和士大夫也表达了赞
美之情:"迨至于今,始值曹南公以材御史高选,持节而来,实廉劲知大礼。
郡侯通议公,亦由闽部使者移守至郡,宽明有慈爱,官师偕乎,材良劝趋。于
是郡之贤士大夫,皆出而佐谋赞力。而终始经营办治者,郡学正王君庭槐,
是为北岳右丞公谋孙,皆非偶然之故也。君子嘉其事之成而为越人喜也,
曰:'是不可以无记。'是为记。若夫肃公言行出处本末之详,不特越人知之,
天下学者皆能言之,此不著。"(《和靖书院记》)因为有先贤尹肃公和靖先生

---

① 〔元〕戴表元:《剡源戴先生文集》卷一,《四部丛刊》本。

在此生活并安葬一事，便有了兴建和靖书院的历史底蕴，又因有曹南公、通议公、王庭槐这些贤能的官员主持相关事宜，有越地百姓的支持与参与，占地二百亩、房屋有一百六十楹、颇具规模的书院才得以建成。戴表元这篇散文既是和靖书院兴建过程的实录，也表现了作者对兴建书院在历史传承、文化发展与人民生活中重要性的认识。

　　缙云美化书院的兴建也有百年历史，戴表元《美化书院记》载："美化书院，以处之缙云美化乡得名旧矣。当江南初创时，宗正寺主簿陈公大猷以名大夫、太傅乔公行简以材宰相，相与极力鼓动绚饰，穷碑巨榜，隆栋宏址。美化虽在缙云穷山中，一日而名字闻于天下，脍炙于缙绅韦布之口。然书院立未百年，兵毁及之，悉化而为蒿莱烬砾。问其本末，则已无有道之者。"（《剡源戴先生文集》卷一）文中提到最初创办美化书院的两位名贤陈大猷和乔行简。陈大猷（1198—1250），字忠泰，宋绍定二年进士，曾任缙云县令，历官两浙都运使等职；乔行简（1156—1241），字寿朋，浙江东阳人，宋光宗绍熙年间进士，宋理宗时曾任参知政事、兼同知枢密院事等职。两位先贤极力倡导经营，在缙云山中修建了美化书院，日后书院逐渐闻名，为世人所知。但兴盛不到百年，遭遇兵灾被毁，美化书院也渐渐为人所遗忘。后来书院的命运终于有了转机："元贞二年秋九月，四明陈君天益始被绂绶，来为山长，于是事属平定。"元成宗元贞二年（1296），四明陈天益赴缙云任山长，便开始着手重建美化书院，文中载：

　　　　即易瓦补塞，修覧室漏，设素王之容，倡先贤祠，屹门阙，翼庙庑，秩豆笾。诸事既以略备，乃率先置养士田十五亩，继而儒者胡平仲乐助之又十五亩，继而询荒核耗，经理而得田，及诸儒所助，通一顷六十四亩。由是春秋之祭费取焉，朔望之膳具取焉，师长职员之稍给取焉。月有书，季有考，雍雍于于，云兴谷应。岩居之叟，途行之子，嗟呼叹诧，以为不图荒凉契阔矣，而复有歌舞雩、观矍相之圃之感也。惟讲书之堂，以役重未就。大德元年冬十二月，廉副使拜降公、佥事完颜公临其地，嘉前事之有绪，而欲雄其成也，以属邑主淮安翟侯。翟起望族，年方壮，有材识，尤致意学校事，人劝趋之。遂增台门，新宫垣，至明年十月而堂竟成。完颜实始，大书"美化书院"额，亦书其堂曰"美化堂"。……礼俗匝于寰区，王风荡乎无垠，而美化为之兆矣。①

----

　　① 〔元〕戴表元：《剡源戴先生文集》卷一，《四部丛刊》本。

这段文字从两方面描写了重建美化书院的相关情况,一是为官者的积极努力,山长陈天益率先担起重建大任,捐出养士田十五亩,并带动了其他儒者捐田,共计捐助一顷六十四亩,使书院初具规模,学子得以正常学习和生活。只有讲书堂因为需要资金太多而没有修缮。元成宗大德元年丁酉(1297),廉副使拜降公、金事完颜公来缙云任职,商议修建讲学之堂,并托付邑主翟侯办理具体事宜,第二年十月修建完工。历经两任官员的不懈努力,美化书院终于全部建成。二是记载了士人儒者对修建书院的鼎力支持以及百姓对书院建成的欢欣鼓舞之情。戴表元以此来表明书院兴建的艰辛以及百姓对书院重要作用的认可。书院是一方历史文化的延续,承载着未来发展的希望。《稼轩书院兴造记》记载了江西省广信府稼轩书院的兴建过程。辛弃疾与广信有很深的渊源,文章开头云:"广信为江闽二浙往来之交,异时中原贤士大夫南徙,多侨居焉。济南辛侯幼安居北关,地最盛,洪内翰所为记'稼轩'者也。当其时,广信衣冠文献之聚,既名闻四方,而徽国朱文公诸贤,实来稼轩,相从游甚厚。于是鹅湖东兴,象麓西起,学者隐然视是邦为洙泗阙里。"辛弃疾曾隐居江西广信,他的寓所四方闻名,鹅湖、象麓成为文人学者聚集之地,有孔子在洙泗之间聚徒讲学的风范,但不久之后稼轩居所荒废,后经三任官员主持营造终于建成稼轩书院,文中详细地记载了建造过程:

> 然稼轩之居,未久芜废,辛氏亦不能有之。辛未岁,太守会稽唐侯震,因豪民之讼阅籍,则其址为官地。明年秋,乃议创筑精舍,以居生徒。才成夫子燕居及道学儒先祠,而唐侯去。其冬番阳李侯雷初至,遂始竟堂寝斋庑门台诸役成,而扁其额曰"广信书院",甲戌岁春也。书院成之二十五年,是为大德二年戊戌,官改"广信书院"额还曰"稼轩",而栋宇颓敝已甚。又五年,北谯朱侯霁至,展谒见之,作而曰:"兹复谁诿乎?"即属山长新安赵君然明,极力经理。初书院之为"广信"也,计屋不啻二百楹,浮瓦铺缀,不支风雨。及是整顿完损,迄成坚厦。讲庐斋房,储仓膳庖,会朋之序,休客之次,通明之牖,备礼之器,于昔所有必补,凡今所无必具。[①]

稼轩居所荒芜,宋度宗咸淳七年(1271)太守唐震将其收为官地。第二年提议建筑精舍供儒生读书修习,但只建成其中一部分,唐震便离职了。李

---

① 〔元〕戴表元:《剡源戴先生文集》卷一,《四部丛刊》本。

雷接任书院的修建工程,宋度宗咸淳十年甲戌(1274),"广信书院"建成。元成宗大德二年(1298),书院建成二十五年后,改名为"稼轩书院",但此时书院建筑已破旧不堪。直到五年后朱霁来此任职委托山长赵然明进行维修和扩建,使各方面的设施都趋于完善,稼轩书院终于具有了比较大的规模。书院建造过程前后历时近三十年,且跨越了南宋灭亡、元代初立这个特殊的时间段,作者将书院兴建的艰辛委婉含蓄地表现了出来,并隐晦地表达了自己对南宋的怀念之情。《洛阳独乐书堂记》也追溯了独乐堂与司马光的历史渊源:"司马温文正公居洛阳,以道德文章功业为中原纯儒名臣。当升平之时,享谦静之福……而其独乐园者,丛然在诸豪贵间,几不可比。数人以公故,亦屡喜游之。窃计洛阳虽名区,去之百年,欲复求时遇其人,似不可再得。"司马光在北宋升平时期居于洛阳独乐园,独乐园虽然比不上洛阳豪贵园囿的豪华,但因为司马光的人品学识,使此处成为文人的乐游之地,这也表现了司马光巨大的影响力。洛阳独乐堂便是在独乐园的基础上兴建起来的,戴表元记述了这一过程:

> 夫一司马公,生而状貌无以逾人,虽为相,居位之日浅,被服清苦,无异穷书生,不知何以能得人之叹慕若是然耶?大德丙午岁,余遇卫君用于信州幕府。君用洛阳人,问其故,曰:"洛阳之事,则既然矣。抑独乐园,亦不得为司马物。吾图之百端,幸而仅有之。顾吾家自高曾大父以来,世世知读司马公之书,且知慕公之为人,今驱驰北南,发渐种种,洛阳之俗,犹为近朴。欲以其地为祠塾,仍榜曰'独乐',以存先贤之化。又他日更有余力,则买田赋粟,以供诸生之稍食,庶里中后生小子,可以共学。"于戏!兹非司马公之遗风休泽所以覃被其后人者乎?①

戴表元认为司马光在当时和后世对人们的影响完全在于其人格的高洁和学识的出众,而与其在朝廷中的高位无关。他做宰相的时间很短,而且为官清廉,家无余财,司马光正是以自己的中正廉洁和卓越才华赢得了世人的敬仰,而这也成为洛阳人卫君用兴建独乐堂的动力。书院的兴建不仅要借助先贤的影响和官员的担当,还要依靠贤能的文人雅士慷慨无私的付出。《银峰义塾记》赞美江西上饶银峰义塾修建者余文夫的功德:"银峰义塾者,饶德兴余文夫氏之所筑也。银峰,饶之胜处;余,望族;文夫,雅士。居望族,得胜处,不私以为游观憩舍,而藏书开馆,欲与同志好学者共之,诚哉其可以

---

① 〔元〕戴表元:《剡源戴先生文集》卷一,《四部丛刊》本。

谓之义矣。"(《剡源戴先生文集》卷一)余文夫以一己之力兴造银峰义塾,奉献出自己的藏书与同道者共享,这的确是一种义举。书院的兴建是一方文化发展的必要条件,也是社会风俗教化醇正的基础,戴表元散文中对书院的记载表现了他对社会文化道德的关注。

戴表元一生以修习讲授儒家经典为主,但他对佛道思想也表现出极大的热情,非常重视宗教文化,他与诸多山林方外之士往来,在交谈切磋中受到潜移默化的影响。戴氏《宝陀山所见记》云:"惟佛氏之道,非儒者所敢知。然其大归,主于慈悲救苦。"(《剡源戴先生文集》卷四)宗教在净化人们思想上起到了很大的作用,戴表元散文中对佛寺的兴建表现出极大的关注,如对家乡著名寺院法华寺兴建的记载,《法华寺兴造记》云:"奉化僧刹以名迹著称而人所慕游者,东岳林,西雪窦。二刹相望六十里,修溪隔之,峻岭矗立焉。或值霖潦冻雪,进不得达,而退无所休。自余为儿童时,闻患此久矣。后十年过之,则当二刹之中,日峰之西南,有法华接待者。建屋庐,储饘餐,以为行路之憩食。又二十年过之,则前钟后鱼,左巾右钵,崇殿修庑,层轩复院,骞高耸跃,峨峨然成一宝坊梵宇矣。"(《剡源戴先生文集》卷五)法华寺建成之前,奉化比较有名的寺院是岳林寺和雪窦寺,因二寺相距较远,交通不便,宋理宗淳祐五年乙巳岁(1245)在途中设立了一个为人提供饮食、供人休息的场所,这就成为法华寺前身。戴氏在文中对法华寺建成的经过做了清晰的记载:

> 讯其事,盖法华僧前后二师者实为之。前师曰妙森,后师曰文同。前师于时莅日,与其贤主人赵二卿者相善。二卿为之捐粮以补竭,资力以创施。久而迩孚远悦,输助恐后,遂卓其趾为唱法之堂,为炊爨之庑,为偃劳之室。既而二师图所以永久也,前师居治如故,而后师持函游,从江浙间富豪乞求赢余,归营子本,以贮田产,由是法华之举渐立。而前师病,垂殁力愈,求后师于卧榻侧,瞠目嘱以"吾二人握空拳为江湖竖津梁,不可中辍"意。后师答以"尽力当如言",即瞑而逝,宋咸淳辛未岁七月五日也。数经始之年,当淳祐乙巳,至此二十五寒暑矣。后师嗣为之,益增田拓址,裒材展工,又凡二十五年。然后缁流居游出纳之所,像设妥侑起止之位,法屋拱卫装饰之序,大小靡不完备,与奉化诸大刹等。伏腊朝晡百需之费,亦不假求外而给。于是略可如志。而后师又病,又力愈,以艰难继绍事宜,嘱其嗣若珣辈而逝。其语如前师加苦,元贞乙

未秋七月十八日也。①

　　法华寺由一个接待路人、行者的场所发展成一座寺院主要依靠前师妙森和后师文同的努力经营，妙森与贤德仁者赵二卿交好，二卿为之捐款捐粮，逐步扩大建筑规模及影响力，久而久之捐助者愈众，陆续修建了一些必要的设施。前、后二师为寺院能够久存竭尽心力，前师负责主持寺院事务，后师则赴江浙一带化缘筹备扩建寺院所需资金。在二师齐心协力苦心经营之下，法华寺初具规模，但此时前师病危，临终将继续建寺的重任托付给后师。宋度宗咸淳七年辛未岁（1271）七月五日，法华寺初建二十五年后，前师去世。后师继承前师衣钵，又经过二十五年勤苦力行，法华寺终能与奉化诸名寺相媲美，寺中一应费用也完全能够自给，此时已到了元成宗元贞乙未岁（1295），后师于七月十八日去世，临终前将法华寺相关事宜托付给衣钵承袭者若珣。法华寺的兴建历时五十余年，前后二师为之殚精竭虑，用尽毕生精力使之得以完善。戴氏赞赏二师的功德："余惟一法华之有无，在宇宙间不为损益，而其道之所由兴废，可以为世之劝诫。方是地之未为法华接待也，人见其荒榛野草，固不知有今日之盛。虽二师往来鞮呻霜露中时，亦何敢以为必济。谋同而劳肯分，志广而众不疑，故能赤手而成之。然又必须五十年之相继，事始不废。"法华寺作为寺庙来讲并不在天地之间占有重要位置，但前后二师修建寺院、弘扬佛法的过程却给人们带来很大的激励。二师之所以能够在荒郊野地之上建起法华寺，是因为二人能够摒弃私心为弘扬佛法同心协力、分工合作，他们弘法的信心与行动感召了众生，得到认可与援助，并且五十年坚持不懈，法华寺才得以建成。因而法华寺不仅仅是一座寺院，更是妙森、文同二师仁厚、笃定的人格精神的体现，也是佛法在众生中的影响力的反映。

　　佛寺的兴建在很大程度上依靠高僧大德个人的感召力，信州瑞龙威德寺的修建也是如此。《重建瑞龙威德寺记》载："有居贵溪之瑞龙山者，曰威德寺。相传天将雨，即有云气蒙蒙然吐其上。早岁，有司为坛墠，请辄应。由是以瑞龙名山，而寺额取神灵润泽之义。如所称。寺盖为民而设，非寻常崇土木、聚缁褐而已。然郡志于贵溪载威德寺，县志并载寺田五百五亩，而皆不详其所起。惟僧家以为，昔马祖禅师实始开筑。寺久且废，田归豪家，零祭之迹亦少，而瑞龙为空山矣。"（《剡源戴先生文集》卷六）信州瑞龙山威

---

① 〔元〕戴表元：《剡源戴先生文集》卷五，《四部丛刊》本。

德寺早年曾是祭祀场所，相传因祈求辄应而名瑞龙与威德，以显神灵的祥瑞、威严及厚德。在坛埠的基础上建成寺院，曾颇具规模，但因年久失修而荒废，寺田被豪贵占据，祭祀水旱之神的神坛损毁殆尽，威德寺兴盛的局面不复再现。威德寺最初的建立者是佛教界颇具盛名的马祖（709—788），即大寂禅师，俗姓马，名道一，后人尊称"马祖"，曾在江西弘扬禅学。但威德寺后因年久失修而荒废，千年之后终于得以重建，文章记载：

> 乃至元己丑岁，今天宁主僧妙薰，自铅山西林归。道途所经，目悟心动，会诏旨许所在兴葺废寺，有侵疆匿产者，诘其罪。于是夷荒发坚，鸠良役能，凡经营六年，门台廊庑，堂寝房帟，洎诸庄严像饰之制，靡不完丽。签锡往来，钟鱼朝昏，俨然与承平梵宇无异。此一瑞龙山也，以昔焉废之之易，而今焉复之之巫何居，是不系其人乎？①

元世祖忽必烈至元二十六年己丑（1289），天宁主僧妙薰途经废弃已久的威德寺，便有重建寺院之意，适逢朝廷诏令允许兴建荒废寺院，并收回被侵占的寺田，高僧妙薰得以发动各方力量重建寺院，历时六年威德寺得以修建完善，使经历战乱一度废弃的寺院重现承平之象。戴表元感慨高僧妙薰在寺院新建过程中所起的作用，认为寺院的兴衰除了与社会的安定和经济发展直接相关之外，与高僧大德个人的努力也有密切关系。弘扬佛法依托于佛寺，佛寺的兴建是佛法在人世间传播的基础，而佛法对百姓的生活状态与精神面貌有巨大的影响，《崇胜寺长生灯油局记》写佛教的影响力量：

> 迩来驱驰五十年，科名利禄，出入是非之关；兵革饥荒，呼吸存亡之歧。可谓沉酣餍饫，心欲休而迹不宁者数矣。乃始时时邂近山林方外长往之流，虽不能为其学，见其逍遥自在，意不能无感动。若其徒之所说，以佛氏之道，光明莹徹，传于诸老先师之润色而不可灭者为灯。发之以坚忍，滋之以精苦，散之以慧悟。其初甚微，其末甚炽，故有一灯万灯无尽灯之目。学者存而求之，无所穷其想像爱慕，则为之宫室焉，而束之于躬；为之仪像焉，而肃之于目；为之钟鼓焉，而震之于耳；为之梵呗焉，而严之于口；为之芬香焉，而荡之于鼻。诸事具矣，乃复为长明之灯焉，而洞之于心。情文周流，中外融朗，余然后知其徒之学于其师，所谓无生者初未尝无生，所谓灭者初未尝灭。②

---

① 〔元〕戴表元：《剡源戴先生文集》卷六，《四部丛刊》本。
② 〔元〕戴表元：《剡源戴先生文集》卷四，《四部丛刊》本。

戴表元回想自己五十年来虽辛苦经营却颠沛流离的生活,人世是非,兵灾动乱,使其心志不得安宁,但在与方外之士的交流中得到启迪与感悟,因而慕其清静与逍遥。佛教对人的精神世界有安抚和宽慰的作用,戴氏在这篇散文中以佛灯为例阐释了佛教照亮人的心灵的力量。佛灯在修佛者心目中有着重要地位,它是普度众生的佛法的象征,也预示了人心向善、追求光明的力量。它以坚忍发端,以精苦滋养,将慧悟散布天下,一灯燃千万灯,灯灯相传,照亮暗夜,光明不尽,因而《维摩诘经》中称之为"无尽灯"。修佛者为了让佛灯永存,修建佛堂、仪像,打造钟鼓,唱诵梵呗,身、目、耳、口全方位浸染其中,并燃长明灯以示佛法不灭。戴氏重视佛教在助人修心、引人向善方面的作用,因而对佛寺的兴建表现出高度关注。

戴表元散文中也有对道观的记载,杭州祐圣观是宋元时期颇具规模的道观,旧址曾为宋孝宗居住之地。《咸淳临安志》载,南宋末临安府有佛教寺院770余所,道教宫观67所,道观虽然在数量上远逊于佛寺,但祐圣观却是备受尊崇的皇家道观。《咸淳临安志》有对祐圣观的记载:"在兴礼坊内,孝宗皇帝旧邸,绍兴十六年以普安就外第时建,明年诞生光宗皇帝。乾道四年,宁宗皇帝又开甲观之祥。淳熙三年,诏改为道宫以奉真武。绍定间重建门曰佑圣之观,殿曰佑圣之殿。"(《咸淳临安志》卷十三)宋绍兴十六年(1146),孝宗为普安郡王时在此建宅第居住,孝宗登基前,在此居住三十年,绍兴十七年(1147),光宗赵惇在此出生。孝宗继位后,封赵惇为恭王,这里成为恭王府。乾道四年(1168),宁宗赵扩在恭王府出生。淳熙三年(1176),宅第改为道院,以供奉北极真武佑圣君。祐圣观在南宋因帝王的尊崇而盛极一时,但南宋灭亡后,祐圣观也随之逐渐萧条衰落。

戴表元《杭州祐圣观记》记述了祐圣观曲折、多磨难的发展历史:"祐圣观在杭州城东隅,宋淳熙三年丙申岁所创也。越再乙未,当皇元之元贞元年。今灵妙贞常崇教法师王君寿衍,被玺书之宠,来领观事。始至,睹营缮事剧,即勤励自克,完缺饰废。不期月,绩望大孚。乃从遗老搜问故实,而记载之详,泯然无闻。"祐圣观宋淳熙三年(1176)建成,到元成宗元贞元年(1295),近一百二十年的时间里发生了历史的沧桑巨变,灵妙贞常崇教法师王寿衍受朝廷任命来住持祐圣观,见寺院亟需修缮,便辛勤操持修缮事宜,很快便成效显著。但祐圣观兴建的历史却已鲜为人知,戴表元因而作此文,较详细地记载了祐圣观兴建的经过:

　　盖观之地旧有明远楼者,阜陵尝读书其间。后移为观,以崇奉祐圣香火,为百姓祈福。仍赐今额,以道士仇君安一主之。……庆元四年戊午,观始有产籍。既而端平元年甲午,有栖霞何氏一区之山林。淳祐三年癸卯,有钱塘界田原园麓二千余亩,俱以恩泽得之。然后化者有归,而食用无乏。嘉熙元年,丁酉夏,民庐火,观遂延毁,藉有司之力,期岁复旧。至元十七年庚辰冬复毁,惟门台及陆君宗补虚白斋存焉。于是陆君竭囊橐,躬奋锸,昼夜兴革。大人长者,闻声胥应。时则有若平章政事游公显、财赋副总管张公显,援助为多。荆榛瓦砾中,百础齐筑,工殚力疲。而法师适来,若素后绘,若耕终亩。凡陆之规,修廊崇殿,丛房复宇,冈弗周举。最后乃架方丈之室,丹青络连,簪裳游栖,薰修有憩,朝展有次,岁时朔望,群瞻辈趋。①

祐圣观旧址明远楼是宋孝宗读书的场所,后改为道观,道士仇安一为住持。宋宁宗庆元四年(1198)祐圣观始有产籍,宋理宗端平元年(1234)得到了栖霞何氏一片山林,宋理宗淳祐三年(1243)增添了两千余亩田园,经过四十五年的发展终于能够食用无乏。然而宋理宗嘉熙元年(1237)祐圣观附近民居失火殃及寺观,幸好一年之内得到修复。但在四十三年之后,元世祖至元十七年(1280)又一次毁于火灾,道观焚烧殆尽,只有门台及陆君宗补留存下来。陆君出资出力辛苦经营修葺,杭地贤人长者亦参与其中,一些贤明的官员如平章政事游显、财赋副总管张显等人也纷纷给予援助,在大火焚毁的废墟上重建寺观,殚精竭虑,在重建工程即将完工之际已经力不暇供。直至元成宗元贞元年(1295)王寿衍法师前来住持,对祐圣观的修复做了一个完美的收尾,将各项建筑修复完备,使道观成为一处"仙真之珍斋",成为百姓向往的修养身心之地。对于祐圣观的复兴戴氏感慨"余惟神道设教,所从来久矣。而是观韬藏俛仰于百有余年之间,名字若存若亡。主者自仇君后且十七易,及今始适遇其时而兴,又适得其人而盛,是殆非苟然者"。祐圣观有百余年兴废的历史,自仇安一起经历十七任住持,直至王寿衍将几度毁坏的寺观修复一新,这期间有许多人为寺观的发展尽心竭力,但元贞元年祐圣观"始适遇其时而兴,又适得其人而盛",发展到一个新的高峰,这也表明道教在元初有着非常大的影响力。从戴表元散文中有关书院和佛寺道观兴建题材的作品来看,元初以来统治者在文化教育的建设上还是做出了一些努力,因而经历战争摧毁的书院及寺院道观得到复兴,这在元代文化发展方面起

① 〔元〕戴表元:《剡源戴先生文集》卷六,《四部丛刊》本。

到了很大的作用。

　　戴表元散文不仅表现出对佛教和道教的关注，也记载了乐善好施的贤者自行建造的方便民用的设施，这也是文化建设的一部分，是仁者精神风范的体现，也表明除了官府的投入和高僧大德的主持之外，士人在修建公共设施、造福民众方面也有着重要的贡献。如《婺源羊斗岭施水庵记》载：

　　　　徽之山由闽出。其绵连东行，千委万折，将舒而为婺源也，五岭截焉。气雄形深，修峭阻陋，而其涂为三吴百越商旅之所必经。加以霾雾暑潦风雪之蒸薄蒙冒，前无停居，后无行群，则螫虫恶兽，异物隐见，骇惑不可睥睨，往来者胥以为病。有土人洪君觉震，当五岭之中曰羊斗岭者，躬刊筑之劳，创精庐若干楹，以休行人之艰惫。又烹汲茗饮，以沃其渴烦。既又惧功惠之不继，为捐稼田为亩者五，圃地为步者二千一百六十，使学道之徒守而居之。于是人之有役于婺源者，如无五岭之险焉。①

　　经风霜雨雪，翻山越岭长途跋涉，路途中并无休憩之地，还有螫虫恶兽时时侵害，行程艰难可想而知。本地人洪觉震有感于此，在五岭之中羊斗岭建屋以供行人休憩，并使人烹茶供给以解旅途烦渴。继而捐田圃，使修道之人于此居住守护，羊斗岭施水庵成为为途经旅人提供歇息茶饮的重要场所，经过婺源的商旅行人得以安然度过五岭。士人贤者在社会文明发展中也起着不可低估的作用，他们尽其所能救民于危困之中，戴表元认为："然若是者，世必有真儒能为之，顾诸君谈何容易。而洪君之事近在目睫，不可以不纪其始，使来者姑有考也。"江西婺源地貌多山，五岭横截，地势险恶，但又是商旅必经之路，能不吝惜自己的财物为百姓谋求方便，这体现出真儒精神，因而须详记其事，以遗后人。

　　戴表元散文中也有对文物的关注，《唐画西域图记》详细地描写了一卷唐画："《唐画西域图》一卷，卷凡四则，每则各先书其国号。风土不同，而同为羌种。画者又特举其概：每国画一王，而一二奴于后夹侍之。王皆藉皮坐于地，侍者皆立。"唐代古画《西域图》生动地描绘了西域羌人各国国王及侍者的形貌特色和衣着打扮，具有鲜明的异域色彩。戴氏在文中也表达了对异域文化的包容和多元化文化并存的崇尚：

　　　　河山以内，更群帝王之化，文华礼俗，日滋岁盛，遂与其地逾远，不相往来，谓之荒服之外。夫外之不耻，远之不怒，亦已可矣。幸各不失

　　────────────

　　①　〔元〕戴表元：《剡源戴先生文集》卷六，《四部丛刊》本。

其俗,亦已善矣。吾国名为有异于彼,何尝能百年不悖乱,而欲兼治辽绝荒忽、不可通车辙马迹之处乎?①

华夏之国在帝王教化之下形成礼仪之邦,遂与四方偏远之地夷狄之民不相往来。戴氏认为华夏与外族相安无事、各自保留自己的风俗传统即可,而不必以华夏居中的地位震慑于四方,而汉唐以来统治者所推行的开疆扩土政策是戴氏所反对的。对于这卷唐画的意义戴表元进一步阐释道:"然余见儒者谈职方,抱传纪,尤不信世外无穷极之辞,以为与幅员常数不合。姑幸兹图,出于唐人目睹手写。其国名因土音载之,不皆有义而当于实。其语疏,其事广,其居处服食嗜好,去人不远。可以补轶闻,资博识,有《𬨎轩方言》《尔雅》之余意。画复精绝,非后世可及。欣玩之不释,遂为采记仿佛,存诸箧衍,有好事者与之共焉。"戴表元认为儒者对中国版图的认识大都有所局限,不相信华夏四方之外还有无穷极的领地,这卷描绘西域人物风情的唐人古画则可以使儒者开阔眼界,认识到中国版图的辽阔与丰富,增长人的见闻和知识,有类似扬雄《𬨎轩使者绝代语释别国方言》及《尔雅》的功用。因而戴氏对此记之甚详,以留后世同道者共享。

戴表元散文中的文化教育题材作品表现了作者对社会文化发展和人们精神世界的关注,也反映了宋末元初社会动荡对文化发展的影响。南宋末年兵灾使人们流离失所,书院、佛寺道观的发展受到很大影响,并且一些建筑在动乱中受到破坏,在物质上也有很大损失。元初统治者着力进行了修复工作,戴氏对此做了较详细的记录。但戴表元没有忽视贤能的儒者和高僧大德在文化发展方面的贡献,认识到社会文化、教育的发展既要有安定的社会政治、经济环境和朝廷的重视,也需要贤人的无私付出和自身人格魅力的带动与影响。

三、江南景物题材

戴表元散文在题材上有鲜明的地方色彩,其中主要表现在对江南景物的描写上。作者虽然不是以专门的游记散文来描写风景,但穿插在反映文人生活状况的文章或者分散在诗文序中的景物描写也具有一定的审美价值。

他的很多作品描写了家乡奉化剡源的景物,剡源山清水秀,风景优美,《奉化县志》载:"奉化县西有水曰剡源,夹溪而出,其地近越之县,故名。"剡

① 〔元〕戴表元:《剡源戴先生文集》卷四,《四部丛刊》本。

源因水而得名,《长汀和渔歌序》中有对剡源风光生动的描写:

> 奉化之为州,其右连南明,跨沃洲,阴岩围盘,崇岭茧积。行人经
> 从,值天冻冥,非篝明挟群,不可以纵适。其左蓬莱瀚海,盲风骇浪,春
> 翻吐啮,昼夜变态,虽好游之客,亦不得安意而处。惟州之背腋,通途坦
> 郊,平达于北渡。不五十里而清溪贯之,纡徐萦回,水行者以舟程折计,
> 凡七十二汀。近州之汀稍长,谓之长汀。汀人多渔,每风休月净时,轻
> 篷小艇,往来如织。忽窈窕闻渔歌声,与鸣根相交,意像森悄,非复
> 人境。①

《长汀和渔歌》是奉化州判官吴熙载所作,戴表元为之作序,文中除形象
地描写了奉化地形、景物特点之外,也对吴熙载的政绩、为人以及诗歌创作
才华作了很高的评价。这篇诗序用大量的篇幅描写了奉化的自然景观,因
为这种自然景观是吴熙载《长汀和渔歌》产生的土壤。诗序开篇介绍了奉化
的地理位置,右面连接四明的南部,横跨沃洲,沃洲即浙江新昌县东。在地
形上山岭重叠,岩石磊磊,道路难行。左面临海,风疾浪险,气候多变,对游
人造成很大的威胁。但州中也有平坦的通途,清溪贯通,汀州星罗棋布,渔
船如织,渔歌悠扬,如若超然世外的仙境。作者将奉化的地理特色、风土人
情进行了简洁而形象的概括。《天寿报本寺记》也有对剡源美景的描绘:"奉
化剡源之山,起会稽,略天台,穿连山界岭石门南东行,累十百千折,然后达
于班溪。堂皇旷夷,扈卫偃伏。行道之人,皆以为宜栖禅林梵坊,而未有领
会之者。余近过其地,则风烟林莽间,朱碧翚焕,钟鱼有声。问其庐,曰天寿
报本也。"(《剡源戴先生文集》卷五)剡源之山绵亘千折,直到班溪,有平旷开
阔之地,也有怪石奇岩如侍卫般偃伏其侧。行人皆认为这样清幽的景色适
合修建佛寺,作者路过此地,见山林间隐现红墙绿瓦,有寺院钟声传出,方才
发现此地有一座寺院。剡源之山的地貌与风景适合佛寺的建筑,而佛寺也
为剡源之山增添了色彩与灵韵,二者相得益彰,共同成为剡源的一处美景。
《清茂轩记》中描写了剡源佳云山的主要特色:

> 剡源佳云山,与四明洞天相为犬牙。异时避世幽栖之士,盖多有
> 之。而故家荒芜,遗牒散落,余尝恨之久矣。独所谓大雷山者,尝为唐
> 贤谢遗尘所居,其名著于骚人墨客之赋咏,踪迹宜可考见。然剡源有两
> 大雷,东西相望百里,皆在万山之中,人迹罕到之处。余亦无从深核其

---

① 〔元〕戴表元:《剡源戴先生文集》卷九,《四部丛刊》本。

何以也。两大雷之下,皆有石门。铁壁平立,湍流贯之,因而谓之门。而在东之门,适去吾家不远。余既来为农,时时以贱事往来其间。门傍有龙祠,闲随父老祷谒水旱,颇爱其土狭而不枯,山穷而不悍,云泉蔽深,竹树蓊密。私以为谢公之居,庶其在此。①

佳云山毗邻四明山,是许多隐士幽栖之地,大雷山曾经是唐代贤者谢遗尘的隐居之地。关于谢遗尘,唐代陆龟蒙《四明山诗序》载:"谢遗尘者,有道之士也,尝隐于四明之南雷,一旦访余来,语不及世务。"唐代高逸脱俗的有道之士谢遗尘隐居之处为剡源佳云山增添了神秘色彩,而大雷山更成为作者最有兴致的一处景点。剡源的两座大雷山皆在深山之中,人迹罕至,作者亦无法核实其真实面貌。大雷山下皆有陡峭的石壁竖立如门状,湍急的溪流穿过石门,东石门在戴表元家附近,门旁有龙祠供人们祈祷风调雨顺。此处虽不宽阔而土地润泽、山岭灵秀,云泉藏于其间,竹树蓊蓊郁郁,作者认为此处应是谢遗尘隐居之地。唐代高人的遗迹使大雷山充满了浓郁的文化气息,不仅风景灵秀,而且高雅祥和。《广心堂记》中也有对剡源山水的描写:"鄞剡之交,有坞曰汇溪。其傍之山,层盘陡矗,悍急而无停坡。其水春冲激泻,纡绕不知几折,而始达于汇。独近乎儒者祥卿之居,则襟灵发舒,瞻眺展耸。"汇溪位于鄞县与剡源交汇之处,溪边山峰峻峭陡直,重峦叠嶂,水流湍急、倾泻而下,萦纡环绕而流至汇溪。作者既描写了山水非凡的气势,也突出了山的重叠繁复和水的纡绕萦环,将剡源的山水特色形象地描摹出来。儒者祥卿居所位于汇溪附近,灵秀山水与祥卿高情雅致完美融合,祥卿借此愉悦眼目、抒发情怀。戴氏也曾与祥卿交游赏景,体会到汇溪风景的文化蕴涵:

> 余试与祥卿登堂而饮,饮酣而歌,歌欢而游。望其东之诸峰,想像唐贤皮日休、陆龟蒙跻攀唱咏之迹,班班具在。至花台月榭,无复存者。其西之穹林窈洞,则汉刘晨夫妇、晋孙承公兄弟所从登仙避世之道,烟云蔽遮,不可物色。其南之荒关断栈,鼯啼鸟噪,固当江左王谢家衣冠丝竹之窟穴。而其北之阴岚海气,喷薄杳霭,犹庶几齐鲁间安期生、鸱夷子皮之徒,不死而浮游其处。②

戴表元与祥卿一起饮酒高歌,乘兴游赏,东边山峰有唐代隐逸诗人皮日

---

① 〔元〕戴表元:《剡源戴先生文集》卷三,《四部丛刊》本。
② 〔元〕戴表元:《剡源戴先生文集》卷二,《四部丛刊》本。

休、陆龟蒙登临唱和之遗迹；西面烟云笼罩的山林洞穴则是汉晋名士避世修仙之处；南面的荒关古道有高门士族王谢之家的遗迹；北面海气氤氲，有神仙安期生、隐者范蠡乘舟浮游之处。可见剡源汇溪不仅风景奇丽，而且有诸多古圣先贤的遗迹，这表明自古以来剡源就是贤者向往的佳地，因而来此修身养性，抛开世事的繁杂与污浊，寻求与心灵相契合的一份清静。

　　戴表元散文中也有对吴越之地风光的描写，如《甗隐记》载："越之为州，当东南水陆之冲。轻舟迅飞，劲骑急奔，可以朝荆吴，暮齐晋。……而江湖之士，有游观之好者，于山慕云门禹穴，于水夸鉴湖若耶，又往往多在荒墟僻岛、人烟散朗之处。"（《剡源戴先生文集》卷四）越地位于东南水陆交通的要冲，轻舟快马，乘风御奔，交通便捷。因而江湖之士来越地游赏者众。越地风景优美，山有云门山、禹穴，水有鉴湖、若耶溪，又有许多荒远的村落与偏僻的小岛，人烟稀少，风景虚静，是江湖之人游览的好去处。戴表元散文中也有对绍兴若耶溪的描写，若耶溪源头在若耶山，山下有一深潭，据说就是郦道元《水经注》中的"樵岘麻潭"。南朝诗人王籍有《入若耶溪》一诗："艅艎何泛泛，空水共悠悠。阴霞生远岫，阳景逐回流。蝉噪林逾静，鸟鸣山更幽。此地动归念，长年悲倦游。"诗人泛舟而行，天空与溪水一样轻悠自在。云霞从山谷中升起，阳光映照着流动的溪水。蝉鸣鸟语更加衬托出周围环境的宁静。若耶溪的清丽幽静陶冶了诗人淡泊的情志，因而有了归隐之念。戴表元《游云门若耶溪诗序》也描绘了与此诗相似的景色：

　　　　出稽山门东南三十里，得陶山，魁然一佳屿也。于是暮春，湍林昼鸣，散坐索索有凉气，夜分尤甚。卧者闻岩上虎声，诘朝问人，非虎也。出山尽东六七里，一溪清泓如带，车者云，即若耶溪。溪上有任公子钓台，敞恍无复人境，乃知唐诗人夸诩非虚语。彼王谢辈，怀章绂、携导从而游，直以不能遽尔舍去故耶！溪忽萦忽直，山乍昂乍伏，左右顾皆会人意。稍转，登明觉寺，诸胜一一在眼中。穿西望碧帏四悬，云门寺也。初游陶山小雨，至若耶尚阴暄，近云门，天宇始尽清朗，遂投元上人竹房饮酒。①

　　这篇诗序写于元世祖忽必烈至元三十一年（1294）三月十日，戴表元与友人游览若耶溪，同游的十四人皆作诗写景抒怀，诗成，戴表元作此篇诗序。这段文字描写了绍兴陶山和若耶溪风光，陶山有丛林湍流，山脚下六七里便

――――――――――――

　　① 〔元〕戴表元：《剡源戴先生文集》卷十，《四部丛刊》本。

是若耶溪,清溪如衣带飘曳,时而笔直时而萦曲,溪畔之山亦起伏错落,山水含情,如通人意。若耶溪上有著名的任公子钓台,庄子《外物》载:"任公子为大钩、巨缁,五十犗以为饵,蹲乎会稽,投竿东海,旦旦而钓,期年不得鱼。已而大鱼食之,牵巨钩,铭而没下,骛扬而奋鬐,白波如山,海水震荡,声侔鬼神,惮赫千里。任公子得若鱼,离而腊之,自制河以东,苍梧以北,莫不厌若鱼者。"任公子钓台这一处景点为若耶溪增添了奇幻色彩,因而作者在此处的感受是惝恍迷离,好似仙境。若耶溪边有明觉寺和云门寺,寺院更加衬托了若耶溪的幽静与不俗。《水心云意楼记》中也有对吴越山水的描写:"黄滩南于淳安之治二十里所,背崇岭,面双溪,岩林涧壑之所萦盘,风烟鱼鸟之所凑泊。"淳安黄滩背靠高山,面向双溪,在山水的映衬之下形成独特的盛景。山岩林木翁郁,风烟鱼鸟轻灵,这也是吴越山水典型的特色。《敷山记》描写了吴兴敷山:"敷山者,西于吴兴十有余里。山中卷外截,水罄折行平原茂樾间。左右之徐山、杼山,挟敷山而蹲。敷山之前,苍峭亘连,圭起簪伏,望而知为美壤也。"吴兴敷山形貌独具特色,中间线条柔婉卷曲,外部崖壁陡峭斩截,山间溪水流出,曲折前行于平原茂林之间。敷山左右有较低矮的徐山、杼山,敷山之前,苍劲的山峰连绵耸立,敷山体现出了吴越之地山峰秀而险的特点。戴表元散文中对吴越之地山水的描写体现出了其特色与神韵,其山大都林木葱茏、奇峰竞秀,其水则萦纡婉转,清丽明秀,山水相依相伴,互相映衬,加之以林木鱼鸟、雨雪风烟,共同组成江南佳丽之地。

　　吴越之地不仅山水优美,都市风光也令人叹为观止。《学古斋记》中描写了杭州的繁华热闹:"三吴之州,莫大于杭。其地山秾水妍,其人机慧疏秀而清明,其俗通商美宦,安娱乐而多驱驰。通衢广陌,行如附车轮而与之上下,坐如闻江湖澎湃之声。"杭州是吴越之地最大的城市,山水明媚,地灵人杰,商业繁荣,城市交通四通八达,车声雷动。杭城的秀美、繁华与安逸在戴氏的描写中生动地显现出来。吴越房屋建筑也别具一格,《爱日斋记》载:"吾党之士有吕复初,以门功世禄望于越。……先大夫手构南堂一区,湖峰萦环,仰有烟林云月、风岚晴雨之玩,俯有鱼凫鸥雁、蒲荷菰稻之适。"越地望族吕复初先父亲手建造的南堂山环水绕,在南堂之上可以仰观烟林云岚,俯瞰鱼凫蒲荷。南堂修建在清秀明丽的风景之中,与山水烟云、花草虫鱼相互映衬,融为一体。《可竹轩赋》也描写了这样的一处家居建筑:"山阴王理得,静人也。尝筑一轩竹间,取晋子猷语既名之以'可竹',而请问于剡源。"山阴王理得可竹轩建于竹林之中,戴表元对竹、轩、人完美融合的场景进行了细致的描绘:

而吾一夫之宅,百楹之庐,本先人之遗构,非东郭而开虚,赖清阴之见覆,幸斤斧之相疏。风春雪腊,雨晓晴晡,吾试与客振衣坐石,携琴挈壶。醒则行歌商山首阳,醉则卧游无怀华胥。竹当鞭尔而笑,色勃而吁。当此之时,人可竹乎,竹可人乎?①

竹林清荫掩映,轩屋居于其中,主人王理得与客在林间石上,弹琴饮酒,醒则歌呼,醉则高卧。竹为人提供了高雅的环境,人则为竹增添了灵动的生机,竹、轩、人共同组成了一幅高雅秀丽的江南风景画。

戴表元散文中也描写了吴越之外的江南景色,如《秀野堂记》中有对宣州景色的描写:

宣之北为淮,其土气雄深旷宽,故其人梱毅力勤而趋本。南为浙,其土气清妍沃溽,故其人开朗多闻而好礼。宣人介而中居,随其性之所欲而迁焉。有南漪湖,盘涵宣傍数州,而宣占什七。宣之镇山曰麻姑。临其上游,冈林蔽遮,云雾喷吐,隆隆然自成一岛屿。而湖岸之州,地偏势隔,不立厩置,非富商贵官之所趋走,淮浙之气两无所入。……余丙申岁亦尝道南漪,登秀野之堂,而觞咏于其中。名台美植,曲栏文甓,一一如意。而麻姑之支峰,离群偃行,与湖相须驻伏。堂背亩种之田,曲尺之流,萦纡回环,信乎其为秀而野也。②

戴表元曾在宣州讲学授徒,袁桷《戴先生墓志铭》载:"先生两授于鄞、于宣、于杭,其徒散处莫会。"(《清容居士集》卷二十八)宣州地处皖之东南部,与吴越毗邻,其风土人情既有淮北雄深宽厚、勤勉踏实的风貌,也受吴越清妍灵秀的地气、多闻好礼的民俗的影响,无论风景和人情都具有多元化的特色。戴氏在这篇散文中描写了最能体现宣州特色而没有受到淮浙之气影响的南漪湖和麻姑山的景色。南漪湖又名南湖,是皖南最大的湖泊,大部分位于宣州境内。麻姑山为宣州名山,临湖而立。山上林木葱茏,云笼雾罩,湖光山色完美相融。湖岸一带地处偏僻,不设驿站,富商贵官不能涉足于此,因而并未受到淮浙之气的熏染,成为独具宣州特色之处。戴氏同窗曹松居于湖畔,在先人旧业的基础上建秀野堂,周围有亭台、花木、曲栏、井台,秀美而雅致,麻姑山支峰绵延偃卧湖边,山峰静穆、水汽氤氲,体现出返璞归真的特色。堂之北有整齐的耕田,田边蜿蜒的细流迂回萦绕。南漪湖畔独特的

---

① 〔元〕戴表元:《剡源戴先生文集》卷二十一,《四部丛刊》本。
② 〔元〕戴表元:《剡源戴先生文集》卷二,《四部丛刊》本。

秀野堂既有人为的精美雕饰,也有古朴幽静的山水映衬出的自然之美,因而戴表元感慨秀野堂名副其实:"信乎其为秀而野也。"《苍翠楼记》中也描写了宣州的风景:"宛陵多名山,人以李太白所爱游,常常夸谈之。然而其州多平冈浅陆,城居者初未尝得山而玩焉。出郭西七里,至王敬叔之居,则宛陵之山,四面集于其门,近者盘旋,远者鳞辏。而敬叔之居,自其先君子所植古梅老桂,修松茂竹,阴森荟翳,俨然几如云门石洞。"宛陵也即宣州,此地之山因李白偏爱而闻名,如李白《独坐敬亭山》有"相看两不厌,唯有敬亭山"之句,敬亭山便为世人所知。王敬叔的居所建在山上,出门即见到不寻常的美景,近处山峰盘旋有势,远山则如鱼鳞聚集般细密。居所四周亦有其先父所植梅、桂、松、竹,蓊郁苍翠。这一段文字突出了宣州之山的特色,并描写了建于山中的苍翠楼的与众不同。

戴表元晚年赴信州任教授一职,信州地属今江西上饶,戴氏于迟暮之年背井离乡赴信州讲学,心境难免凄凉落寞。《游南岩诗序》载:"余既弃故业,以文学掾至信州。盖老而远行,意恻然不自聊。颇闻州之南,有危岩空宽,僧庐其中,林泉溜青,禽鸟往来,幸而一游,得以发郁积,舒固滞。"远离故土来到信州,心中的忧愁难以排解,便借游观赏景消忧解闷,因而在元大德六年(1302)季秋九月二十八日,与几位友人相约游南岩,游者纷纷作诗写景言情,便有了游南岩诗,戴氏为之作序。这篇诗序生动地描写了位于信州南部的南岩风光:

> 驾轻舟,西浮可七八里所,舍舟遵小径,益南,坡垄高下起伏。又三里所,得岩形如剖瓠。穰实悬缀,飞层仰积,横嶂旁谽,崩湍欲穷。未半倏涌,居者缘其余隙,劄坐床,斲步道,曲会人意。岩东有泉,时时出一滴石罅中。地宜拒霜花,于时暄晴,光彩浓泽可爱。满岩镌来游人名氏,前漫后缺,独朱晦翁、辛幼安题踪俨然。数之适百二十年,岁月日与今游皆相同,良为奇事。①

戴表元与友人经过乘轻舟、攀小径曲折前行,终于到达南岩。南岩形如剖开的葫芦,内瓤形象逼真,岩石层积,在此结庐的僧人依其势打磨出坐床,砍斫出小路,形成一处天然与人工巧妙结合的奇特景观。南岩东有山泉,时时从石罅中滴水润泽土地,当地适合芙蓉生长,在暖日秋阳之下,芙蓉花秾艳可爱。岩石上刻满游者姓名,大都磨灭不清,只有南宋朱熹、辛弃疾等先

---

① 〔元〕戴表元:《剡源戴先生文集》卷十,《四部丛刊》本。

贤题字尚在,时间恰好是一百二十年前的九月二十八日,戴氏由此更加感慨此游之奇。信州南岩是造化之奇观,同时也有人为的雕琢与修饰,前人游览、题字亦为其增色不少。这一处景观既是自然的杰作,也体现出人文蕴涵。

戴表元散文在题材选择上紧密结合现实生活,并且与自身经历密切相关。他一生交游广泛,因而对当时文人的生活状态及精神品质有较多的关注;他一生大部分时间用于讲学授徒,因而对社会文化教育的发展极度重视;他在与文人交游过程中常常有雅集赏景、往来唱和的活动,因而他的散文中有大量具有江南特色的景物描写。同时他还创作了大量诗文序跋及祭文哀辞类作品,诗文序跋在第二章《戴表元诗学思想》中已有论述,祭文哀辞相对于其他几类题材作品显得比较程式化,风格较单一,因而此处不做详细论述。

第二节　戴表元散文的思想内涵

戴表元散文有很深刻的思想内涵,其中很多作品是对其自身及当时文人日常生活状态的记述,但这种记述并不是表面化的,而是参悟了生活中所蕴含的哲理,把日常生活琐事上升到理性的高度,给读者带来很多启迪。还有一部分作品表现了作者对世风伦理的注重,戴表元一生主要以讲学授徒为业,因而他对文化发展及社会风气有着很敏锐的认识,他的散文中既有对尊师重教的倡导,也有对世风日下、人心不古的抨击。戴氏一生经历南宋衰亡和元朝崛起两个时代,目睹了社会兴亡巨变,他的散文中也表现出对乱离社会的悲叹。

一、日常生活描写中的哲理蕴涵

戴表元散文在描写日常生活时蕴含了他对人生深刻的思考,总结出许多发人深省的人生哲理,体现出平淡生活中的人生境界。生活在大千世界芸芸众生之间,作为个体的人要面对各种复杂的境况和难以回避的压力,戴表元能够在平淡的生活中品味人生之美,以理性的思考将人生中的艰难困苦化为提升人生境界的力量。

戴表元散文中阐释了文人日常生活中体现出的人生境界,他提倡人应该勤勉地提升自己的修为,不断地弥补不足,使自己在气度、学识、能力上做到有余。尤其对于为官者而言,在处理政事上的能力更加重要,有了"余于政"的本领,于民可人得所欲,于身可求得所安。《余轩记》载:"郓程士安佐浙东元帅府于明,公退不忍弃其余,日读书以明理。畦所居轩外余地,种蔬以给食,而问轩名于余。余名之曰'余轩',士安逡巡而笑曰:'吾之问子,义止于是乎?'余为详言士安之起居出处所以资于余者以告之。"程士安在明州任职,打理官府事物之余,利用闲暇时间读书明理,利用轩外空闲之地种蔬自给,兢兢业业修养身心,没有丝毫的逸乐懈怠。戴氏有感于此,为士安所居之轩取名"余轩",并且详细地阐释了"余"所蕴含的人生哲理:

> 人之居世,必有事焉以劳其心思,而役其筋骸。古之君子,自孩童以上,粪除趋走,弦歌舞蹈,弓矢羽龠之类,及诸贱事,无不娴熟,故平居多劳而少疾。一旦驱之临烦处剧,则亦无赵趄畏懦之色者,余于身也。……山林韦褐之徒,足未尝履官府,而忧人之犹,急人之急,魁然负廊庙之望者,余于职也。以医药者,不习则杀人;以没泅者,不习则杀身。政之祸福,危于医,险于泅,而人之习之益鲜。群居叅养,不知衣食之所自来,况复余事。今以一人耳目之聪明,坐于五流四民之上,而指挥布置,纵横左右,人人不失其所欲者,余于政也。①

作者以古人勤勉劳作的生活习惯来说明诸事娴熟、技余于身的重要性,并展开丰富的联想,认为"职思其外"是很高的一种人生境界。在山林中谋生的渔樵之民,虽然身无官职,但能以一己之力助人于危难之中,为他人之事而忧虑,这是超越于本职之上的关注,体现了博大的胸怀和积极的人生态度。作者列举现实生活中的事例,认为倘若医者不习药性,泅者不习水性,便面临伤人伤己之危。为政之事要险于医与泅,但身处其中者往往耽于享乐之中,茫然无所知,因而不但自取其辱,还要连累百姓受难。戴氏认为为政者的才能人品能够"余于政",便可使一方政通人和,为官者自身的"有余"可以带来百姓生活的安和。"余"是通过勤苦努力积累而得的,也是一个人胸襟和气度的体现:"盖有道之士,以容一世之人而未足,观其胸次,休休焉若可以容天地万物者,余于量也。"戴氏认为有道之士气量之开阔不仅可以容一世之人,甚至天地万物皆可包容于胸中,可见其对于人的胸怀气量的重视程度。《恕轩记》也表达了"恕"作为重要的品质特征在人生中的重要性:

---

① 〔元〕戴表元:《剡源戴先生文集》卷三,《四部丛刊》本。

　　夫恕之为名也约,而其道甚广,儒者盖难言之。而人情之刚柔缓急,与夫处世之拘通,行事之宽猛,尤不容以一概。至其大要,则尝苦于利害喜戚之不能相知。一不相知,连床隔于楚越,同气疏于途人。①

　　"恕"是中国传统思想中的精髓,《论语·里仁》载:"曾子曰:'夫子之道,忠恕而已矣。'""恕"是孔子所推崇的一种人格品质,他认为君子需要对此终生践行。《论语·卫灵公》云:"子贡问曰:'有一言而可以终身行之者乎?'子曰:'其恕乎! 己所不欲,勿施于人。'"推己及人的仁爱宽恕之心是君子品行中一个重要特质。戴表元也认为一个"恕"字中具有深广的内蕴,在为人处世上起到重要作用。人的生活境遇不同,难免存在隔阂与不相知,只有以宽恕之心推己及人,才能形成彼此的沟通与理解。但以恕为怀有一个重要标准,即行真恕要建立在有所不恕的基础之上,《恕轩记》云:"故于文如心为恕。人之所欲和、所欲礼、所欲慈、所欲严者,吾皆如其心而欲之。人之所嫉,吾亦如其心而嫉之。察之于身,验之于事,习之于家,行之于国,盖无往而非恕也。且虎狼不遁,羔犊不育;蓬莠不除,禾黍不兴;奸魁侠徒、哗党贪类不清,良民不宁。为长吏者,惟能于此有所不恕,然后能行真恕。"戴氏认为随心即是恕,人心所欲有和、礼、慈、严等向善崇礼的一面,亦有所嫉恨的奸邪贪嗔之徒,因而人要有恕和不恕两方面的行为。在修身、齐家、治国上要行恕道,而对付虎狼之人、奸邪之辈则应不恕,只有以不恕除奸,才能更好地践行恕道。因而恕道应深植于人心之中,并表现在生活的各个层面之上。"恕"与"余"皆为人在一生中一以贯之的修为标准,无论为官还是为民都要以此引导自己的行为。

　　"清"也是文人士大夫追求的一种人生境界,并时时表现在他们的日常生活之中。《清容斋记》记载了袁桷对"清"的追求:

　　今夫袁生生于万石之家,而躬寒素之操;处未弱冠之年,而志丈夫之事。日取古圣贤之言,味之而学其道,而求其清焉已。……道未有清而不能容,亦未有不能容而得清者也。天之苍然,日月星辰系焉,四时行焉,百物成焉。江河之泓,百里一浸,而明者可鉴毛发,其为清而容也大矣。生归而益治其学,惧不能清焉。苟为能清,端居而家巷睦,徐行而州里逊。又益治而清之不止,滞者尽,清者安。②

---

① 〔元〕戴表元:《剡源戴先生文集》卷三,《四部丛刊》本。
② 〔元〕戴表元:《剡源戴先生文集》卷二,《四部丛刊》本。

　　袁养直虽然出身富贵,却不享受荣华生活,将自己的书斋取名为"清容斋",每日读古圣先贤之书,追慕先贤之道中所蕴含之"清"。戴氏认为"清容"二字正合于大道之意,道清而能容,正如日月星辰容于苍天,江河清明有容乃大。袁生在日日苦读中学益精,道益明,却忧惧不能为"清",表现出其对"清"的执著追求。戴氏认为如果人能为"清",便可以行不言之教,家邻和睦、闾里逊顺。对"清"的追求永无止境,它能够让人摆脱阻滞,得到清静安和的人生。《居清堂记》也阐释了"清"在日常生活中的精神主导作用:"且夫清之为道,尤难于言。鸡鸣而起,令耳目口体百为,与物营营然交斗,回念清夜之所存,有能持而澄之,虽尘埃满头,泥淖没膝,吾视之如玉雪。不然,名利一不酬其心,言动无以资诸人,纵复朝餐沆瀣,暮饮沧浪,肠胃间只益秽浊可丑耳。"清气的培养表现在日复一日地在生活中修心养性的过程之中,不为物欲所困,保持心灵的澄澈纯净,即使外形秽浊也不失其心灵之"清"。而如若心存名利之争,即使过着餐沆瀣、饮沧浪的生活,表面不染尘俗,但内在浊气积聚,岂能为清。

　　"清"是人格修为中一种很高的境界,对清的追求可以使人摒弃杂念、凝心静虑,达到既可以融于尘世之中又能不被喧嚣繁华浸染的境界。"清"是与道合一的状态,道家认为"道生一",而"一"与"清"有密切的渊源关系,《老子》三十九章云:"天得一以清,地得一以宁,神得一以灵,谷得一以盈,万物得一以生,侯王得一以为天下正。""一"体现了道的精髓,大道至简,纯粹、凝练,不枝不蔓,蕴含着清宁、虚灵的气韵。"道""一""清"三者之间有着密切的关系,因而"清"是一个玄妙的哲学范畴,也是许多文人终生追求的人生境界。

　　戴表元散文中一些作品也表现了对人生境遇穷达状况以及功名利禄在人生中的地位的感想,人们所处的环境、人生的追求、谋生的方式以及对生命价值的理解各不相同,因而每个人的人生都有不同的色彩。戴氏结合自身与友人对人生的理解与感受,在对日常生活的描写中分析了超越于表象的人生哲理,如《寿乐行窝记》中关于寿与乐的阐释:

　　　　始余儿童时受《论语》,至"仁智乐寿"之章而疑之。有老先生教余云:"人惟无物以累其心,则寿乐生。"余时爱其言简而终不解。盖自涉事以来,行世故苦乐荣辱四十年,然后知其言妙于理也。今夫人之居世,虽强弱劳逸不同,而年寿之量,大约皆可期以百岁。富至于万金,贵至于卿相,与夫陋巷一瓢之贫贱,充其所求,亦各有以自乐。然得于天者,或失之于人;得于人者,或失之于天。故山林虚旷矫世之徒,为庄周、列御寇之学者,宁不愿久生富贵,以为高其说曰"人寿则多辱,南面之乐,不如泥涂之无忧"。而市朝沉溺之士,至于服金丹、信方士,以庶几长年不死。幸而苟存,又不过驰鹜货财声伎、狗马宫室之区,以肥耳目之欲。余以为似是之类,殆皆过也。惟无物于心者则不然。其中休休乎如山之无不容,而造次颠沛,不可得而迁也;其外油油乎如水之听其所趋,崎岖百折,而亦莫之碍也。由是,其心虽不期于寿与乐,而二物自至;虽不必辞之以为高,而二物不能为吾累。此仁智之道也。①

戴表元有感于友人邵德芳将自己的居所命名为"寿乐行窝",写了此篇文章。邵德芳少壮时期与作者同游太学、同地为官,后分隔两地不得相见。及至晚年在客游之中会面,见德芳虽然苍颜白发,却心态安闲,怡然自得。德芳描述其住所:"吾家睦也。有先人之故庐,尝并西筑堂曰'寻乐',并堂为亭三,前二后一,可以休息,可以远眺。今居松江,未之能乐也,而不敢忘。姑仿佛其大致,为一堂、一亭以寄吾思,而将榜之为'寿乐行窝',子以为何如?"德芳家乡古睦,先人故庐以"寻乐"为名,表明了一种积极的人生态度。德芳晚年背井离乡,虽无落叶归根之乐,但依然模仿故乡旧居样式建造"寿乐行窝",以此表明对先人人生态度的承袭。戴氏感叹"余喜德芳之德有成,行乎世故苦乐荣辱,随其居而安之而无所累,与余之心合也"。人的一生在复杂的世态人情中度过,历经苦乐荣辱的历练,德芳能够在任何境遇中都有一种安然自乐的生活态度,戴氏对此感到心灵的共鸣。

戴表元对"寿乐"二字蕴含的人生哲理进行了深入的阐释,他回忆儿时读《论语》时老先生对"仁智乐寿"的解释为"人惟无物以累其心,则寿乐生",儿时不解其意,但历经四十年人生的苦乐荣辱,他对其中的妙义有了深刻理解。大千世界,芸芸众生,虽然人生境遇状态不同,但富贵如王侯卿相,与贫贱至陋巷之民,皆有其喜乐悲忧。不同境遇之人对人生之乐的理解也大相径庭,山林隐士对长生与富贵持厌弃的态度,认为这会成为人的桎梏与负担;而尘世中追逐名利、贪图享乐之人又汲汲于长生不老之术,服金丹、信方士以求长年。戴氏认为此二者皆有所偏颇,刻意回避与极力追求皆为以物累心的行为。只有顺应自然、心无挂碍,方能寿乐自生。达观之士内心虚旷如山之包容万物,即使颠沛流离也不改心志;其外在则如水流之势,虽崎岖

---

① 〔元〕戴表元:《剡源戴先生文集》卷三,《四部丛刊》本。

百折,而无物能阻止其前行。有虚旷的心胸与淡然而不失坚定的人生态度,心不为富贵所累,不为夭寿所困,不期于寿乐而寿乐至。因而人生的适意感不在于地位的尊卑与财富的多寡,主要在于心胸与气度的博大和超然物外的心态。这种对于人生的思考在《文溪记》中也表现出来:

> 明之北四十里而近,有溪曰"文溪"。郡志以为山水掩映、碧而成文之名也。学佛者本畅师爱之,卜邻而居。久而情谊声迹与溪相驯,人之自远外慕师而来者,亦号师为"文溪"焉。余尝诘之:"是溪之初,本无即名之者也,而不害其为溪。自夫人以'文'名之而爱始生。爱生则人不能忘,而是名且将为溪累,而溪又以累子,何如?"师曰:"吾何以知名累之有无乎哉? 吾以一身寄于空虚,混混乎与众幻俱驰,与群有俱修。顾不可无食也,而撷于溪之毛;不可无饮也,而掬于溪之泉。暇则杖溪云而游,喜则藉溪石而谣,吾取于溪,若是足矣。而何知夫溪之为我,我之为溪乎? 而何者为名,何者为累乎? 且吾久之,殆将忘我,岂惟忘溪,又将忘人。而人与溪之自不相忘,则吾又何容知乎?"①

文中描写了学佛者本畅师居于四明北四十里文溪之畔,文溪之美与本畅之人品修为相得益彰,本畅因文溪而显名,因而仰慕本畅者益众,纷纷从远方赶来拜访。戴氏因而与本畅探讨名实问题,戴表元向本畅师表达了自己的观点,即名为实之累,文溪因为有名声而使人不能忘记,又牵连本畅师受累。而本畅师则认为名累本为幻象,不足挂心。他寄身于文溪之畔,本无意于显名,只是为完成自己的修行而食溪边菜、饮溪中水以为生,闲暇时赏溪边之烟云,喜乐时倚石而歌呼,完全与文溪相融,而不知何为名,何为累。而世俗之人强加于外的声名并不能使其迷惑心智,转而产生追名逐利之心,本畅不会因为声名的变化而改变自己的本心。戴氏对本畅师关于名实的体悟深表钦佩:"于是余聆其说,喜师道之将成,而离于名,远于累,不久也。又嘉其言之足以达其意,亦如是溪之不期于文而文也。"戴氏赞美本畅师的修为,认为他已经超脱了名累的束缚,无意于功名富贵等身外之物,体悟出了人生本真的状态。《秋山记》也表达了人不要被红尘的繁华遮蔽了双眼,而要保持自己清静的本心的观点:"盖夫鼇峰者,虽高于诸山,而当春夏之时,纷华蔽遮,尘嚣往来,吾居之所欲揽取以为玩悦者,虽有智力,无所得施。殆至于秋,而气之暄者爽然以清,物之壅者豁然以流。故非分之娱,难致之美,

---

① 〔元〕戴表元:《剡源戴先生文集》卷四,《四部丛刊》本。

不谋而获,无约而赴。又夫秋之为言收也。天地之间,取数过赢者,有时而收焉。"鼇峰虽然高峻但夏季被山林草木遮蔽而无法见其真容,只有到了秋季,清肃的天地之气扫尽繁华,鼇峰得现。这里对秋山的描写蕴含了人生哲理,春夏山上草木葱茏象征着人世的浮华烟云,秋天的空灵萧散象征人本心的清静无碍,如何摆脱浮华得见本心也是人生要面对的一个重要问题。

人与自然的关系历来是文人关注的一个话题,《文心雕龙·物色》云:"若乃山林皋壤,实文思之奥府,略语则阙,详说则繁。然则屈平所以能洞监《风》《骚》之情者,抑亦江山之助乎?"认为大自然是文学创作的源泉,自然山水为作家提供灵感与素材,成为文学创作的一个重要推动力。戴表元散文中也表现出了对人与自然关系的思考,但他是从另一个角度着眼,对主客体的平等关系进行探究,摆脱了文学创作的限制,对人与自然关系的思考上升到哲学高度,如《陈氏不碍云山堂记》云:

> 以为山川信佳,亦必有佳主人而后当之。……夫物之资于人,可以相娱,而不可以相胜。功名富贵之人,一日而无所为,则其心不乐。自无以预乎烟云丘壑之事,而其力足以兼之。层台叠馆,翠比朱连,土石疲乎锹凿,林垣夺乎绮縠,以至禽虫草木之情,震摇于歌钟舆隶之役,而皆失其素。故虽云山在前,目不得舒,心不暇领,则物有以碍之也。①

上虞陈孔晨有一堂名"不碍云山",建于村郊空旷间,四望云山尽在目前,因而切合"不碍云山"之意。戴氏对此堂大加赞许,并由此联想到人与自然风景的关系,认为人需要与自然相契合,要会欣赏自然之美,而不是对自然强加改造。功名富贵之人常常不懂欣赏烟云丘壑之美,而运用自己的人力物力大兴土木,所建亭台楼阁极尽豪华,这反而摧毁了大自然中山光水色、鸟兽虫鱼的纯真之美。这样就在人与自然之间设置了障碍,使人目不得舒展,心不得虚静,因而不能尽情品味自然之美。《爱莲堂记》也表现了对人与自然内在气运相关的思考:"物之无情,莫如草木。然至其发于形,动于气,而随人之顺逆以为祯祥妖孽,昭然有不可掩。亦犹人之一身,其行事和平乐易耶?则遇其境无非芝兰玉树;乖剌龃龉耶?则遇其境无非蓬茨荆棘。"戴氏认为虽然草木无情,但其秉承天地之气而生,与人同处一个大环境之中,因而其盛衰之态、变化之形能预示人的生命状态。反之人的精神、气场也对大自然有明显的影响,如平易和乐之人对应于芝兰玉树,暴烈凶悍之

---

① 〔元〕戴表元:《剡源戴先生文集》卷二,《四部丛刊》本。

人对应于荆棘蓬草。戴表元友人唐伯荣居所池中生并蒂之莲,戴氏认为此乃祥兆,于是记之:

> 相台唐伯荣所居钱塘东之圃,有池焉,植莲其中。岁己亥孟秋既望,其莲生一茎双葩,圃人以瑞告。钱塘好事者,则既绘为图画,以相传夸说。交游士大夫,则将作为歌诗,以相称诩赞美伯荣。伯荣于是取周元公语,名其并池之堂曰"爱莲"。①

唐伯荣池中莲在孟秋时节一茎开出双花,人皆以为是祥瑞之兆,戴表元在赞叹其祥瑞的同时进行了更深入的分析:"君子者之居于世,以孝友为根株,贞恪为附蒂,材敏为条蔓,词章学问为枝叶花藻。能是矣,视浮名外物之去来,如暄凉荣悴之制于天,培覆寿夭之存于人者。"戴氏认为君子居于世与花木有相似之处,也具有根株、附蒂、条蔓及花藻,而人的人格、操守、才情和学问是支撑花木成长与绽放的给养。因而修养人格和操守,历练才情与学问是文人终其一生需要为之努力的,只有如此,才能看淡浮名外物,充实自身生命的力量。戴表元对人与自然关系的思考没有局限在诗文创作中的描摹山水之上,而是探究其内在生命气息的玄妙关系。

戴表元散文中蕴含着深刻的思想价值,其中既有对其所处的乱离社会的深重忧思,也有对社会文明、伦理道德建设的呼吁,他还非常重视在平凡的日常生活中发现人生哲理,这使他的作品体现出对人生思考的深度。戴表元深刻思想的形成既与其所受的教育与文化熏陶有关,也与他所经历的动荡社会与颠沛流离的人生有密切联系,教育与文化赋予其知识学问的积累,而惨痛的社会现实与充满磨难的人生则使其产生对生命本质进行思考的动力。

二、对世风伦理的注重

世风伦理是戴表元散文中非常关注的一个内容,他重视学校教育在社会发展中的作用,认为统治者应把学校的兴建放在国家建设的重要位置,儒者应当承担为人师表、传道解惑的大任。戴氏认为乡土观念和孝道也是能体现出世风好坏的重要方面,士人虽应志在四方,但恋乡重土观念并不能缺失,尤其孝亲之道是人的品德中最可贵的一面,不可忽视。戴氏还认为世风伦理不仅体现在事君、事亲这些人生大事之上,在日常琐事中也能够体现出来,因而日常饮食起居要合于古道,要做到不愧于屋漏。

---

① 〔元〕戴表元:《剡源戴先生文集》卷二,《四部丛刊》本。

戴表元一生大部分时间讲学授徒,他对教育在社会发展中的重要性有深刻的认识。《奉化州学兴筑记》载:"古之齐民,一名为儒,则其人所以自待,与官府所以待之皆异。至于学校,虽有常居,而发政、出师、养老、习射、献馘、听狱之类,无不在焉。然方其盛也,有优礼以乞其一言。俗之既衰,乃或欲毁之而杜其议。政俗之益衰,上下始专守夫子遗言以为法。故有庙以严鬼神,而有学以明礼乐。"(《剡源戴先生文集》卷一)戴表元认为古代儒者不仅对自身要求较高,官府也对其表现出特别的敬重,因为儒者体现了为师风范。学校虽然固定在一地,但可以超越狭小范围的限制传授多种知识,培养各项能力。学校兴盛之时,师生受到优待礼遇,儒者言论也得到重视。但世风衰颓之后,学校也不能避免被毁弃的命运。政俗益衰,民失教化,需要孔子言论来统一人们的思想和行为规范,因而修孔庙以敬鬼神,建学校以明礼乐,学校的重要性在世风日下之时尤为明显。在这篇文章中,戴表元回忆自己幼时跟从长者在学校学习的场景:

> 余自龆龀,实尝从父兄居游庠序间,见魁儒巨公,无虑百数。皆修衣冠,隆闬阅,岁时燕毛序坐,谈古今久近文献,亦或雌黄当世人物。孩稚辈立听不倦,归必充然有得。以余之愚,至今犹能缕缕记忆本末如昨日也。每课试,县大夫亲命题,第赏格,慈爱教督如子弟。及以事相见,酬答如客。于时风淳气厚,上下情义周洽,与前所称古俗,殊为未远。顾奕然眉颜,亦复苍皓,犹幸及身为贤侯之氓,狃见庙学之兴,而咏歌德化之成,良自可庆。①

戴氏童年即随父兄在庠序间颇多接触博学的儒者,钦羡其衣冠得体、阅历丰富,在岁时节日聚会,长幼有序,长者谈古论今、评论当世人物,孩童辈伫立倾听,多有收获。因而直至年近六十,戴表元依然清晰记得当时的情形。每到考试,县长亲自命题,规定奖赏标准,对待学子如同子弟。彼时风气淳朴,官民、师生皆其乐融融,当时状况与所谓古俗相去不远。戴氏感慨转眼间自己已是须发苍然,有幸适逢奉化州学兴筑,便写成此文以记贤者功德。这篇散文鲜明地表达了戴表元对奉化州学得以复兴的欣喜之情,同时通过其对幼时在庠序之中学习的经历阐释了尊师重教对社会发展的重要性。《银峰义塾记》也通过对银峰义塾兴建的记载表现了他对学校教育的重视:"余惟文夫之兴是役也有二:其一曰尊祖以知本,其二曰广教以美俗。知

---

① 〔元〕戴表元:《剡源戴先生文集》卷一,《四部丛刊》本。

本,义也;广教,亦义也。而余之所期于文夫,则不止于是。按:塾之名起于
《礼记》。《礼记》曰:'古之教者,家有塾,党有庠,遂有序,国有学。'四者疑皆
有师教之,而古者学无专官,师无常员。"(《剡源戴先生文集》卷一)江西德兴
望族余文夫以一己之力兴建银峰义塾,戴表元认为余文夫兴建义塾有两个
目的:一方面表现尊祖知本之意,另一方面则是推广教育、美化风俗。无论
知本还是广教,皆为义举。但戴氏赋予了银峰义塾更多的内涵并寄予更高
的期待,他认为塾、庠、序、学皆有师,但无常师,即每一位有学识的儒者皆可
为师,戴氏重视民间办学的力量,认为文化的发展、教化的完善要依赖所有
贤者的共同努力:

> 而塾者,二十五家为闾,而父老之不仕者,坐于门侧之室为左右师,
> 以时督其子弟,是之谓塾。德兴于饶为多士,文夫归而益以义致其老成
> 而贤者,礼之于家,休之以车舆几席,导之以书册琴瑟,兴其少壮而材
> 者,纳之以介僎尸祝,习之以笙匏俎豆,使德闻流畅,情文周该。将有魁
> 奇英博之士,弹冠束带,轻身千里外,慕义而至。①

塾的兴办不能仅依靠某一位贤人,而要靠乡里没有出仕的尊长、儒者共
同承担起传道授业的重任。而德兴为多士之乡,文夫建塾义举会影响一批
贤者共同为义塾的发展出力,而且会吸引外地的有志之士来此实现发展教
育的理想。《洛阳独乐书堂记》也记载了洛阳卫君用在司马光故地兴建独乐
书堂之事:"士大夫患无志,不患无位。君用清勤谨恪,知体要,敦雅实,是真
能学司马公者。后有道龙门嵩少而来言独乐之役,将见堂庐告成,深衣释
菜,重席养老。使洛中之人,长者兴慈,幼者知孝,雍雍于于,复还盛时旧观,
皆君用之赐也。"(《剡源戴先生文集》卷一)君用受司马光之精神感召,并承
袭其遗风兴办独乐书堂,教化人民,使长者慈、幼者孝,进退有节,恭敬有礼,
洛阳民风教化得以恢复盛世景象。因而儒士贤者不仅在传道授业的过程中
能够起到为人师表的作用,一些巨儒大贤还可以泽被后世,如司马光之于洛
阳,和靖先生尹焞之于会稽。《和靖书院记》载:"古之人,贤有道德可师于
乡,则死而祭于其社,在礼谓之乐祖。又凡始立学,必求其国之故而祭之,以
为先圣先师。国无其故,然后不得已合于邻。肃公之贤,其在越也,谓之当
祭于社,谓之当为乐祖,苟立学而求其故,谓之当为国之先师,此事之甚善者
也。"(《剡源戴先生文集》卷一)古之具有大德者不仅生前是一乡师表,死后

---

① 〔元〕戴表元:《剡源戴先生文集》卷一,《四部丛刊》本。

亦可在宗庙中得到祭祀,成为乐祖。"乐祖"一词出自《周礼·春官·大司乐》:"凡有道有德者使教焉,死则以为乐祖,祭于瞽宗。"一方学校的建立需要有当地先贤的精神作为其办学思想的导向,因而要寻求乐祖,和靖先生尹焞可谓越地之乐祖,因而在其祠堂的基础之上兴建了和靖书院。学校的建设是教育发展的基础,而教育的发展又是人民提高道德修养、世风教化渐趋淳良的必要条件,戴表元对这一点的认识在其散文中充分地表现出来。

戴表元散文对世风教化的关注还表现在对乡土观念的重视上,恋乡重土思想是伦理关系中重要的一面,《西村记》记载了东平乐廷玉居所命名"西村"的原委,认为对故土的眷恋与铭记是士人不忘本的表现,也是世风淳朴的体现:

> 古之达人,以宇宙为乡关,江湖为室庐,云物为躯骸,丘壑为心胸。故有离形独立,逃喧长游,彼其去乎人情远矣。而礼法之士訾之曰:"人之能免于禽兽之患者,以有群也;群而能安,安而能久者,以有居也;而可一日违哉!"之二说交相攻。彼陋此为拘,此骇彼为孤,虽有所辨,无以决其是非。惟仁人君子之论则不然。于其安而不迁,而有怀土之戒;于其往而不返,而有首丘之劝。故自周公、仲尼以来,虽以怨如屈原,荡如相如,勇如项籍,流离颠倒,志气百折,而父兄桑梓之念,终不能以相忘,而况循循然者乎?①

戴表元非常重视乡土观念,认为士人应该处理好四方之志与乡关之思的关系。古之达观者冲破恋乡重土观念,以宇宙为乡关,特立独行,疏远人情。礼法之士则认为人之所以能够避免禽兽为患主要在于"有群",群居生活能增强彼此的协助,固定的居处也能使人心志安定,因而不可一日违背安居之心。戴表元认为这两种观点都有偏颇之处,仁人君子则能中和二说,对于久居一地、受太多束缚不敢离开乡土者以"君子怀德,小人怀土"(《论语·里仁》)对之进行启发;对于远离故土、一去不返者以"首丘之思"对之加以劝导。君子为实现四方之志远离故土,但心中有对故乡、亲人的依恋便不感到孤独落寞,先贤如屈原、司马相如、项籍等人,他们皆经历了离乡背井、颠沛流离的生活,虽然个性特征各不相同,或忧思深重,或落拓不羁,或骁勇善战,但始终不曾忘却父兄桑梓,普通资质的平常人更应该在身处他乡之时不忘故土。乐廷玉居所有匾书题为"西村",戴氏不解其意,廷玉解释道:"嘻!

---

① 〔元〕戴表元:《剡源戴先生文集》卷四,《四部丛刊》本。

吾东平先君子所庐也。吾家自昌国君有籍齐、赵间,子孙屡徙,而东平之西村,自亳而东三世矣。"廷玉将居所命名为西村的原因是为纪念自己东平故居,戴氏认为这是不忘本的表现,"余惟廷玉之去西村而仕也,将以行志;仕而不忘西村也,所以存本。其出处去就,合于仁人君子时中之义,而无拘孤一偏之失。推是道也,知其心无所负,他日虽寄千里、托社稷可也"。士人既能行志又不忘本,故土之思永存心中,这便合乎儒家中庸之道,是可以担负大任的贤者。《会稽唐氏墓记》也表现了戴表元重视亲族关系的思想:

> 古之人,生而同居,死而族葬。故其人敦亲重土,昭穆百世而宗不迁。支叶虽繁,而侵欺予夺之讼不兴。后之时,国无世家,乡无礼俗。有能仅存而不废者,非上之教,盖系乎其人焉。降及近世,风俗益衰。吾观于仕者之家,而三世不别籍者希矣。①

古人生时家族聚居,死后有家族墓地,这彰显了家族亲情的凝聚力,因而支系虽然庞大,也没有互相之间的争夺纠纷。后世礼崩乐坏,家族伦常缺失,而会稽望族唐氏家族谱牒完备,数百年不乱,"于是会稽之士大夫,贤唐氏之子孙不散其宗,能守其身而孝其亲,复故物而光先猷也。曰:'凡有家者,不当然乎?'"唐氏子孙不忘族谱,延续先人教化,恪守先人遗训,律己严,事亲孝,因而受到会稽士大夫的敬重,成为当地楷模。一个国家是由诸多家庭组成的,因而家族的伦常和谐是国家安定的基础,戴氏对家族关系和睦的提倡具有重要意义。

与对乡土观念和家族伦常的重视相关,戴表元散文中也表现出对孝道的崇尚,《丹泉墓记》记载番阳银阜叶士心葬母于相传为葛洪炼丹泉的丹泉,结庐守候,以其至孝之心赢得尊敬:"番阳银阜之丹泉,亦相传为葛翁所汲,里人叶士心葬母于其旁而结庐焉,如将终身。既而部使者嘉其行,拔以左史。士心清通谨恪,与物无竞,自其长其朋其游其所知,一一俱以孝廉称之。于是各为丹泉之歌若文,以发士心之微,非所谓'孝子不匮,永锡尔类'者耶?"叶士心不汲汲于功名富贵,而欲为母终生守墓,此举感动了掌管督查的官员,提拔其为左史。士心清廉、通达、严谨、克己的品性得到周围所有人的称道,他的孝道和廉洁尤其受人重视,士人们纷纷为丹泉墓写诗赞美。戴表元引用《诗经·大雅·既醉》中"孝子不匮,永锡尔类"一句表达对叶士心的嘉赏之情,认为上天会赐福给孝顺之人。

---

① 〔元〕戴表元:《剡源戴先生文集》卷五,《四部丛刊》本。

戴表元不仅强调家族伦理的重要性,他也很重视个人日常生活中的行为规范,《容膝轩记》载:

> 始余读书,则尝想象古人居处、服食、动作、百物之态,以质诸书中之所言。合者以喜,不合者存而求之,合然后已。出而语于人,人曰:"如子言,则当席地而坐,汗竹简,科斗书,编韦而读之而后可。又益求不止,则夫是栋宇衣冠饮馔者,将皆不合,而子岂不为怪民哉?"余曰:"孟子之论友也,先论世,而学礼者道古昔,称先王,岂曰吾具耳、目、口、鼻四体俨然,但当为今人也而已乎?"自为此说,与世之人落落不相同之日,亦已久矣,而终未悔。会稽孙君凝字德夫,筑别室于寝之东偏,聚古圣贤人之书以学于其中,命之曰"容膝"。余闻其名而思之。盖夫古之君子,所以居其躬也劳矣,虽一欠伸、一俯仰而不得肆也。其居之有次而勤之有业,严之有分而息之有时。①

戴表元从幼时起读书就不仅吸收其中的文化知识,而且想象古人日常生活中的细节,以便自己的行为合于古道。虽然这种做法遭到一些人的反对,但他仍然坚持不懈,因而有别于大多数世人之所为。而会稽孙德夫建"容膝轩"之事使戴氏有终遇知音之感,古人饮食起居、动作、服饰皆有法度,虽俯仰之间亦不得放肆,其居处有规律而勤于读书劳作。孙德夫以"容膝"二字命名其居所,正体现出其居处不妄为、有节制之意。戴氏对日常行为重视的同时也强调士人应该常常反躬自省,《省轩记》载:"今夫吾人,以其邈然之身,行乎世故之风波,而历乎人情之险阻。功名利禄之诱,嘘之于外;妻子饥渴之迫,驱之于后。此虽欲省且不得暇,而颠迷陷溺之忧,何由而免?故古之人,居则必有盘盂几杖之铭,以省于视;动则必有珩璜琚瑀之节,以省于听。纳屦也必有绚,以省于步;饮酒也必有禁,以省其量。御省于䙆,立省于佩;交际也省于辞令,侍命也省于容色,斋戒也省于肸蚃,寝息也省于梦寐。此犹曰平居暇日,常情恐惧云耳。"(《剡源戴先生文集》卷三)戴表元认为当今士人或为谋生而辛苦奔波,或受功名利禄诱惑而沉迷不悟,无暇自省,因而更加不能避免迷惘困顿之忧。而古人在日常生活方方面面都存在一些器物或规范引人自省,因而时时警觉,远离因沉迷困惑所带来的忧患。能够反躬自省是士人品德修养的体现,也是世风教化在士人身上的一个缩影。

戴表元散文中鲜明地表现出对世风伦理的强调,他主张发挥学校教育

---

① 〔元〕戴表元:《剡源戴先生文集》卷三,《四部丛刊》本。

的作用，以此提升人们道德修养的水平。并且认识到乡土、家族意识的重要性，以及文人日常生活中与世风教化密切相关的诸多方面。

三、对乱离社会的忧思

戴表元生活于宋末元初社会大变动的时代，南宋末年兵灾频仍，人民流离失所，戴表元自己也有在兵乱中逃难的惨痛经历。兵乱平息之后进入元代蒙古人统治的天下，汉族知识分子难免有一种浓重的失落感，戴表元很多散文描写了文人的隐居生活，这些作品表面赞美文人清雅的生活，实则蕴含着更深刻的思想。有研究者认为戴表元的散文"写得较好的多为亭堂斋室之记。这部分文字，多寄托故国乔木之感"①。如《乔木亭记》记载了清河望族张君的生活变故及心理状态：

> 乔木亭，在清河张君燕居之东。张君望清河，籍西秦。其先世忠烈王，尝以功开国于循而邸于杭。子孙五世，而所居邸之坊，至今称清河焉。余儿童游杭，见清河之张方盛。往来轩从，趋盖填拥，岁时会合，鸣钟鼍鼓，笙丝磬筑相谯乐。飞楼叠榭，东西跨构，累累然无闲壤。岂惟清河，虽它贵族，盖莫不然。如此不数十年，重来杭，睹宫室衣冠，皆非旧物。他族亦皆湮微播徙殆尽，而惟清河之张犹存。余尝登所谓乔木亭而喜之，风烟蔽遮，林樾清溱。美乎哉！其可以庶几古之故国乔木乎？主人对余而叹曰："嗟乎！吾乔木乎？是亭者，几不为吾有，吾幸而复得之。吾生于忠烈之家，自吾之先，未尝无尺寸之禄。当其时，出而逸游，入而恬居，耳目之于靡曼妖冶，心体之于芬华安燕，故未尝知有乔木之乐也。自吾食贫，不免于寒暑饥渴之患。吾之处事不待倦而休，涉世不待困而悔，日夜谋所以居吾躬者百方，欲复畴昔之仿佛不可得，时时无以寄吾足，骋吾心。则瞰好风景佳时，取古圣贤之遗言，就乔木之旁而讽之。其初不过物与意会，久而觉其境之可以舒吾忧也。为之徘徊，为之偃息，为之留连，不忍舍去。故倦则倚乔木而憩，闷则扣乔木而歌，沐则晞发于乔木之风，卧则曲肱于乔木之阴。行止坐卧，起居动静，无一事不与乔木相尔汝。盖吾昔也，无求于乔木，而今者，知乔木之不可一日与吾疏也。吾是以必复而有之。"②

---

① 查洪德：《综百家之说，开一代诗风——戴表元的理学与文学》，《殷都学刊》2002年第1期，第71页。

② 〔元〕戴表元：《剡源戴先生文集》卷一，《四部丛刊》本。

乔木亭在清河张君居处之东，为张君所有。张君是忠烈王之后，戴表元幼时曾经目睹其在杭州的府邸富贵豪华的场面，轩车往来、钟鼓齐鸣、丝竹磬筑之声悦耳，飞楼叠榭无比华美。但几十年之后，作者再次见到张氏之居，完全失去了昔日风采，宫室衣冠皆非复从前，往日豪贵门第如今一片萧条。发生如此巨变的不仅张氏一家，其他豪贵亦然。戴氏以乔木亭为中心，细腻地描写了主人张君面对如此变故的感叹。张君回忆其家道昌盛之时沉浸于荣华富贵的享乐之中而不知乔木带来的乐趣，而时移势迁，国家的变故对高门望族的生活产生很大影响，经历兵灾浩劫之后，张家门庭萧条，繁华不再。此时心中孤独无聊无法消解，则于乔木之下读古圣先贤之书，方才体会到在乔木之下可使精神与天地自然合一，有舒心解忧之效。乔木历经了历史的变故而依然挺立，这种境界给在乱世中饱受煎熬的人们以鼓励和启迪，张君也因此寻求到了心灵的解脱。这篇散文在平淡的语言之下蕴含了浓郁的感伤情绪。《耿氏时思亭记》也表现出浓郁的伤时悯乱之情：

> 郓耿子都之先墓，在泰山东汶水上。子都既出仕，游四方，而心悬悬不能忘也。一日以谂余曰："吾家由高曾以来，怵于兵，顾兆域虽存，而榛芜莽然，樵刍往来。盖尝与宗党谋筑一亭，以为展省之地，而名之曰'时思'。子幸为我记之，何如？"①

郓地耿子都身在仕途四处奔波，其先人在泰山汶水上的墓地因兵灾影响而荒芜失修，子都欲筑一亭以表思念，名"时思"，以示时时不忘之意。戴表元赞美子都仁孝品质的同时，也为之感慨："耿，故大宗，而郓，齐鲁间儒府也。耿自得姓，以至子都，凡几世，世凡几兵，兵而得完者几家，家完而得衣冠登仕者几人。同枝而独荣，气必有所钟；同源而独清，流必有所渫。子都于此，时时思之。"耿为大族，郓乃仁德之乡，而今耿氏先人之墓处于荒蓁野草之间，子都虽为耿氏历经磨难而犹能衣冠登仕的贤者，也只能筑思时亭以寄托哀思。兵灾战乱给人们的生活造成了极大的破坏，也使礼仪之邦的文化发展受到了阻遏。《洛阳独乐书堂记》中也在盛世和乱世的对比中抒发了对乱离社会的忧思：

> 司马温文正公居洛阳，以道德文章功业为中原纯儒名臣。当升平之时，享谦静之福。所与游如文潞公、邵尧夫、二程夫子、苏子瞻之徒，又皆一时天下妙选。而其独乐园者，蕞然在诸豪贵间，几不可比。数人

① 〔元〕戴表元：《剡源戴先生文集》卷一，《四部丛刊》本。

以公故,亦屡喜游之。窃计洛阳虽名区,去之千百年,欲复求时遇其人,似不可再得。公没未几何,事果有不可言。凡昔之王侯将相,华榱绣户,文轩畅毂,弦歌钟鼓,衣冠玉帛,相与动心荡目、以为承衍之娱者,举一转而为荒蓁茂草。独其山川犹存,不过寒蜇野兔之往来吊劳穷寂而已。①

司马光处于北宋承平时代,享受太平盛世的福泽,其独乐园成为文人墨客喜游之地,呈现出一派繁华景象。但司马光身殁后,世事发生了意想不到的变化,宋世衰微,兵灾四起,昔日王侯将相的豪华府邸庭园一变而为荒蓁茂草,精美的建筑遭到摧残,只有寒蜇哀鸣、野兔往来了。这种令人触目惊心的改变反映了南宋兵乱对社会生活造成的破坏,不仅平民百姓和普通文人遭遇苦难,即使像司马光这样的显贵,他一生的基业也毁于战乱。宋末战乱对人民生活的影响极大,对国家经济文化的摧残也相当严重,《奉化州学兴筑记》载:"吾奉化犹为县也,庙学栋宇几为兵废,襄贵丁公济来为尹兴之。县既升为州,相距不十年,而垣藩不修,卫防旷空,荆芜被之,蹊隧生焉。"奉化作为县时,学校被乱军摧毁,后经贤人主持修建而复兴。但不到十年又呈现出一片荒凉的景象。学校的兴废是治世和乱世非常明显的标志,戴表元在自己家乡奉化学校修建的曲折过程中寄托了乱世的悲忧。亭台楼阁、园林建筑的荒废,学校的废弃皆是兵乱带来的后果,《秋山记》中也有相关描写:

　　吾宣州盛时,声驰势奔,家公户卿。山之幸而附于其旁,高者风台天榭,卑者锦林绣谷。兵争以来,忽焉而化为风烟,返为丘墟。异时衣冠钟鼓之区,但见寒萤野燐、幽虫过鸟,相与窥游听承于荆榛草莽而已。②

宣州处于盛世之时,公卿贵族声势显赫,生活极尽奢华,山上也建造了风台天榭、装饰了锦林绣谷。兵争纷起后,山上繁华景物如风烟般消散,丘墟荒凉本色复现,但见萤光燐火、幽虫飞鸟,呈现出荒凉、萧条的景象。戴氏散文中也反映了当时文人在经历战乱之后生活的变故,《送张叔夏西游序》中通过南宋著名词人张炎前后期生活对比突出了战争对文人生活的影响:

---

① 〔元〕戴表元:《剡源戴先生文集》卷一,《四部丛刊》本。
② 〔元〕戴表元:《剡源戴先生文集》卷四,《四部丛刊》本。

　　玉田张叔夏,与余初相逢钱塘西湖上,翩翩然飘阿锡之衣,乘纤离之马,于是风神散朗,自以为承平故家贵游少年不翅也。垂及强壮,丧其行资,则既牢落偃蹇。尝以艺北游,不遇,失意丞丞南归,愈不遇。犹家钱塘十年。久之,又去,东游山阴、四明、天台间,若少遇者。既又弃之西游。于是余周流授徒,适与相值,问叔夏何以去来道途若是不惮烦耶?叔夏曰:"不然。吾之来,本投所贤,贤者贫;依所知,知者死;虽少有遇而无以宁吾居,吾不得已违之,吾岂乐为此哉?"语竟,意色不能无沮。少焉饮酣气张,取平生所自为乐府词,自歌之,噫呜宛抑,流丽清畅,不惟高情旷度不可袭企,而一时听之,亦能令人忘去穷达得丧所在。……嗟乎! 士固复有家世才华如叔夏,而穷甚于此者乎?①

　　张叔夏即南宋著名词人张炎,戴氏此文概括了张炎的平生遭际,戴表元最初与其于杭州西湖相遇时,张炎还是承平时代富贵悠游的公子,但一别之后,时移境迁。宋亡后张炎家道中落,北游谋生,无所依靠,失意南归。居于杭州十年,之后又四处漂泊。戴氏同情其家世高贵、才华出众却因经历兵灾而家道中落,生活难以为继。文章反映了宋元易代之际文人士大夫动荡的生活,也表达了戴氏对乱离社会的悲叹。戴表元也常常在散文中描写自己在乱世中的经历,如《王丞公避地编序》载:

　　越明年,兵声撼海上。村郊之民,往往持橐束缊而立,伺尘起即遁。余与公势不得止,仓皇弃其故业,指山中可舍者为之归,盖其事不能相谋。而流离转徙,困顿百折,不自意复相出于天台南峡之麓。自是而行同途,止同旅,交同友,客同门。急则传声疾呼,老稚携挈,以遁须史之命;缓则握手劳苦,流涕謷释,以宽离乡弃土之戚。②

　　宋恭宗德祐二年(1276),同时也是元世祖忽必烈至元十三年,元军攻占临安,南宋投降,戴表元携家人避乱天台。文中描写了人们在兵荒马乱中纷纷逃难的场景,戴氏在逃难途中与王子谦相遇,二人相互依靠,扶老携幼,最终得以保住性命。《崇胜寺长生灯油局记》中戴氏也如此概括自己的经历:"迩来驱驰五十年,科名利禄,出入是非之关;兵革饥荒,呼吸存亡之歧。""兵革饥荒"为戴氏的一生带来了很多磨难,也使他对乱离社会中的人情世态产生了更深入的思考。如《二歌者传》记述了两位经历乱世的歌女各不相同的

---

① 〔元〕戴表元:《剡源戴先生文集》卷十三,《四部丛刊》本。
② 〔元〕戴表元:《剡源戴先生文集》卷十一,《四部丛刊》本。

命运：

> 杭有善歌者二人，以材貌闻于天下，兵乱流落皆相失。其一人为一武帅得之，绝幸有贽权。而一人嫁为平民妻，在武帅部中。方其未相值也，音信隐隐常相闻。既而幸者创别馆，求民妻而致之曰："吾与尔畴昔固相同类也。幸甚脱死，邂逅于此，愿相娱以尽吾志。"民妻曰："娣意诚美。然吾已弃身草野间，食屡糠粃，衣极麻枲，穷贱蓝缕，以求容于膏粱绮靡间，强而为之，则辱其素，吾不得行也。"盖凡使者三至，三辞之，其言如初。然幸者意坚，请益苦。民妻者亦居贫久，不敢相咈，竟致诸馆中。二人者相见，问艰厄、道故旧，甚欢。幸者惧徒留之不可以安民妻也，则出少年女奴数辈，烦民妻教其歌而时与之禄。稍使归，有以赡给其夫家。①

杭州两位著名的歌妓在兵乱中失散，之后便有了各不相同的人生际遇。其中一位嫁与武帅，有了很高的地位；另外一位嫁为平民妻，生活困顿。后得志者尽力救助困顿者，并给她安排营生使其安心收下一些报酬。作者对于二歌者的事迹有很深的感慨："余在杭时，见衣冠士大夫，以文辞道德相交游多矣。一经患难，反面如不相识。而二歌者，倡优技艺之流，承平齿牙余论所不敢及者也。其所为若是，有愧之乎？"歌者虽然身份低微，但能够顾念旧情，自己有了好的条件不忘提携旧友。而有些文人平时以仁人君子的面目交游唱和，一旦经历战乱的磨难，纷纷但求自保，不会顾及旧交。戴表元这篇散文既是对二位歌者在乱离社会中经历的记述，也表达了对在磨难之后人性不同体现的感慨。

郑乔迁《剡源文钞跋》中对其有如是评价："夫剡源闵宋季文敝，慨然以斯文为己任，而得深宁为之师，清容为之弟子。虽官位不甚显，而至穷老终身，其享文章之福，亦云极矣。"②郑乔迁对戴表元的评价非常中肯，认为他一生以写诗作文为己任，有幸得到良师指点，并教授出杰出的弟子，虽然没有得到高官厚禄，在清贫中终老，但可谓享尽文章之福了。戴氏文章之所以被人们广泛认可与推崇，与其思想内容的博大与厚重密不可分。戴表元散文在思想蕴涵上极具深刻性和现实性，他的题材紧密结合现实生活，但又不是对现实生活表面化的描写，而是表现出他对周围世界的哲理思考和人文关

---

① 〔元〕戴表元：《剡源戴先生文集》卷二十四，《四部丛刊》本。
② 《剡源文钞》目录后，《四明丛书》本。

怀。他追求现实世界中真诚美好的一面,也认识到现实的惨痛与无奈,这种思想情感的碰撞与冲击使戴表元散文的思想蕴涵显得更加丰厚与深刻。

第三节 戴表元散文的艺术成就

戴表元散文在艺术上取得了很高的成就,清代卢文弨评价戴表元文章:"其文和易而不流,谨严而不局,质直而不俚,华腴而不淫。"①认为戴表元散文平易而不落俗流,谨严而不局促,质朴而不俚俗,华美而不淫艳,这主要是从艺术风格上对他的肯定。戴表元在《张仲实文编序》中评价张仲文的文章:"其叙事,如诸葛公起草庐,谈鼎足形势,某当如是如是,而无缺辞、无剩语也。其析理,如吴公子札过鲁,观历代之乐,因其所起而知其所止也。其立教,如严君平依卜筮,劝人父慈子孝而各喻善也。"戴表元的散文也有这样的特色,在叙事、写景、写人方面选材得体、描写得当、不枝不蔓;在议论方面首尾照应、析理圆融;在对世人劝诫上体现出引人向善的内涵。戴表元散文的艺术成就与其题材选择、思想蕴涵完美融合、互为依托,使戴氏散文呈现出大家风范。笔者主要从戴氏散文描写特色、象征和类比手法的运用以及语言特色三方面阐释其主要艺术风格。

一、人物、景物描写细腻生动

戴表元散文选材切近现实生活,因而在人物、景物描写上具有浓郁的生活色彩,体现出生动形象、细致入微的特色。清代郑乔迁《剡源文钞跋》云:"乔迁少读梨洲黄先生赠万五河诗,有'震川古淡''剡源色泽'之语,而不解为何人也。既发先人遗箧,得《震川集》,乃求剡源之文,终不可得。仅从宋潜溪集中得其《剡源文序》,略知其梗概而已。后五河裔孙冠南丈出示《剡源文钞》,盖梨洲所选定者。受而阅之而复之,而不厌百回读之。时方攻举子业,未遑抄录,历岁时而还之,而心终不能置之也。"②郑乔迁最初知晓戴表元是因为"剡源色泽"这一对戴表元的中肯评价,黄宗羲诗中所称"震川古淡"是认为归有光文风具有古淡的特色,而"剡源色泽"则是评价戴表元作品的形象生动,具有色泽感、可视性。

---

① 《剡源集跋》,《抱经堂文集》卷十四,《四部丛刊》本。
② 《剡源文钞》目录后,《四明丛书》本。

清代鄞县张让三在给奉化孙玉仙先生的信中也曾提到"剡源色泽"一语:"近晤沈乙老曾植,谈及《剡源集》,谓藏有抄本,与郁本似微异。盛称剡源之文为南宋第一,兼有朱子、水心之长,于八家外别一面目,惟震川得并之,宋景濂弗如也。其诗亦在《江湖小集》之上。弟谓浙东文派,多自剡源出。梨洲实能知其深处,尝以'剡源色泽'与'震川古淡'并称。即如杲堂之文,亦渊源于此。"①沈曾植是浙江嘉兴人,光绪六年进士,他对戴表元评价极高,认为戴表元的散文在南宋可称第一,是唐宋八大家之外的另一种风格,与明代归有光齐名,宋濂不能与其匹敌,他是对浙东文派影响最大的一人。张让三也赞赏黄宗羲以"剡源色泽"四字评价戴表元。卢文弨《剡源集跋》载:"颖谷,吴人,称'剡源文近子厚,亦闲似苏门,能从容于窘步,萌苗于枯条'。此数语亦殊有见。"②吴人颖谷评戴表元散文风格与柳宗元相近,也具有苏轼的闲雅,能够在有限的题材范围内体现出丰富的内心世界,也能将理性思想表现得具有生机盎然的色彩,卢文弨认为颖谷对戴表元的评价颇有见地。

可见"剡源色泽"是戴表元散文受人关注的一个特色,颖谷所言"能从容于窘步,萌苗于枯条"也与此有相似的内涵。戴氏散文在描写上具有细腻生动的特点,无论写人还是写景都色泽丰润,于平常情境中表现出人物与景物的精神特质和生命力量。如《题温上人心经》中对温上人的描写:

> 温上人面目严冷,人欲求一笑不可得,亦不肯轻诮人,而遇其性所喜悦,欢然自留。得钱出户,即散施贫者,或多,则袖携以访失职贤士大夫而与之。布袍葛屦,放浪啸傲于西湖三竺间五十年。吾观其人,视荣名货利为何等物?故其翰墨流落人间,足堪把玩,又善以意写蒲萄,游戏遇物,立成。至有气力者,具纸素邀之,辄又一笔不兴。闻东昌徐仲彬云,时时过其家,倾怀尽兴,淋漓挥洒,皆不求而作。③

温上人啸傲西湖天竺间五十年,其外表冷峻、不苟言笑,但遇到欣赏之人则欣然与之交游。得钱便救危扶困,将余财皆赠予失职的贤士大夫。作者寥寥几笔便把洒脱不羁、藐视名利财货的温上人描写得生动传神,"面目严冷""布袍葛屦""放浪啸傲"等描绘性的词语具有很强的画面感,生动传

---

① 《剡源集》卷首,民国七年孙锵校刻本。
② 〔清〕卢文弨:《抱经堂文集》卷十四,《四部丛刊》本。
③ 〔元〕戴表元:《剡源戴先生文集》卷十八,《四部丛刊》本。

神。接着作者又描写了温上人不俗的才华,善画蒲萄(即葡萄),且随性作画,有权势者求之往往不得,而遇合意之人则不求而作。作者从温上人的个性特色、外貌特征及超凡的才华等方面对其进行描写,将温上人严肃冷峻而又随性任情的性格特点描写得淋漓尽致。虽然文笔朴实,但描写人物使其精神气度活灵活现,体现出"剡源色泽"。《圆至师诗文集序》中描写了圆至师形象:"圆至师在天童育王寺,余适授徒郡郭,屡相遇于亲友袁氏舍。每见但好弈棋,劳形苦心,拈子移时,嗫嚅而不即下。骨貌素癯,不善饮啖,一语不肯为人说诗文,性似厌聒。然退而出其所作,清驯峭削,殆以理胜。"(《剡源戴先生文集》卷九)这段文字使天童育王寺的圆至师形象跃然纸上,圆至师下棋时的用心与投入及外貌和性格特征在简短的文字中生动地展现出来。《送郑若晦游建业序》中描写了寄情山水的郑若晦形象:

> 乡有郑若晦,与余同客钱塘之日久矣。自其始游,台阃之贵公,方岳之名卿,闻其才,多礼致之。而若晦每得余闲,即浮沧浪,穿巉岩,往来南北两山间,弥旬竟日,若忘归焉。性喜作诗,以江西葛处士庆龙为师,得其法。当意酣气适,信笔取纸自书,山僧道人见之,欢欣爱悦,更下榻致馔食,留连不听去,用是益无他人羁栖旅顿、乏绝憔悴之色。[①]

作者同乡郑若晦客游钱塘,因才华出众而受到礼遇。其得闲便登山临水,喜作诗,因此受到山僧赏识。作者描写郑若晦作诗时的状态,"当意酣气适,信笔取纸自书",语言简洁却形神兼备。戴氏也突出了郑若晦羁旅生活的悠闲自在,与大多数人的羁旅困顿截然不同。戴氏不仅描写现实中的各类人物,艺术作品中的人物也描写得活灵活现,如《唐画西域图记》描写了唐代古画《西域图》中的人物画像:"一王二奴皆垂髻,王白皮裘,黄毛靴,坐而偻指数曲。奴青襦黄履者,拍手为节而歌,面有酒色,丹襦皮束项者,与王同目右注而眄。衣皆反领者,又党项之西千碉国也。所藉皮或毛或不毛;色或素,或淡紫,或绚缫成红波。人物肤肉,溢生纸面,顾揖向背,动止迟速诸态,观之奕然如生。"(《剡源戴先生文集》卷四)作者对古画中人物的发型、服饰、动作、形态都进行了细腻的刻画,使古画的风采生动地展现在读者面前。

戴表元不仅描写人物具有鲜明的可视性,在景物描写上也体现出明显的"剡源色泽",他能够用简洁的语言将所写景物描摹得细腻、生动,如在目前。如《稼轩书院兴造记》描写稼轩书院:

---

① 〔元〕戴表元:《剡源戴先生文集》卷十三,《四部丛刊》本。

讲庐斋房,储仓膳庖,会朋之序,休客之次,通明之牖,备礼之器,于昔所有必补,凡今所无必具。植都门,缭周墙,甃文逵。余尝以暇过赵君,冈峦回环,榆柳掩郁,长湖宝带横其前,重关华表翼其后,心甚美之。问水堰,曰:"是中可种万头鱼,今以蓄泄水处也。"问松台,曰:"是稼轩遗迹,旧植柏千株,今增之成林也。"问桑圃官池,曰:"是稼轩所耕钓,今表而出之也。"问湖上门,曰:"是旧途自西循湖南东来,今始复也。"问新井,曰:"是旧凿,今得诸涯莽中,修浚而汲之,非新井也。"问地广袤若何,曰:"是西北旷土,皆稼轩故物,为营卒所侵,吾请于官得复。而万户府又约束之,使无扰也。"问土役多寡、财计赢缩若何,曰:"吾力何以及之,此赖郡侯捐俸倡助,而诸人相与成之也。"问余役尚几何,曰:"吾所欲就何有极,使不以满去,将专祠辛侯。"别置小学,作一亭,名"倚晴",以眺灵山诸峰;一亭名"鱼乐",以俯西池;一亭名"盟鸥",以复湖心之旧也。①

戴氏详细地描写了新建成的稼轩书院非常完整的布局,他写自己拜访山长赵然明时所见稼轩书院的环境,突出了对稼轩遗迹松台、桑圃、官池、新井等地的描写,字里行间蕴含了怀旧的情绪,也渲染出了稼轩书院浓郁的文化氛围。作者还描写了山长赵君即将为书院增添的建筑——"倚晴""鱼乐""盟鸥"三座亭,用以看山观水,并效法先贤鹅湖旧事。文章中景物描写非常具有层次感,先写书院主体建筑,接着写周围环境,水池、树木、土地广袤程度等,最后写书院即将添置的建筑,在描写的过程中充满了浓郁的怀旧之情,蕴含了作者对宋世怀念。《西村记》描写友人乐廷玉故居西村风景与构建:

余尝间行过其居,见其居扁书所谓"西村"者而异之。廷玉曰:"嘻!吾东平先君子之所庐也。吾家自昌国君有籍齐赵间,子孙屡徙,而东平之西村,自亳而东三世矣。其镇有三山之秀且崇,其浸有泗、汶二水之委流,其聚有陂池场圃馆榭之胜,其业有耕蚕、钓弋、芰荷、榆枣、瓜蓏之入,其俗有宗姻邻党、岁时伏腊、游眺讴歌之娱。自吾来南,此事遂废。每好风佳辰,未尝不矍然触以遐慨也。故吾以名其居,庶几时时见吾西村焉。"②

---

① 〔元〕戴表元:《剡源戴先生文集》卷一,《四部丛刊》本。
② 〔元〕戴表元:《剡源戴先生文集》卷四,《四部丛刊》本。

"西村"本为乐廷玉先父所建故居,廷玉离乡出仕难忘故土,因而将"西村"作为现在居所之名,戴氏描写了廷玉记忆中故居的风景。东平西村有秀丽而高峻的三山,泗水、汶水流经村落,村中有池塘、场圃、馆榭等供人劳作与休闲,人们从事各种行业,如耕地、蚕桑、垂钓、弋射以及种芰荷、榆枣、瓜蔬等等,生活淳朴而安宁,民风淳厚,保持着传统民俗。这种生活使廷玉颇为怀念,因而将居所命名为"西村"聊解忧思。戴氏根据乐廷玉的叙述将山清水秀、纯朴自然、人情味浓厚的西村描写得生动形象,人们安宁祥和的生活场景如在目前,可见戴氏写景状物的功力。朱迈《剡源文钞序》评之:"且剡源之时何时乎,阳气既遁于黄钟,变徵绝弦,慨当以慷,乃一不露其锋芒而韵味深长。初读之,朗月入怀也,既而凄风苦雨中,猿吟而鹤唳也。又既而泠泠乎,飘飘乎,行云御风,转春和之沃若也。"①

戴表元善于选取最能体现人物或景物特点的地方进行细致生动地描写,写人能做到形神兼备,外貌、行为特点及精神气质的与众不同都能展现在读者面前;写景状物则能以形象的语言突出其最具特征之处,从多角度、多侧面进行描写,运笔或繁或简,但都能做到层次清晰、秩序井然,通过文字将人物、景物的特点一一展现于读者眼前,古人所谓"剡源色泽"的确道出了戴表元散文形象与丰润的特色。

二、象征、类比手法的运用

"剡源色泽"不仅仅体现在人物、景物描写之上,戴表元散文中大量运用象征、类比的手法,这些手法的运用也使文章增色不少。他常常以自然界中的事物如冰雪、水木、香草等等象征人生百态,如《冰谷记》写东昌徐仲彬隐居于秭陵,将自己的居所取名为"冰谷",戴表元便以冰之特色象征徐仲彬人格:

> 天地之间,得气之最先,流动有形而最多者莫如水。水之动于气形,其自有而无者为云;自无而有者,为霜为雪为雹;至于为冰,极矣。而皆水矣。然水之动而为云,人见之以为常;而其为霜雪也,必感于其时而变。变之过者为雹,人之遇之,心怵然以惊,有之多而必厌苦。惟夫冰,人之遇之而不惊,有之多而不厌苦。当其时之宜有而适无,则国无以为礼,而史官书之以为阙。且其为物,生于气之本无而不浮,寄于形之自有而不滞。清而不伤,坚而不冽,明至于可鉴,而能深沉以藏纳;

---

① 〔元〕戴表元:《剡源文钞》卷首,《四部丛刊》本。

严至于使人憭切凛栗,而潜阳内敷以发物。可以蠲烦热,可以爽滋味,可以却污秽,可以消疾疬,盖天地之精祥、而气形之先觉者也。①

水为天地之间灵动之物,其变化形态也最为丰富,为云、为霜、为雪、为雹,而冰是其变化的最极致的形态。戴氏分析了冰的清、坚、明、严,以及深沉藏纳、潜阳内敷的特点,认为冰为天地间精深微妙、纯净祥和之物,东昌徐仲彬隐居嵇陵,将自己的居所命名为"冰谷"有其象征意义:"余谓仲彬之才猷德量,其清严坚明而不浮滞。行事可以及人,人喜之,不惊不厌苦。而用舍关于世之有无,皆庶几乎吾之所取于冰者。由此道也,他日益处而发祥于时,流泽于民,名扬誉洽,疏瀹澡雪。而归,濯缨于冰谷之泉,晞发于冰谷之林,挹冰谷之沉瀣以为茗浆,发冰谷之清冷以为醪醴。嵇陵之居游名流胜士,有如太白者,闻冰谷之风而来,则与之清谈雅歌,欢游乐饮以终日,岂不出处无愧,而身名两适也哉!"戴氏认为冰的特性象征了徐仲彬的人品行为,仲彬如冰清严坚明,如冰使人不惊不厌,能给世人带来诸多美好的感受。仲彬居处以"冰谷"为名,象征了其出仕能为百姓带来福泽,其退隐可悠游于冰谷山石泉林之间,无论仕隐皆无愧于己、无愧于世。《冰雪相看之居记》写吴成季法师之居名曰"冰雪相看",并借学道者之口阐释了此名的寓意:

> 盖尝静而思之,冰雪者水之迹,水者天地之迹,天地者太虚之迹,太虚者气之迹。人以其迹与太虚之迹相摩,不啻百千万尘之一息。其偶然得气之清,而能以功言行业著称于时,而超异于流辈者,亦犹水之偶变而为冰雪也。名成志就,得其凭依,享之长年而有后者,冰雪之近于人而收藏稍久者也。俯仰虽不愧于幽明,而忧谗畏讥,名不能终全,志不得尽遂者,冰雪之难成、而须臾幻灭者也。全贞守素,深潜不市,以自善其道,冰雪之处于空林邃谷,而无斧斤之戕、风日之烁者也。②

作者以冰雪的形态象征人生的状态,认为得天地之清气者能超越俗流,正如水偶然凝结成冰;成就功名者能长久影响后人,如冰雪可以为人收藏稍久;虽无愧于天地之间,但备受诟毁而功业不就者,如冰雪难成;保全自我人格不受世俗侵害的隐者如冰雪处于空林深谷,远离斧斤的砍斫,避开烈日的炙烤,得以保持完整的形态。戴氏借学道者之口将冰雪不同的形态象征人生不同的境遇,并发出感慨:"然是数者,皆不能不化。虽不能不化,而其为

---

① 〔元〕戴表元:《剡源戴先生文集》卷四,《四部丛刊》本。
② 〔元〕戴表元:《剡源戴先生文集》卷六,《四部丛刊》本。

冰雪清气长在也。"认为人不能长存于世,正如冰雪终归要融化,但其清气会长留于人世。冰雪是戴氏所崇尚的一种自然景物,他认为冰雪是自然精纯之气凝结而成,因而与君子贤人精神品格有相通之处。戴表元也以水木的特征象征人的精神境界,如《清华堂记》形象地阐释了将董彦受所筑读书堂取名"清华堂"的原因:

> 子亦知夫水与木乎? 水之滔滔而来,若是之清而不污者,岂非崇冈激之,巨石梗之,疏治之不已,而致然乎? 林木之苍然,其蔚蔼蔇绚于春阳时雨,若是之可悦者,岂非以前日之凝冬冱寒,郁薄之久,而能坚其华乎? 是不难喻也。今子之质甚良而资甚裕,良则不烦,裕则不劳。不烦不劳,则不知所苦而懈于学。吾固愿子激梗之以崇冈巨石,郁薄之以凝冬冱寒,使清者益疏而深,华者益成而坚,不亦可乎?①

奉化万竹董彦受建成读书之堂,请戴表元为此堂取名,戴氏便名之"清华",他以象征的手法阐释了此名的深意。滔滔奔泻的清澈水流是因为有高山巨石对其激荡、阻碍,因而能涤荡污垢,呈现清流;林木在春天郁郁葱葱新鲜可爱,是因为冬日凝寒磨砺日久,使其蕴藏了更多天地之精华,得以在春天郁薄而发。因而"清华堂"蕴含历经磨炼而有成之意。戴氏以水木的特点象征董彦受在读书学习过程中需经历的磨砺以及对其最终有所成就的期盼。戴表元散文中也以香草为象征以寄意,如《芷屋记》载:"乡友范龙友字云仲,尝以'芷屋'名其居,而从余谒文以为记。余尝问之云仲,屋凡数楹,种芷若何。云仲曰:'吾篓人,未遑于是,姑有托于《骚》而云尔。'"范云仲以"芷屋"命名其居所,却并未在此处种芷,只是取意于《离骚》,戴氏对此深有感慨:

> 余闻其言,窃有感焉。盖余少而喜《骚》,私念其居近市嚣隘,故尝思为楚人飘荡浅说之辞,冀援以自广。既而思其所服食,思其所佩袭,思其好乐,思其寄托,独恨与屈大夫同生江南,而《骚》中草木名字往往不能通解。岂由湘浙风气土俗不同而然耶? 久之得一官游楚,日与楚人博物通文字者往还。举而问之,其茫茫不知,去吾浙人无几耳。余然后始大悟,夫学《骚》人无庸以名物为主,亦聊取其志而已。②

---

① 〔元〕戴表元:《剡源戴先生文集》卷二,《四部丛刊》本。
② 〔元〕戴表元:《剡源戴先生文集》卷三,《四部丛刊》本。

　　戴氏回忆自己曾经执着于探究《离骚》中草木之名,并向楚地博学者请教,然而即便是博学者也对此茫然无知,于是戴氏理解了屈原是以香草寄意,而不必执着于名物,范云仲命名"芷屋"亦是此意。《离骚》中香草所象征的君子人格能给奔波于科考与仕途之中的文人士大夫以精神上的安慰,正如戴氏所言:"然方是时,不免为科举利禄之役,既以不资之身,争得失于千万人喧呼之场,冲风露,冒暑潦,跋涉一二千里水陆,以干斗升之粟。此何足与语屈大夫之风哉?迩来形颜悴枯,气质变化。异时只言片语,所采掇于《骚》以为娱者,油然触心,不知百忧之集。"文人生活在巨大的压力和纷争之下,需要寄情于物来疏导心理上的不平,《离骚》中所提及的诸多香草亦可用以寄情。《紫芝亭记》则以紫芝象征祥瑞安宁:"余惟天地山川雨露之所生,草木之华实,一一皆有益于人。惟芝之为物,疑若世外无用之宝,可以为祥瑞颂咏,而不系于朝暮之所采撷,寒暑之所服袭。"(《剡源戴先生文集》卷一)戴氏认为集贤直学士赵君隐居之处在秋日里生出紫芝是祥瑞之兆,因紫芝有与君子相近的品德:"其即之郁而柔,藏之忍而坚,近于有德君子。"(《紫芝亭记》)除了以自然物象作为象征的媒介之外,戴氏也从现实生活中的具体活动得到启发,以象征的手法形象生动地表达自己的思想,如《游兰亭诗序》云:

　　　　今夫杯,油油然随风而行,浮浮然乘波而流,盛醇驾轻,若浮若沉,前行既迁,而后至者亦莫能自休焉。今吾人之游于世,有以异于杯之游于水乎?今人之不能为古人,犹古人之不能为今人也。而何美乎?且人苦不自知,当永和诸贤徘徊几席间,取快一时,岂暇豫期后世事。[①]

　　戴表元与友人于元成宗元贞元年乙未(1295)春游兰亭,曲水流觞,临流赋诗。戴氏以杯流于水中不能停驻象征人在历史的河流中不能逆转,虽然皆在兰亭流觞赋诗,但与当年王羲之等永和诸贤对人生的感受大不相同,时移事迁,今人不必羡慕古人,"若然者,徒败人意耳。今日之事,且极饮为乐,安知后来者不羡从吾今日而不可得乎?"(《游兰亭诗序》)因而要尽兴欢饮游赏,后人可能体会不到元贞乙未年此游之乐了。戴氏以杯行水上象征时间流逝、人生的不可重复,从身边事物引出自己深沉的感慨,使文章浅易生动。《省轩记》也以翻越峻岭、渡过大川等行动阐释"省"与"不省"之别:

　　　　盖余居山,知天台华顶三十六峰之险且艰,而山中之往来而行者,

---

　　① 〔元〕戴表元:《剡源戴先生文集》卷十,《四部丛刊》本。

未尝病也。问行之人,则山之萦纡屈曲,低昂起伏,嵌洼偃突,虽阴暝霾晦,而一能识其处。他日其人与群儿戏平陆,白昼蹶焉。又尝行大川。陵震泽,浮扬子,见舟人驾扁舟于溟茫汹涌,吞天浴日之涛,目无留瞻,而手无停操,人人为之震眩失措,而己方夷然不自以为劳。及乎篙休载輸,放意酣卧,而漏生其中。此省与不省之说也。①

王麟伯居所名"省轩",戴氏钦佩王麟伯人品学识,"余惟麟伯自其少时,则既知诵习于圣贤人之书,长而能游,则及接识天下之名卿贤大夫。游倦而仕,则又能行其所知,而无愧于百里之民。是其平生本末种种,皆非流辈所及。顾方兢兢然愿内自省焉,岂非厌时材俗誉为不足喜,而求庶几有见于道乎哉?"(《省轩记》)麟伯少时勤奋苦学,青年壮游并广交名士贤大夫,游倦出仕为官,能尽其所能无愧于一方百姓。戴氏认为麟伯平生所为之所以能超于俗流之上,在于其能兢兢于内省,而"省轩"正是其善内省的标志。戴氏以登山涉水的过程象征"省"使人智慧明达以及"不省"祸患丛生,登山者在翻越险峰时谨慎自律,虽地形险恶、云雾迷蒙而不会迷路或有任何闪失,但行平路却因疏忽怠慢而白日迷途;驾扁舟渡太湖、扬子江之人,在惊涛骇浪之中小心驾船,用尽耳目心力,因而祸患不生,反而在渡过惊险之后随意酣睡而出现纰漏。戴氏以形象的生活事例象征"省"与"不省"的不同结果,一方面赞美了王麟伯平生勤于自省的美好品质,另一方面对当时人疏于自省表达了忧思。戴表元也擅长运用象征的方法将玄妙的思想形象化,如《损庵记》载:

> 普益师之居,在吴州东南海上。少长走四方,得大浮屠之有道德者数人。其说不同,大要皆教之去益以为损。及是投老于钱塘之净慈,而名其居曰"损庵",而求文于余。余曰:"子之师,日夜教子以损,而又益之以吾之说乎?"则大笑。然求不已,乃与之言海。夫海难言也,其广狭浅深,非人之智计所可测也。昔者子之所居,仅得于海之支流余浸,而非海也。方其泛然而流,漫然而浮,汪然而经途越港,穿塘埭,泛陂泽,飚驰而来,霆突而奔,云蒸而盈者,海之弥漫衍溢,而非可以为益也。及其忽然而休,翕然而收,去之穴然而不可得,前舒而后泄,东决而西泻者,海之敛藏消缩,而不可以为损也。非徒如是而止,盖尝静而思之,海之为物,澄清停蓄,终古一息,春不加盈,冬不加涸,输之以湖渎,淫之以

---

① 〔元〕戴表元:《剡源戴先生文集》卷三,《四部丛刊》本。

霖潦，而不见其无所容；漏之以尾间，烁之以阳乌，而不见其有所竭。学者之于道亦然。慧如痴，鲁如敏。无所不能为也，如无所为。无所不能言也，如默无一辞。彼其知已之有可损，是犹未离于益也。惟无所事损，则并益而忘之。①

道家认为"损"蕴含了人生的大智慧，老子云："为学日益，为道日损，损之又损，以至于无为，无为而无不为。"（《老子》四十八章）"损"是为道者的必经之路，也是达到无为而无不为的必要条件。普益师居所名"损斋"，作者以海象征损益之道，大海烟波浩渺，百川汇集、暴雨倾泻使之盈满，但不能称之为"益"，因为大海很快会泄导盈满之水，使其消失在无形之中，而海水的敛藏消缩也不能称之为"损"。海水不盈不损，四季如一，河湖之水流入而不见其增，尾间疏泄、日晒蒸发而不见其减。戴氏由此引出学者之道，认为唯有做到忘记损益才能真正悟道。以海水的特征形象地辨析了损益之间的关系，将抽象的思想浅易生动地表现出来。戴表元也喜欢用类比的方法品评诗文，如《许长卿诗序》云：

> 酸咸甘苦之于食，各不胜其味也，而善庖者调之，能使之无味。温凉平烈之于药，各不胜其性也，而善医者制之，能使之无性。风云月露，虫鱼草木，以至人情世故之托于诸物，各不胜其为迹也，而善诗者用之，能使之无迹。是三者所为，其事不同，而同于为之之妙。何者？无味之味食始珍，无性之性药始匀，无迹之迹诗始神也。②

戴氏将庖者烹调之法和医者治病之方与诗歌创作相类比，认为善庖者能调和五味使之完美融合而无味，善医者能配五药性使之无性；而善作诗者亦能巧妙组合意象及情感使之不露痕迹。《张仲实文编序》也运用类比方法表现戴氏对诗文创作局限性的思考：

> 诗者文之事。余尝怪世之能诗家，常谦谦自托于不敢言文。而号工文者，亦让诗不为，曰："道固不得兼也。"噫嘻！是何异于言医者曰"吾曾为小儿医、妇人医，而不通乎他"，言兵者曰"吾能车而不能徒，吾能谋围而不能谋斗"。岂理也哉！西秦张仲实，余诵其诗久矣，信乎其杰然者也。交之二十年，而始见其文。③

---

① 〔元〕戴表元：《剡源戴先生文集》卷四，《四部丛刊》本。
② 〔元〕戴表元：《剡源戴先生文集》卷九，《四部丛刊》本。
③ 〔元〕戴表元：《剡源戴先生文集》卷八，《四部丛刊》本。

张仲实兼善诗文,戴表元也曾为张仲实诗集作序,他认为诗文创作是相通的,以为诗文创作不能兼顾之人就如医者不能兼通医理、兵士不能兼得攻守之术,是不合常理之事。戴氏自己也是诗文兼长,他很欣赏张仲实的诗文创作,并大力提倡文人不应将诗文割裂开来,而应在创作中将二者并重。

戴氏通过类比的方法将自己所要表达的思想观点阐释得明白晓畅而生动灵活。《王敬叔诗序》中也有类似用法:"敬叔亦尝与余言:'吾人学诗,如烧丹道人,劳形内悦,或能以余力取给朝暮。若王公大人,则不必待是而乐。'"学诗之人如烧丹道人,虽然身体劳苦,但心中充满喜悦,诗歌创作会给诗人带来一种由内而外的愉悦感。戴氏在描写诗文给读者带来的美感时也常常用形象的比喻,将诗文之美淋漓尽致地展现出来,如《紫阳方使君文集序》评方回诗文:

> 一夕,乃得尽其平生制作读之。荧荧乎河汉之光华,而阴明舒惨,若有鬼神物怪先后而翕忽之也;恢恢乎太山乔岳、长川巨渎之喷薄氛祲,而龟鼋蛟鳄、豹犀虎象出没震耀之不可狎也;熙熙乎时春之美卉,平郊茂樾,舆马丰腴,而衣冠靓侈,舒眉酣气,乐闻歌谣之奏也。①

戴氏认为文章是作者精气的体现,"人之精气,蕴之为道德,发之为事业,而达之于言语词章,亦若是而已矣"。人的精气表达出来成为言语词章,因而不同的作者有不同的文章风格。方回之文如河汉光华般闪耀,如泰山长川般恢弘,如初春美景般丰盈。戴氏以美丽而奇幻的景物比喻方回文章的艺术感染力,具有很强的可视性。

戴表元散文运用象征、类比的方法使行文更加生动且易于理解,增加了文章的趣味性、闲雅性和审美感,这也是"刬源色泽"的一方面体现。

三、语言质朴畅达,气韵充盈

戴表元散文在语言上与当时文坛崇尚的语言风格不同,其语言质朴、畅达而气韵充盈。袁桷《戴先生墓志铭》记载戴表元对时文的看法:"力言后宋百五十余年,理学兴而文艺绝。永嘉之学,志非不勤也,挈之而不至,其失也萎。江西诸贤,力肆于辞,断章近语,杂然陈列,体益新而变日多,故言浩漫者荡而倨,极援证者广而颣。俳谐之词获绝于近世,而一切直致弃坏绳墨梦烂不可举。"②戴表元对宋末文坛重理学轻文艺的倾向表达了不满,同时认为

---

① 〔元〕戴表元:《剡源戴先生文集》卷十一,《四部丛刊》本。
② 〔元〕袁桷:《清容居士集》卷二十八,《四部丛刊》本。

永嘉学派注重事功、江西诸贤专力辞句典故,都忽视了文学应切近现实生活、反映现实生活的本质,失去了文学应有的灵活生动的特色。清代吴焯也曾评宋末文章:

> 辞章至于宋季,其敝甚矣。公卿大夫视应用为急,俳偕以为体,偶俪以为奇,腼然自负其名。高稍之上,则穿凿经义,隐括声律,孳孳为华世取宠之具。又稍之上,摽掠前修语录,佐以方言,累十百而弗休,且曰:"我将以明道,奚文之焉?"又稍上之,骋宏博则精粗杂揉而略绳墨,慕古奥则删去语助之辞而不可以句。顾欲矫敝而其敝尤滋。私自念,词章在世,如日月之丽乎天,虽疾风暴雨,动作无时,将不能蔽蚀其精明,独怪夫当时之士,奚为乏一人障其狂澜耶? 及览先生之作,新而不刊,清而不露,濯然自异。久之,四方人士争相师法,故至元、大德间,东南文章大家,皆归先生无异辞。①

宋末文章表现出很多弊端,吴焯概括为以下几种:其一,公卿大夫为文目的在于事功应用,在语言上讲求偶俪,失去了自然的色彩;其二,内容脱离现实生活,穿凿附会经义,对前人作品加以剪裁、改写而敷衍成篇,哗众取宠;其三,剽取前人语录加以方言,支离杂乱不成法度;其四,为显示博学粗精杂陈,崇尚古奥删去语助词而使文句不通。这四种流弊的共性大体表现在两方面,一是文章内容脱离现实生活,失去了鲜活的色彩;二是语言雕琢、模仿、杂糅,没有统一的风格,远离了自然之美。吴焯认为文章应如日月在天,光明不应被疾风暴雨长久地遮蔽,因而须有人力挽狂澜,恢复文章本色,而戴表元正是这个关键的人物。戴询《重刻剡源集序》中将戴表元与陶渊明相比:"晋陶元亮辞为彭泽宰,而日娱于诗酒。千载而下,非有精诣之士,孰能知其解哉? 余尝谓渊明非诗人,而先生亦非文士,盖无意于诗文,而诗文自不得不工者,此所以为难及也。"②戴询认为戴表元与陶渊明虽相隔千载,但二人在写诗作文的内在精神上是相通的,即并不是刻意写作诗文,诗文乃是心胸意绪自然流露,因而自有一股生动气韵。

戴表元散文之所以能够力矫时弊,他的语言特色也是一个重要因素。戴氏散文语言质朴自然,他不追求偶俪和华美,也不堆砌典故和前贤语录,

---

① 〔清〕吴焯:《绣谷亭薰习录·集部二》,民国七年仁和吴氏双照楼刊《松林丛书》乙编本。

② 《剡源集》卷首,民国七年孙锵校刻本。

而是以平常语写寻常事。虽然平淡无奇,但内在蕴含了鲜活的生命力,如《拂云阁记》:

> 夫云发于微茫,散于冥蒙,而反于虚空,来不知始,去不知终。其无定止若是,而欲取之以为清,以为高,盖人之强名其然而然,而云岂其然乎?且吾居于山,颇知云,请为明仲仿佛言之,而明仲亦仿佛为我听之。盖余之昔也,尝远游倦归而迷其乡,望望然千步数百步之外,以为云皆在墟市井落。及至墟市井落,而云无有焉。又千步数百步之外而望之,以为云在郊陌藩摅。及至郊陌藩摅,而云无有焉。又千步数百步之外而望之,以为云在林薄崖谷。夫自墟市井落,累进而至林薄崖谷,其取于云弥近矣。就而即之,云终不得而有,何也?云固与人相得,而遂欲托而取之,则不可也。人之求有见于道,亦犹是焉。①

贵溪道士卢明仲居所名“拂云阁”,请戴表元为之作记,戴氏以云的特征阐明其理。作者语言亦如流云般灵动飘逸,他以明白如话的语言将自己迷路望云的经历娓娓道来,不急不迫,有纡徐自然的风采。之后以看云的过程比喻求道:“人之求道,而能摆落言语章句,超脱名物度数,一取之居处动息,其用力也精,而见功也敏,贤于常流,何止万万。抑岂惟居处动息,明仲登斯阁也,澄观反视,凝思静察,一窗户开阖,一几榻纵横,一巾幕张弛,无非道者。然就而求道,种种皆不可得。”戴氏以质朴、明丽的语言叙写了求道应在居处动息之间,或登阁远眺,反观内心;或凝思静察,在日常生活中悟道。“一窗户开阖,一几榻纵横,一巾幕张弛”选取生活中随处可见之物,语言生动自然,写出了“道”无处不在的特点。《送恩上人归云门序》也以质朴的语言描写了恩上人云游倦归的经历:

> 有觉恩上人字以仁,自四明脱发,即往居之。为上人喜,上人曰:“吾何为拘拘于此。肩一簦,缘石桥,循雁荡,出金华洞,过天目,拂灵岩虎丘,浮金焦,仰钟阜,沿灉皖,投匡庐二林。久之略大小孤,捆九华,穷其势,遂将摩洞庭,跨巫峡,历峨眉,望昆仑,然后返豫章,经衡岳,纵观于苍梧之野,无难也。”己亥秋,忽相逢西湖南屏山下,曰:“吾游倦矣。吾思之,使吾有以自适,虽居云门,可以遣吾老。无所适,虽日游万骡,未见多贤于吾云门者,徒劳苦耳。吾行天下,有诗累百首。平生交友满江海,今亦不挂念。顾归而见云门花草树石,皆吾饮食臭味;见云门风

---

① 〔元〕戴表元:《剡源戴先生文集》卷三,《四部丛刊》本。

林湍濑,皆吾声音器玩;见云门烟霞天露,皆吾囊橐储候;见云门禽虫鱼鳖,皆吾过从还往。外此吾何求乎,而复何恨。"①

恩上人四明落发之后不欲久居一地,便去四处云游,作者运用了生动传神的动词描写其云游经历,"肩""缘""循""出""过""拂""浮""仰""沿""望""挹""跨""历"等十几个动词连用,描写了恩上人一路行程所见,质朴而又生动传神。作者接着写到恩上人游倦思归,元成宗大德三年己亥岁(1299)秋,戴氏与恩上人相遇于西湖南屏山下,恩上人表达了他终老云门的期望。戴氏以平实的语言描写了云门风景,使人有一种朴实而亲切的感受。《崇圣寺长生灯油局记》也以质朴平实而饱含感情的语言描写了自身的经历以及佛灯指引人心的力量:

> 迩来驱驰五十年,科名利禄,出入是非之关;兵革饥荒,呼吸存亡之歧。可谓沉酣厌饫,心欲休而迹不宁者数矣。乃始时时邂逅山林方外长往之流,虽不能为其学,见其逍遥自在,意不能无感动。若其徒之说,以佛氏之道,光明莹彻,传于诸老先师之润色而不可灭者为灯。发之以坚忍,滋之以精苦,散之以慧悟。其初甚微,其末甚炽,故有一灯万灯无尽灯之目。学者存而求之,无所穷其想象爱慕,则为之宫室焉,而束之于躬;为之仪像焉,而肃之于目;为之钟鼓焉,而震之于耳;为之梵呗焉,而严之于口;为之芬香焉,而荡之于鼻。诸事具矣,乃复为长明之灯焉,而洞之于心。②

戴氏叙述自己五十年来颠沛流离的人生经历,以"科名利禄"和"兵革饥荒"八字概括了其五十年的人生,不事修饰,简洁而具体。这种经历使其疲于奔命,内心不得安宁,因而结识方外之士,感受到佛灯对人的精神向光明处引导的力量,而将其概括为"发之以坚忍,滋之以精苦,散之以慧悟"。语言简练而深刻,将佛家的思想精微准确地阐释出来。戴氏散文虽然语言朴素、通俗,但因其体现出作者对社会、人生以及自然的深刻感悟而有丰厚的内涵,字里行间流露出生动的气韵,这种气韵使戴氏散文散发出永不枯竭的生命力。

戴表元散文在宋末元初文坛独树一帜,他以密切结合现实生活的选材、透过现实生活洞晓世态人情的思想以及饱满深厚的艺术感染力不仅得到了

---

① 〔元〕戴表元:《剡源戴先生文集》卷十四,《四部丛刊》本。
② 〔元〕戴表元:《剡源戴先生文集》卷四,《四部丛刊》本。

当时文人的认可,后世文人也一直对其推崇备至。民国张寿镛《剡源文钞序》评之曰:"余维先生,东南文宗也,昌黎起衰于六朝之后,先生振敝于宋世之末。"①张寿镛将戴表元与韩愈并提,认为他力矫宋季文风,功不可没,成为东南一代文宗。清代郑乔迁《剡源文钞跋》评之:"则夫古文一道,犹论乐者之于黄钟大吕,久矣为人厌弃,所谓大声不入里耳,折杨皇荂则嗑然而笑者也。然而琼枝瑶草即埋没于荒彦之中,与黄茅白苇相伍,而其本色终不能为黄茅白苇所掩也。"②戴表元散文经历了时间的考验,在文学史的长河中经过披沙沥金,一直卓然于文章之林,体现出其大家风范。

---

① 《剡源文钞》卷首,《四明丛书》本。
② 《剡源文钞》目录后,《四明丛书》本。

参考书目

[1]〔元〕戴表元:《剡源戴先生文集》,《四部丛刊》本。

[2]〔元〕戴表元:《剡源文集》,《四库全书》本。

[3]〔元〕戴表元:《剡源集》,《宜稼堂丛书》本。

[4]〔元〕戴表元:《剡源戴先生文集》,清抄本,复旦大学图书馆藏。

[5]〔元〕戴表元:《剡源逸稿》七卷,缪荃孙藕香簃抄本,上海图书馆藏。

[6]〔元〕戴表元:《戴表元集》,李军、辛梦霞点校本,长春:吉林文史出版社,2008 年。

[7]〔清〕顾嗣立:《元诗选》,北京:中华书局,1987 年。

[8]〔清〕张景星:《元诗别裁集》,上海:上海古籍出版社,1979 年。

[9]李修生主编:《全元文》,南京:江苏古籍出版社,1999 年。

[10]〔宋〕朱熹:《朱子语类》,北京:中华书局,1986 年。

[11]〔宋〕程颐:《二程文集》,《四库全书》本。

[12]〔宋〕范祖禹:《范太史集》,《四库全书》本。

[13]〔宋〕包恢:《敝帚稿略》,《四库全书》本。

[14]〔宋〕王沂:《伊滨集》,《四库全书》本。

[15]〔宋〕黄庚:《月屋漫稿序》,《四库全书》本。

[16]〔宋〕真德秀:《西山文集》,《四库全书》本。

[17]〔元〕刘将孙:《养吾斋集》,《四库全书》本。

[18]〔元〕戴良:《九灵山房集》,《四部丛刊》本。

[19]〔元〕舒岳祥:《阆风集》,《四库全书》本。

[20]〔元〕袁桷:《清容居士集》,《四部丛刊》本。

[21]〔元〕方回:《桐江集》,《宛委别藏》本。

[22]〔元〕方回:《桐江续集》,《四库全书》本。

[23]〔元〕仇远:《山村遗集》,《四库全书》本。

[24]〔元〕仇远:《金渊集》,《四库全书》本。

[25]〔元〕陈著:《本堂集》,《四库全书》本。

[26]〔元〕黄溍:《金华黄先生文集》,《四部丛刊》本。

[27]〔元〕白珽:《湛渊集》,《四库全书》本。

[28]〔元〕赵孟頫:《松雪斋文集》,《四部丛刊》本。

[29]〔元〕柳贯:《待制集》,《四部丛刊》本。

[30]〔元〕胡炳文:《云峰集》,《四库全书》本。

[31]〔元〕张雨:《句曲外史集》,《四库全书》本。

[32]〔元〕汪泽民、张师愚:《宛陵群英集》,《四库全书》本。

[33]〔明〕宋濂:《宋学士文集》,《四部丛刊》本。

[34]〔明〕方孝孺:《逊志斋集》,宁波:宁波出版社,1996年。

[35]〔清〕全祖望:《鲒埼亭集》,《四部丛刊》本。

[36]〔清〕全祖望:《鲒埼亭集外编》,《四部丛刊》本。

[37]〔清〕王士禛:《古夫于亭杂录》,北京:中华书局,1988年。

[38]〔清〕翁方纲:《石洲诗话》,北京:人民文学出版社,1981年。

[39]〔清〕卢文弨:《抱经堂文集》,《四部丛刊》本。

[40]〔清〕纪昀:《四库全书总目》,北京:中华书局,1965年。

[41]〔民国〕章士钊:《柳文指要》,北京:中华书局,1971年。

[42]〔元〕脱脱:《宋史》,北京:中华书局,2000年。

[43]〔明〕宋濂:《元史》,北京:中华书局,1976年。

[44]〔清〕柯劭忞:《新元史》,北京:中国书店,1988年。

[45]〔明〕董斯张:《吴兴备志》,《四库全书》本。

[46]〔清〕嵇曾筠:《浙江通志》,《四库全书》本。

[47]〔元〕马端临:《文献通考》,上海:上海古籍出版社,1987年。

[48]〔清〕黄宗羲:《宋元学案》,北京:中华书局,1986年。

[49]孙弗侯:《宋元戴剡源先生表元年谱》,台北:台湾"商务印书馆",1978年。

[50]刘飞:《戴表元及其文学研究》,合肥:安徽大学出版社,2008年。

[51]杨亮:《宋末元初四明文士及其诗文研究》,北京:中华书局,2009年。

[52]张宏生:《感情的多元选择——宋元之际作家的心灵活动》,北京:现代

出版社,1990 年。

[53] 钱基博:《中国文学史》,北京:中华书局,1993 年。

[54] 邓绍基:《元代文学史》,北京:人民文学出版社,1991 年。

[55] 张晶:《辽金元诗歌史论》,长春:吉林教育出版社,1995 年。

[56] 张晶:《辽金元文学论稿》,北京:北京广播学院出版社,2004 年。

[57] 顾易生等:《宋金元文学批评史》,上海:上海古籍出版社,1996 年。

[58] 罗立刚:《宋元之际的哲学与文学》,上海:复旦大学出版社,1999 年。

[59] 欧阳光:《宋元诗社研究丛稿》,广州:广东高等教育出版社,1996 年。

[60] 方勇:《南宋遗民诗人群体研究》,北京:人民出版社,2000 年。

[61] 丁放:《金元明清诗词理论史》,合肥:安徽大学出版社,2000 年。

[62] 钟涛:《雅与俗的跨越:汉魏六朝及元代文学论集》,成都:巴蜀书社,
     2001 年。

[63] 李修生、查洪德:《辽金元文学研究》,北京:北京出版社,2001 年。

[64] 文师华:《金元诗学理论研究》,北京:新星出版社,2001 年。

[65] 张健:《元代诗法校考》,北京:北京大学出版社,2001 年。

[66] 么书仪:《元代文人心态》,北京:文化艺术出版社,2001 年。

[67] 梁归智、周月亮:《大俗小雅:元代文化人心迹追踪》,石家庄:河北大学
     出版社,2001 年。

[68] 徐子方:《挑战与抉择:元代文人心态史》,石家庄:河北教育出版社,
     2001 年。

[69] 查洪德、李军:《元代文学文献学》,北京:中国社会科学出版社,
     2002 年。

[70] 查洪德:《理学背景下的元代文论与诗文》,北京:中华书局,2005 年。

[71] 张如安:《汉宋宁波文学史》,北京:中国文联出版社,2001 年。

[72] 杨镰:《元诗史》,北京:人民文学出版社,2003 年。

[73] 王小舒:《中国文学精神》(宋元卷),济南:山东教育出版社,2003 年。

[74] 赵琦:《金元之际的儒士与汉文化》,北京:人民出版社,2004 年。

[75] 罗鹭:《元诗选与元诗文献研究》,成都:巴蜀书社,2010 年。

[76] 朱荣智:《元代文学批评之研究》,台北:台湾联经出版事业公司,
     1983 年。

[77] 李铸晋:《鹊华秋色——赵孟頫的生平与画艺》,北京:生活·读书·新
     知三联书店,2008 年。

[78] 侯敏:《有根的诗学——现代新儒家文化诗学研究》,上海:上海人民出

版社,2003 年。

［79］陆玉林:《传统诗词的文化阐释》,北京:中国社会科学出版社,2003 年。

［80］胡晓明:《中国诗学之精神》,南昌:江西人民出版社,2001 年。

［81］方东美:《生命理想与文化类型》,北京:中国广播电视出版,1992 年。

［82］李春青:《在文本与历史之间:中国古代诗学意义生成模式探微》,北京:
北京大学出版社,2005 年。

［83］朱志荣:《中国文学艺术论》,太原:山西教育出版社,2000 年。

关键词索引

B

白珽　16,38,39,40,41,147

悲凉　12,24,32,77,78,79,80,83,107,108,119,120,122,124,125,126,127,128,136

丙子之祸　4,9,21,82

D

典雅　128,129,130,131

东南文章大家　1,137,198

E

《二十四诗品》　109,110,120,121,129

F

方回　26,27,28,37,57,58,63,69,110,197

G

古气　42,43,44,46

J

教育理念　36,50,53

经学思想　1,41,42,46,50,55

K

科举　6,17,37,58,59,60,62,63,69,99,100,101,114,194

旷达　23,85,108,112,119,121,122,124,125,126,127,136

L

类比　60,109,114,187,191,196,197

乱离社会　12,101,105,106,148,150,169,176,182,184,185,186

刘庄孙　30,31,32,33

M

民生　63,73,74,76,77,78,106,153,184

P

漂泊流离　12,80,82,95,136,149

Q

穷愁困顿　36,79,80,84

清境说　67,68,72

清雅　28,67,68,92,93,109,128,
129,132,134,135,136,145,182

遒劲　108,110,111,112,113,115,
116,118,119,136

仇远　37,38,101,147

气韵　26,30,86,172,197,198,
199,201

S

《剡源文钞》　138,186,187,188,
191,201

剡源色泽　187,188,190,191,197

社会生活　62,63,65,67,76,
138,184

世风伦理　169,176,177,182

诗书自娱　98,99,102,132

诗学思想　4,56,60,62,66,67,68,
70,97,108,110,169

舒岳祥　6,20,21,22,31,33,59,132

T

陶渊明　57,87,88,89,102,109,
114,198,199

W

文人生活　17,128,132,138,150,
162,185,194

温润　21,128,129,130,131,136

X

心性　20,46,47,48,49,50,130

性情说　4,62,66,67,72

Y

隐逸　15,16,42,73,85,86,87,90,
91,101,138,144,165

忧生　64,78,79,80

袁桷　1,2,5,6,8,12,18,19,20,21,
22,23,24,31,56,70,84,86,100,
109,130,137,167,171

《元史》　1,2,5,6,15,18,19,137

《元诗选》　1,5,6,13,29,37,92,101

Z

杂取百家　56,57,58,61,72

宗唐得古　56,58,59,60,61,72,
73,104

赵孟𫖯　21,22,23,24,25,26,36,
37,57,86,122,139

后　记

　　作为一名生活在宁波的教学科研工作者,有幸得到宁波市社会科学基地的支持,对被誉为"东南大家"的宁波奉化文学家戴表元进行综合研究,实乃一件幸事。虽然研究工作非常辛苦,但在这一过程中也能体会到精神的充实与心灵的愉悦。

　　我怀着崇敬的心情,作了一首诗,以戴表元诗文中提到的亭台楼阁、居室及自然景物之名入诗,以表达对剡源先生的敬仰之情,所用到的篇名有散文《质野堂记》《充安阁记》《清容斋记》《容膝轩记》《松风阁记》《拂云阁记》《文溪记》《冰谷记》《爱莲堂记》《清崿轩记》《养心斋记》《学古斋记》等等,诗名《老树》《春风》和《苕溪》以及戴氏剡源居所中的"缩轩"及"岩巚亭"。胡乱涂鸦的诗歌是非常幼稚的,但非此无以表达我此时的心情,因而难免贻笑大方了。诗云:

　　　　戴公生坎坷,宋季乱风烟。一辞是非地,买屋归剡源。
　　　　躬耕桑麻侧,开卷青峰前。质野栖身逸,充安遗君安。
　　　　缩轩藏而退,岩巚依山悬。清容学子住,容膝有余闲。
　　　　松风耳畔响,拂云天边寒。文溪碧成文,冰谷洁而坚。
　　　　交友爱莲堂,清谈清崿轩。养心慈且孝,学古能志俭。
　　　　老树枝离披,春风吹愁端。六月苕溪路,溪边花欲燃。

　　在对先贤表示敬仰的同时,也要对身边一起工作的师长和同仁们表示深深的感谢,尤其感谢张伟教授和张如安教授的提携和帮助,也感谢我家人的理解和支持。

图书在版编目(CIP)数据

戴表元研究 / 杨凤琴著. —杭州:浙江大学出版社,2016.8

ISBN 978-7-308-15972-2

Ⅰ.①戴… Ⅱ.①杨… Ⅲ.①戴表元(1244—1310)—生平事迹②戴表元(1244—1310)—文学研究 Ⅳ.①K825.6②I206.2

中国版本图书馆 CIP 数据核字(2016)第 137069 号

戴表元研究

杨凤琴 著

责任编辑	张小苹	
责任校对	周晶晶	
封面设计	项梦怡	
出版发行	浙江大学出版社	
	(杭州市天目山路 148 号 邮政编码 310007)	
	(网址:http://www.zjupress.com)	
排 版	浙江时代出版服务有限公司	
印 刷	杭州日报报业集团盛元印务有限公司	
开 本	710mm×1000mm 1/16	
印 张	13.75	
字 数	240 千	
版 印 次	2016 年 8 月第 1 版 2016 年 8 月第 1 次印刷	
书 号	ISBN 978-7-308-15972-2	
定 价	48.00 元	